Preißner · Balanced Scorecard in Vertrieb und Marketing

Andreas Preißner

Balanced Scorecard in Vertrieb und Marketing

Planung und Kontrolle
mit Kennzahlen

2., vollständig überarbeitete und erweiterte Auflage

HANSER

Die Deutsche Bibliothek – CIP-Einheitsaufnahme

Ein Titeldatensatz für diese Publikation
ist bei Der Deutschen Bibliothek erhältlich.

Internet: http://www.hanser.de
Lektorat: Martin Janik
Technisches Lektorat: Lisa Hoffmann-Bäuml
Herstellung: Ursula Barche
Umschlaggestaltung: Parzhuber & Partner GmbH, München
Druck und Bindung: Kösel, Kempten
Printed in Germany

ISBN 3-446-21962-5

Inhalt

Navigator für die 2. Auflage

Anstelle eines Vorwortes finden Sie hier eine Navigationshilfe durch das Buch.

Die Zielsetzung des Buches

Die Marketing- bzw. Vertriebsbereiche in den Unternehmen gehören zu den am schwersten steuerbaren. Durch die zahlreichen Kontakte zum Markt ergeben sich umfangreiche Schnittstellen und mindestens ebenso umfangreiche Kontrollbedürfnisse. Das Marketing möchte dabei nicht nur die gegenwärtige Leistung steuern, sondern beispielsweise auch Frühwarninformationen über die Kunden erhalten. Steuerungssysteme müssen daher flexibel und vielfältig sein, um die Anforderungen zu erfüllen.

Ein Problem wird hier schon deutlich: Ein Steuerungssystem, das die Anforderungen erfüllt, wird zwangsläufig umfangreich und komplex sein. Möglicherweise ist es aber nicht mehr zu handhaben und führt geradewegs auf den Datenfriedhof. Entscheidungsträger werden von der Vielzahl von Daten gelähmt, Widersprüche tauchen auf und lassen sich nicht lösen.

Mit der Balanced Scorecard steht seit einigen Jahren ein Instrumentarium zur Verfügung, das das Potenzial hat, die Anforderungen zu erfüllen, und das sich in den Unternehmen großer Beliebtheit erfreut. Das Buch zeigt, wie die Balanced Scorecard in Marketing und Vertrieb eingesetzt werden kann. Im Mittelpunkt stehen dabei die operativen Erfordernisse, nämlich die einzusetzenden Kennzahlen. Das Buch versteht sich dabei als Praxishandbuch, das während Konzeption und Umsetzung seine Dienste leistet. Es lässt konzeptionelle Fragen keineswegs außer Acht, sie werden in einem separaten Kapitel einschließlich einer Anleitung zur Scorecard-Entwicklung behandelt. Allzu umfangreiche theoretische Herleitungen werden Sie hier jedoch nicht finden.

Neu in der 2. Auflage

Gegenüber der ersten Auflage des Buches, die vor knapp anderthalb Jahren noch unter dem Titel „Marketing- und Vertriebssteuerung“ erschien, wurde der Schwerpunkt Richtung Balanced Scorecard verlagert. Der Grund liegt ganz einfach darin, dass in vielen Fällen die Kennzahlen im Rahmen einer Scorecard-Einführung benötigt wurden und der Inhalt nun dahingehend abgerundet wurde. Weitere Ergänzungen betreffen die erläuterten Kennzahlen. Hier finden Sie nunmehr 81 Stück, um die einzelnen Perspektiven der Balanced Scorecard abdecken zu können. Dabei wurde auch auf eine Ergänzung in Richtung auf die eher **qualitativ ausgerichteten Kennzahlen** Wert gelegt. Und nicht zuletzt finden Sie einen Querblick auf die Entwicklungen im Bereich des **Qualitätsmanagements**, denn bei den Neudefinitionen der ISO 9000:2000 und den Qualitätspreisen tauchen interessante Parallelen auf, gerade aus Marketingsicht.

Bei aller Euphorie sei aber auch der Hinweis gestattet, dass die Welt des Marketing-Managements nicht aus Balanced Scorecards alleine besteht. Es gibt eine Reihe weiterer Anwendungen von Kennzahlen und Kennzahlensystemen, die in speziellen Situationen Probleme lösen und Entscheidungen vorbereiten helfen. Balanced Scorecard und diese schließen sich nicht aus.

Die Kapitel des Buches

Zu Beginn des Buches, im **Kapitel 1**, finden Sie eine kurze Einführung in das Management-Umfeld. Sie umreißt die wichtigsten Herausforderungen an das Marketing und sensibilisiert für die Einführung und Gestaltung eines Steuerungssystems.

Das **zweite Kapitel** stellt das Balanced-Scorecard-Konzept inklusive seiner Grundlagen vor. Sie erfahren in kompakter Form alles über die Entwicklung des Konzepts und seine Grundprinzipien. Des Weiteren lernen Sie eine erste vollständige Scorecard mit Herleitung aus der Unternehmensstrategie kennen. Anschließend wird gezeigt, wie sich Scorecards und Qualitätsmanagement-Konzepte zueinander verhalten, insbesondere, welche Gemeinsamkeiten es gibt.

Das **dritte Kapitel** enthält das notwendige Grundwissen, um Kennzahlen einsetzen und Kennzahlensysteme aufbauen zu können. Es ist wichtig für Sie, wenn Sie zwar etwas über Kennzahlen wissen, aber sich noch nicht als Kennzahlen-Profi ansehen. Dort finden Sie auch Hinweise für die Ausgestaltung des Rechnungswesens als Voraussetzung für den Einsatz von Kennzahlen.

Das **vierte Kapitel** bildet den Mittelpunkt, sozusagen den Werkzeugkasten der Scorecard-Entwicklung. Hier werden 81 Kennzahlen vorgestellt, deren Einsatz für Ihr Unternehmen in Frage kommen kann. Das heißt noch nicht, dass auch alle verwendet werden müssen. Manche Kennzahlen eignen sich nicht für Unternehmen bestimmter Größe oder bestimmter Branchen. Sie betreffen aber wichtige Steuerungsgrößen, die man entweder bewusst aufnehmen oder bewusst ablehnen sollte. Vor allem sind es solche, die Sie sowohl in einer Balanced Scorecard als auch in einem anderen Kennzahlensystem einsetzen können. Sie können also auch ohne große konzeptionelle Vorbereitungen einzeln in der Marketing- und Vertriebspraxis zum Einsatz kommen.

Je nach Branche sollten auch weitere Kennzahlen ergänzt werden, die die spezifischen Probleme abdecken. Solche Kennzahlen sind hier nicht aufgeführt, weil sonst die Übersichtlichkeit verloren ginge. Diese ganz speziellen Kennzahlen sind aber meist aus den hier vorgestellten abzuleiten.

Das **fünfte Kapitel** widmet sich ganz der Entwicklung einer Balanced Scorecard im Marketing. Sie erfahren alles Wichtige über die Herleitung aus der Unternehmens- und Marketingstrategie, die Bestimmung der Perspektiven, die Auswahl geeigneter Kennzahlen, den Test auf Kausalität und die Umsetzung im Management. Sie werden danach in der Lage sein, ein eigenes Projekt durchzuführen.

Das **sechste Kapitel** stellt Ihnen mehrere Kennzahlensysteme im Marketing vor, mit denen spezifische Fragen beantwortet werden können. Dabei handelt es sich um Schlüsselgrößen des Unternehmenserfolgs bzw. spezielle Steuerungszwecke. Ein Kennzahlensystem beschäftigt sich mit der **Rendite** und zeigt Ihnen, wie Sie den Beitrag einzelner Produkte zur Gesamtrendite berechnen. Das zweite zeigt Ihnen, wie sich die **Kundenzufriedenheit** umfassend ermitteln und beobachten lässt. Im dritten Kennzahlensystem geht es um die **Früherkennung**. Sie erfahren, wie Kennzahlen zur Erkennung von Risiken und Chancen verwendet werden können. Dann erfahren Sie, wie Kennzahlen zur **Prozesssteuerung** im Marketing verwendet werden können.

Abschließend sei noch auf die Homepage des Carl Hanser Verlags hingewiesen: www.hanser.de. Auf der Verlags-Seite zu diesem Buch können Sie nützliche Dateien herunterladen, die Ihnen bei der Umsetzung in die Praxis helfen.

Der Verfasser

1 Das Management-Umfeld im Marketing

Das Marketing und insbesondere seine Führungskräfte sehen sich heute einer ganz besonderen Vielzahl von Herausforderungen gegenüber. So muss der Spagat geschafft werden zwischen den steigenden Anforderungen der Kunden und den anspruchsvollen Zielsetzungen des Unternehmens insgesamt. Dazu kommen sich verändernde Rahmenbedingungen der Tätigkeit. So muss eine wachsende Zahl von Regelungen durch Normen und Zertifizierungen eingehalten werden. Die „Megatrends" wie die Globalisierung der Wirtschaft, sich verändernde Lebensformen und Wertvorstellungen der Verbraucher, eine sich permanent wandelnde Wettbewerbslandschaft fordern ständige Anpassungsfähigkeit.

In dieser Situation sind traditionelle Steuerungssysteme meist überfordert. Sie sind der aktuellen Dynamik und nicht selten hektischen Strategiewechseln nicht gewachsen, weil sie aus einer überschaubareren Zeit kommen. Viele neuere Konzepte scheitern an der praktischen Umsetzung, manchmal fehlt die Zeit, die für die Implementierung benötigt wird, nicht selten werden sie aber um eines möglichen schnellen Erfolgs willen nachlässig implementiert und beim nächsten Personalwechsel zu den Akten gelegt.

Was vielmehr benötigt wird, ist ein Konzept, das einerseits stabilisierend wirkt, andererseits aber auch anpassungsfähig ist. Es muss leicht umsetzbar sein, aber auch fundamentale Prozesse im Unternehmen begleiten können. Und das Marketing verlangt natürlich die Berücksichtigung seiner originären Erfordernisse.

Sehen wir uns einige dieser Faktoren etwas genauer an, um die daraus resultierenden Anforderungen zu bestimmen.

Kaufverhalten

Das Kaufverhalten stellt traditionell die zentrale Herausforderung dar. In den letzten Jahren hatte das Marketing aber mit einer Reihe fundamentaler Veränderungen zu tun, sowohl bei Privatkunden als auch bei Unternehmen. So kommen Bankkunden plötzlich auf die Idee, ihre Bank wegen geringerer Gebühren zu wechseln, wo doch die Kundenbeziehung zur Bank früher noch als der Stabilitätsfaktor schlechthin galt. Ebenso interessieren sich gerade die deutschen Autokäufer auf einmal für Klein- und Kleinstwagen, für wirtschaftliche Kombis und Minivans, während sie früher für ihre Vorliebe für möglichst viel Blech und starke Motoren bekannt waren.

Im gewerblichen Bereich stellen Verkäufer fest, dass ihre Kunden auf einmal ihren Bedarf international ausschreiben, den sie vorher beim Lieferanten in nächster Nähe gedeckt hatten. Andere Kunden führen kurzfristig umfangreiche Bedingungswerke ein, die die Lieferanten erfüllen müssen. Dazu gehört das Erfordernis einer Zertifizierung nach ISO-Norm genauso wie die Garantie der Lieferfähigkeit mit Androhung einer Konventionalstrafe. Auf Verkäuferseite müssen dann die entsprechenden Vorkehrungen getroffen werden, diese Anforderungen zu erfüllen, am besten noch, bevor diese geäußert werden.

Shareholder Value

Der Shareholder Value ist als eine Art Schlüsselkonzept der neunziger Jahre zu bezeichnen, mit weitreichenden Auswirkungen auf alle Unternehmensbereiche inklusive Marketing. Die sehr deutliche Renditeorientierung bei gleichzeitig kurzfristiger Betrachtung setzt alle strategischen Bemühungen massiv unter Druck. Während das Marketing gerne an den langfristigen Aufbau von Markenpersönlichkeiten oder die fundamentale Imageveränderung des ganzen Unternehmens denkt, werden von der Unternehmensleitung schnelle Ergebnisse erwartet. Dabei ist es mehr oder weniger egal, woher sie kommen, ob es sich um kurzfristige Kostensenkungen bei Material und Personal oder um eine effizientere Prozessgestaltung handelt.

Das Marketing muss unter diesen Bedingungen nach Möglichkeiten suchen, die eigenen Vorstellungen damit in Einklang zu bringen. Durchaus überspitzt, aber nicht ohne Sorge, wird gelegentlich gefragt, ob die Zeit des Marketing vorbei ist, wenn die Rendite und der Aktienkurs den Ton angeben. An dieser Stelle zeigt sich, wie wichtig die Verknüpfung unterschiedlicher Zielsysteme ist, dass deutlich werden muss, welchen Beitrag Marketing wie auch die anderen Funktionen für den Unternehmenserfolg leisten, und zwar nicht nur auf der rein diskursiven Ebene.

Neue Wettbewerber

Die weitgehende Öffnung von Märkten durch den Abbau von Handelshemmnissen, die Privatisierung staatlicher Unternehmen, Deregulierung in Infrastrukturbereichen usw. bringen Märkte in Bewegung und der eine oder andere verspürt zum ersten Mal Wettbewerb. Aber auch auf traditionell freien Märkten ändern sich die Verhältnisse schneller als je zuvor. In Krisenzeiten wird fast von heute auf morgen die Produktion eingestellt und der Markt aufgegeben, in wachsende Märkte werden Milliardenbeträge investiert, neue Strukturen und Eigentumsverhältnisse geschaffen. Aus einem eher ruhigen Markt, in dem sich jeder kennt und seinen Platz gefunden hat, werden nicht selten Schlachtplätze, die mit hohen Werbeaufwendungen bearbeitet werden.

Abbildung 1.1: Herausforderungen an das Marketing-Management

Wissensmanagement

Das Thema Wissen wird immer wichtiger in den Unternehmen. So wird die heutige Zeit als Wissensgesellschaft bezeichnet, in der Nachfolge der Produktions- oder Industriegesellschaft. Wenn es um die Umsetzung der maximalen Kundenorientierung geht, spielt das Wissen über den Kunden die entscheidende Rolle. Nicht weniger wichtig ist das Wissen über Prozesse und Produkte. Folglich bemüht man sich, das erarbeitete Wissen zu speichern und für Entscheidungen verfügbar zu machen. Wenn Unternehmen gekauft werden, geht es heute in der Regel um das Wissen des gekauften Unternehmens, auch um die Kundenbeziehungen und viel weniger um Produktionsanlagen oder überhaupt materielle Dinge. Managementsysteme sind daher immer auch vor dem Hintergrund ihres Beitrags zum unternehmensweiten Wissen bzw. ihrer Nutzung desselben zu sehen.

ISO 9000

Schon die 1994er-Version der ISO-9000-Qualitäts-Normenfamilie hat das Marketing eingeschlossen und somit sichergestellt, dass zertifizierte Unternehmen ein Mindestmaß an Kundenorientierung besitzen. Vor allem wurde allgemein akzeptiert festgeschrieben, dass Qualität kundenorientiert zu verstehen ist und dass Marketing und Vertrieb Qualitätsfaktoren im Unternehmen sind. Die Überarbeitung im Jahr 2000 hat dem Thema Kundenkontakt und -zufriedenheit noch breiteren Raum gegeben. Hieraus ergeben sich konkrete Anforderungen an einzurichtende Prozesse, die damit als allgemeiner Mindeststandard bei Geschäftspartnern festgeschrieben sind. In industriellen Kunden-Lieferanten-Beziehungen ist die Umsetzung der ISO-9000-Forderungen schließlich eine universelle Forderung geworden.

Es ist aber nicht nur die ISO-Norm, die Marketing und Qualität in Verbindung bringt. Auch die bekannten anderen Initiativen zur Förderung der Qualität orientieren sich an vergleichbaren Kriterien, betrachten Führungssysteme und -verhalten, Kundenorientierung, Mitarbeiterqualifikation und -zufriedenheit als Eckpfeiler einer Qualitätsstrategie. Darin zeigt sich ein weitgehender Konsens darüber, wie ein dauerhafter Unternehmenserfolg zu erzielen ist.

Als Konsequenz dieser Einflüsse und Entwicklungen benötigt man Steuerungssysteme, die

- den Konsens über die Erfolgsfaktoren aufgreifen,
- schnell an sich wandelnde Marktverhältnisse anzupassen sind,
- in einem komplexen Umfeld eine deutliche Struktur aufweisen und erhalten,
- die heutige unternehmerische Zielvielfalt aufgreifen und
- zu einem modernen Führungsverständnis passen.

In diesem Zusammenhang findet man Performance-Management-Systeme, die auf Erfolgsmessung und Entlohnung für Führungskräfte ausgerichtet sind, Bewertungs- und Berechnungsschemata für das Unternehmen bzw. den Unternehmenswert, Konzepte zur Ermittlung von Kunden- und Mitarbeiterzufriedenheit, unterschiedlichste Arten von Kennzahlensystemen, Organisationsformen usw. Leider ist es mit diesen in sich meist schlüssigen Verfahren nicht möglich, ein Unternehmen und seine Herausforderungen insgesamt abzubilden, und zwar so, dass man dabei selbst nicht den Überblick verliert. Das Balanced-Scorecard-Konzept geht über solche Systeme hinaus und erfüllt eine ganze Reihe der genannten Anforderungen. Es lohnt sich daher, sich damit näher auseinander zu setzen.

2 Das Prinzip der Balanced Scorecard

2.1 Was heißt „Balanced"?

Wenn Sie sich einmal Gedanken darüber machen, wann Sie so richtig zufrieden und erfolgreich sind, dann fällt Ihnen sicher mehr als nur ein Kriterium ein. Vielleicht denken Sie an die Gesundheit, an soziale Kontakte zu Freunden, ein glückliches Familienleben, berufliche Anerkennung, Spaß und nicht zuletzt sicherlich auch an das nötige Geld. Nur einer dieser Faktoren wird Sie sicherlich auf Dauer nicht alleine glücklich machen. Für eine gewisse Zeit mag dies ausreichend seien, aber langfristig stellt man dann Defizite fest. So kann man sicher beruflich noch erfolgreicher werden, wenn man noch mehr Zeit investiert, aber dies geht dann zu Lasten der Familie oder auch der Gesundheit. Wer einen dauerhaften Erfolg sucht, wird sich also nicht nur um *ein* Ziel kümmern, sondern versuchen, möglichst *mehrere* gleichzeitig zu verfolgen. Wichtig ist dabei die Ausgewogenheit der Ziele.

> Das Verfolgen mehrerer Ziele, der Wunsch nach Ausgewogenheit oder Ausgleich, scheint völlig natürlich zu sein. Wir erkennen es als ein normales Streben an, ausgeglichen zu sein. In der Tat finden wir diesen Mechanismus überall in der Natur und akzeptieren dies als normale Lebensgrundlage. Nun stellt sich die Frage, inwieweit dieses Prinzip auch für Unternehmen gilt. Können Unternehmen erfolgreich sein, wenn sie sich nur an einem Ziel orientieren? Ist es sinnvoll, das gesamte Unternehmen, seine Mitarbeiter und Prozesse beispielsweise an dem Ziel „Gewinnsteigerung" zu orientieren? Oder benötigen wir auch mehrere Dimensionen, um eine stabile und dauerhaft erfolgreiche Entwicklung steuern zu können?

Das synektische Vorgehen bei dieser Überlegung zeigt die Abbildung 2.1, bei der die Erfolgs- oder Glücksfaktoren des Menschen unter „physiologisches Gleichgewicht" zusammengefasst werden.

Fragt man in Unternehmen nach den vorrangigen Zielen und Steuerungsgrößen, stößt man immer wieder auf die Klassiker aus dem **Finanzbereich**. In erster Linie geht es um Gewinn, Umsatz oder Kapitalquoten. Wie diese Ziele zu erreichen sind, das wird meist nicht mehr als Betätigungsbereich der Unternehmensleitung angesehen. Vielmehr bleibt es den einzelnen Funktionsbereichen und Abteilungen überlassen, wie sie Beiträge zur Erreichung der Finanzziele leisten wollen. Dabei dürfte klar sein, dass es nicht immer zu einer eindeutigen Interpretation der Ziele für den eigenen Funktionsbereich kommt.

Der synektische Ansatz der Erfolgsfaktorenbestimmung (Beispiel):

physiologisches Gleichgewicht des Menschen

das physiologische Gleichgewicht wird bestimmt durch:

Gesundheit — *soziale Anerkennung*

Einkommen — *Erlebnisse*

umfassender und ausgeglichener Erfolg des Unternehmens

der Unternehmenserfolg wird bestimmt durch:

finanzielles Gleichgewicht — *Kundenzufriedenheit*

Produktqualität — *Mitarbeiterzufriedenheit*

Abbildung 2.1: Erfolgsfaktorenbestimmung als synektischer Prozess

Viel schlimmer noch wird es, wenn die Finanzziele als Maßstab für Funktionsbereiche verwendet werden, die eigentlich wenig mit Finanzen zu tun haben. Sicher kann die Produktion beispielsweise einen Beitrag zur Gewinnsteigerung leisten. So können kurzfristig Kosten gesenkt werden, zur Freude der Unternehmensleitung, aber nicht selten zum Verdruss der Kunden, die mit einer schlechteren Qualität leben müssen. In der Folge gibt es vermehrte Reklamationen und Nachbesserungsaufwand. Die Kostenvorteile verwandeln sich dann in späteren Perioden in gigantische finanzielle Nachteile für dieses Unternehmen. Ein solcher klassischer Boomerang-Effekt hat etwa in der Automobilindustrie Unternehmen schon dauerhaft ins Schlingern gebracht.

Diese und ähnliche Beispiele lassen sich fast unbegrenzt finden:

- So werden mitunter Kunden akquiriert, die kurzfristig den Umsatz steigern, aber kein langfristiges Potenzial aufweisen, nur auf „Mitnahmen“

aus sind, so dass dauerhafte Anstrengungen zur Kundengewinnung erforderlich sind.

- Mitarbeiter können durchaus für einen begrenzten Zeitraum zu Höchstleistungen motiviert werden; gibt es aber keine dauerhafte Förderung solcher Leistungen, schlägt dies in wachsende Unzufriedenheit um, was wiederum zu hoher Fluktuation und dem Abwandern unternehmensspezifischen Know-hows führt.

Auch wenn solche Beispiele deutlich auf ein Fehlverhalten hinweisen, ist den betreffenden Entscheidungsträgern nicht unbedingt ein Vorwurf zu machen. Im Prinzip haben sie sich an die Zielvorgaben der Unternehmensleitung gehalten. Nur hat man sich nicht über die Ebenen hinweg darauf verständigen können, was ein bestimmtes finanzwirtschaftliches Ziel für die Produktion, den Personalbereich, den Vertrieb usw. bedeutet.

Das Ziel des Vertriebs ist z. B. nicht der Unternehmensgewinn, sondern die optimale Beziehung zu profitablen Kunden. Schließlich sind es die Kunden, die mit ihren Umsätzen zum finanziellen Erfolg des Unternehmens beitragen. Der Vertrieb muss daher an den Kunden gemessen werden, die Produktion an der Qualität der Produkte, die Personalabteilung an der Zufriedenheit der Mitarbeiter und so weiter. Zwischen diesen und den weiteren Bereichen eines Unternehmens gibt es ein kompliziertes, aber nicht undurchschaubares Netz von Abhängigkeiten, genau genommen von Kausalbeziehungen.

Es lässt sich immer wieder beobachten, dass Unternehmen besonders dann erfolgreich sind, wenn sie es verstehen, die einzelnen Bereiche entsprechend ihren Leistungspotenzialen zu führen. Erfolgreiche Unternehmen verstehen, warum sie Gewinn erzielen, und zwar nicht, weil sich aus der Rechnung Einnahmen – Ausgaben ein Überschuss ergibt. Sie sind dadurch erfolgreich, dass sie die Beiträge zum Gesamterfolg erkennen und zu fördern wissen. Sie erkennen, dass ein Gesamterfolg immer auf mehreren Beinen steht. Sie erkennen auch, dass eine einseitige Ausrichtung meist nur kurzfristige Erfolge bringt, langfristig aber das Gegenteil bewirkt. Sie wissen, wann und wo ihr Unternehmen sich im Gleichgewicht befindet, es ihm sozusagen gut geht, und wann es ungesund ist.

Genau an diesem Prinzip setzt die **Balanced Scorecard** an. Sie hilft bei der Übersetzung der zentralen Unternehmensziele, die in aller Regel finanzwirtschaftlich geprägt sind, in die einzelnen Standbeine oder Erfolgsfaktoren. Damit hat sie **zwei grundlegende Richtungen**:

- Zum einen wirkt sie **vertikal**, das heißt sie vermittelt zwischen Unternehmensleitung und den anderen Hierarchieebenen,

- zum anderen wirkt sie **horizontal**, das heißt sie übersetzt die Finanzziele in die „Sprache" der Funktionsbereiche.

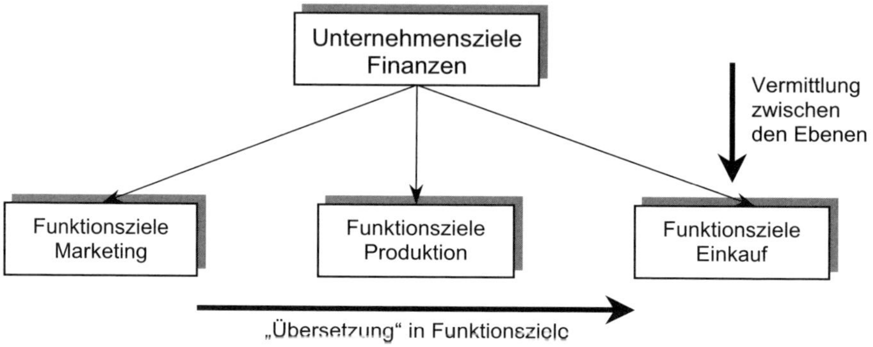

Abbildung 2.2: Vertikale und horizontale Wirkung der Balanced Scorecard

2.2 Was ist eine Scorecard?

„Balanced" oder „ausbalanciert" ist nur ein Element des Konzepts. Es geht letztlich um die Gestaltung einer *Scorecard*, was ins Deutsche meist als *Berichtsbogen* übersetzt wird. Dabei geht es um die Steuerungsgrößen des Unternehmens, dies sind die Kennzahlen und/oder Ziele. Eine Scorecard enthält eine Reihe von Kennzahlen, die nach dem Prinzip der Ausgewogenheit (eben „balanced") ausgewählt wurden.

Es gibt aber durchaus Gründe, nicht gar so deutlich von *Kennzahlen* zu sprechen. Kennzahlen sind nämlich durch langjährige Praxis als Kontrollinstrument im Bewusstsein der Entscheidungsträger verankert. Hier haben sie aber eine weitergehende Funktion, nämlich auch die der zukunftsgerichteten Planungsgröße. Deswegen werden wir hier auch von Ziel- oder Steuerungsgrößen sprechen, einfach, um die umfassendere Bedeutung der Kennzahlen zu verdeutlichen.

Im Unterschied zu den Kennzahlen und Kennzahlensystemen, die sich nicht selten recht unkontrolliert im Unternehmen tummeln, soll eine Scorecard ein **Arbeitsinstrument** sein, effektiv und übersichtlich. Sie soll operative wie strategische Entscheidungen unterstützen und über das jeweils aktuelle Maß der Zielerreichung informieren. Dabei soll sie vor allem eine Beschränkung auf die Informationen unterstützen, die wirklich benötigt werden. Sie ist damit auch ein **Instrument zur Konzentration auf die wesentlichen Steuerungsgrößen**, zur Beseitigung des Information Overflow.

Zu der einfachen Einsetzbarkeit gehört auch eine entsprechende Darstellungsweise. Das „card“ in Scorecard deutet schon darauf hin, dass es nicht um die meterweise Ausgabe von Zahlenfriedhöfen auf Endlospapier geht, sondern um eine übersichtliche Darstellung, idealerweise auf einer Seite, einer Karteikarte oder einem Display. Die Informationen der Scorecard sollen schnell und einfach verfügbar sein, um ebenso umgesetzt werden zu können. Zudem wird auf eine umfassende Verständlichkeit Wert gelegt. Dies soll verhindern, dass die Informationen aus dem Blickfeld geraten, weil sie gerade nicht verfügbar sind, oder als Herrschaftswissen betrachtet und damit anderen gezielt vorenthalten werden.

Ein weiteres Merkmal ist die **Individualität** der Scorecard. Während man sich früher gerne Gedanken über möglichst weit anwendbare Kennzahlensysteme machte, steht nun die Anpassung an individuelle Gegebenheiten im Vordergrund. Gerade auch im Marketingbereich spielt dies eine wesentliche Rolle, da es ja auch um einen Beitrag zur Differenzierung gegenüber dem Wettbewerb geht.

2.3 Die Entwicklung der Balanced Scorecard

Das Balanced-Scorecard-Konzept wurde von den US-Amerikanern Robert S. Kaplan und David P. Norton entwickelt. Harvard-Business-School-Professor der erste und Unternehmensberater der zweite, beschäftigten sie sich mit Steuerungskonzepten in Unternehmen und veröffentlichen erstmals 1992 in der Zeitschrift Harvard Business Review einen Artikel über den Aufbau einer Balanced Scorecard *(The Balanced Scorecard – Measures That Drive Performance)*. Dieser wurde stark beachtet und brachte dem Konzept eine hohe Bekanntheit und zahlreiche intensive fachliche Diskussionen, nicht nur in den USA.

Norton gründete im selben Jahr die Unternehmensberatung *Renaissance Solutions Inc.*, die sich auf die Umsetzung der Balanced Scorecard in Unternehmen spezialisierte. Nach und nach veröffentlichten die Begründer Erfahrungsberichte aus den von ihnen beratenen Unternehmen, die ein sehr divergentes Spektrum der Branchen abdecken. Zu den ersten Anwendern des Konzepts gehören z. B. *Mobil Oil*, *Store 24*, das *Duke Children's Hospital*, die *City of Charlotte*, die *Wells Fargo Bank* und *Hilton Hotels*. Im Laufe der neunziger Jahre soll die Balanced Scorecard in die Mehrzahl der größten Unternehmen der USA Einzug gehalten haben, für Europa gibt es Schätzungen, die heute von etwa knapp der Hälfte der Unternehmen ausgehen.

Eine Zusammenfassung dieser Erfahrungen und umfangreiche Beschreibung des Konzepts erfolgte 1996 mit dem Buch *Balanced Scorecard – Translating Strategy into Action* von Kaplan und Norton. Sie diskutieren darin die vier Perspektiven Finanzen, Kunden, interne Prozesse sowie Lernen und Entwicklung und zeigen, wie Strategien durch Kennzahlen operationalisiert werden. Das Buch erschien 1997 in deutscher Übersetzung.

Das Konzept wurde seit den ersten Veröffentlichungen sowohl in der Wissenschaft als auch in der Praxis sowie bei Dienstleistern mit Interesse, teils auch Begeisterung, aufgenommen. Dabei mag das einfache und gerade dadurch schlüssige Grundprinzip eine wesentliche Rolle gespielt haben, aber auch die seltene Verbindung von theoretischem Gerüst und praktischer Umsetzbarkeit. Gelegentlich wurde diskutiert, ob es sich bei der Balanced Scorecard nur um eine neue Management-Mode handele, die nach wenigen Jahren, nicht zuletzt wegen mangelnder Erfolge bei der Umsetzung, wieder aus dem Blickfeld verschwinde. Nach nunmehr rund zehn Jahren recht erfolgreicher Existenz sind solche Befürchtungen sicher zu verneinen.

Während in wissenschaftlicher Hinsicht vor allem die Analyse von Erfolgsfaktoren und die Vermittlungsprozesse von Strategien durch die Balanced Scorecard angeregt wurden, interessieren sich Unternehmen auch und verstärkt für die Verbindung zu Anreizsystemen und die Verbesserung des Steuerungssystems gerade in unübersichtlicher werdenden Unternehmensstrukturen. Schließlich erkannten Unternehmensberatungen und Softwareanbieter ein neues Geschäftsfeld. So bieten heute praktisch alle größeren Beratungsunternehmen Balanced-Scorecard-Projekte an und haben Softwareanbieter wie *SAP* und Spezialisten wie *Corvu* oder *Gentia* entsprechende Programme im Sortiment.

Mit dieser Entwicklung ist oft die Ansicht verbunden, dass die Einführung einer Balanced Scorecard auch die Installation aufwändiger und nicht ganz billiger Programme nach sich zieht. Dies ist nicht zwangsläufig der Fall, zumal die Datenerhebung und Auswertung in gewissen Grenzen auch von Hand erfolgen kann. Auf jeden Fall sollte hierin keine Hemmschwelle bei der Einführung gesehen werden.

Seit der Veröffentlichung des „Standardwerks" von Kaplan und Norton sind weltweit unzählige Bücher zu diesem Thema erschienen und ist allgemein das Thema „Performance Management" belebt worden. Zahlreiche Werke behandeln auch die Einführung im Mittelstand, außerdem werden Konzepte für funktionsbereichsspezifische Scorecards, z. B. im Personalbereich, entwickelt.

Inzwischen gründeten Kaplan und Norton die *Balanced Scorecard Collaborative Inc.*, um Unternehmen bei der Einführung zu beraten. Unter anderem wird auch die Zertifizierung von Balanced-Scorecard-Software angeboten, die sicherstellt, dass eine Reihe von Grundprinzipien der Erfinder berücksichtigt werden. Darüber hinaus werden unter der Internetadresse www.bscol.com auch Publikationen, die Teilnahme an Internetkonferenzen und einige Präsentationen zum Download angeboten.

Im Jahr 2001 erschien dann das zweite Balanced-Scorecard-Buch von Kaplan und Norton: *The Strategy-Focused Organization.* Es basiert auf den Erfahrungen bei der Umsetzung in der Organisation, etwa den Auswirkungen auf Budgetierung, Entlohnung, die Initiierung von Feedback-Prozessen usw. Nachdem sich das erste Buch schwerpunktmäßig mit der Ableitung von Kennzahlen aus der Unternehmensstrategie befasste, steht nunmehr die Entwicklung von Strategien und strategiegerechter Organisationen auf der Basis der Steuerungsgrößen im Mittelpunkt.

2.4 Das Prinzip der Kausalität

Kennzahlen sind überwiegend darauf ausgerichtet, alleine zu stehen. Sie orientieren sich an unternehmerischen Zielen und messen deren Einhaltung. Klassische Kennzahlensysteme müssen sich zudem der Kritik aussetzen, dass die Verbindung zwischen den Handlungen im Unternehmen und finanziellen Erfolgsgrößen zu wenig dargestellt wird und der Zukunftsbezug fehlt.

Kaplan und Norton greifen die zu einseitige finanzwirtschaftliche Ausrichtung von Kennzahlen und die zu starke Vergangenheitsorientierung als Kritikpunkte auf und entwickelten ein vernetztes System von Kennzahlen, das sich in seiner Grundform **vier Perspektiven** widmet:

- der finanzwirtschaftlichen Perspektive,
- der Kundenperspektive,
- der internen Prozessperspektive,
- der Lern- und Entwicklungsperspektive.

Diese vier Perspektiven stehen in einer kausalen Beziehung zueinander und decken (im Normalfall) einen erheblichen Teil der erfolgsrelevanten Bereiche des Unternehmens ab. Maßgebend ist die Unternehmensstrategie, aus der sich die finanziellen Ergebnisse ableiten lassen. Um diese zu erreichen, sind bestimmte Leistungen bei den Kunden erforderlich, die wiederum geeignete interne Prozesse voraussetzen. Schließlich stellen Lernprozesse die Grundlage für eine erfolgreiche Prozessgestaltung dar. Abbildung 2.3 gibt einen Überblick.

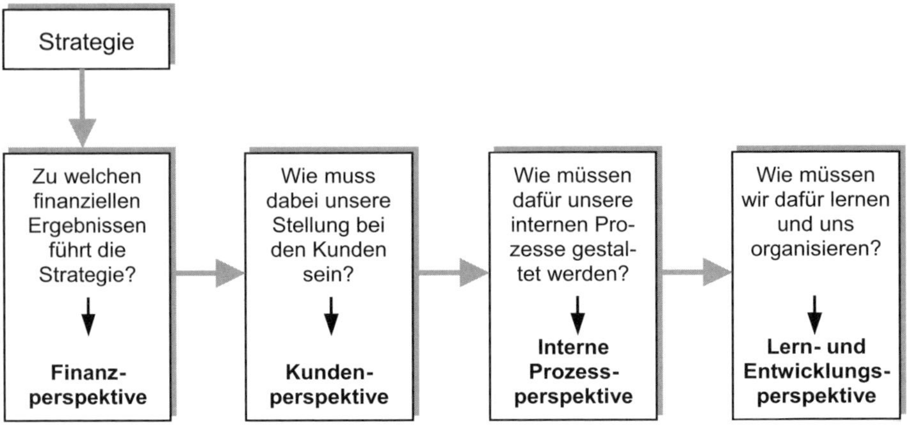

Abbildung 2.3: Kausalbeziehungen zwischen den vier Perspektiven der Balanced Scorecard

Diese vier Perspektiven sind aber nicht gar so streng miteinander verbunden, wie es Abbildung 2.3 zeigt. Vielmehr haben hervorragende interne Prozesse auch direkte Auswirkungen auf das finanzielle Ergebnis des Unternehmens, wie etwa auch eine effiziente Informationsnutzung durch die Mitarbeiter sich unmittelbar auf die Kundenzufriedenheit auswirkt. Unter Berücksichtigung dieser vielfältigen Verknüpfungen kommt man zu der allgemein üblichen Darstellung des Scorecard-Modells (Abbildung 2.4).

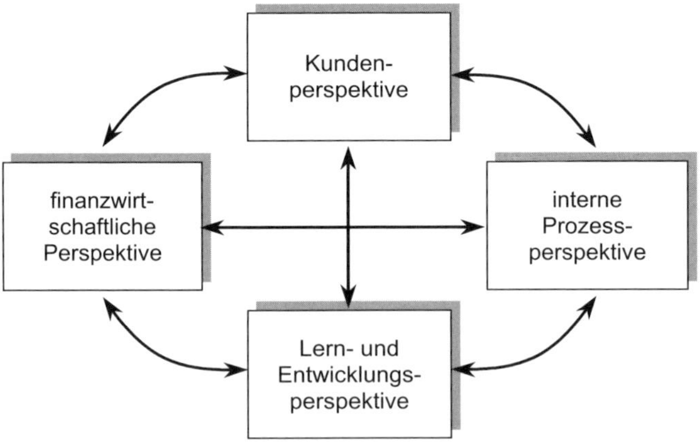

Abbildung 2.4: Scorecard-Modell

Was die einzelnen Perspektiven angeht, muss noch darauf hingewiesen werden, dass die hier erwähnten von Kaplan und Norton sozusagen als **Standardperspektiven** vorgeschlagen werden, mit denen es sich auf Unternehmensebene meist sehr gut arbeiten lässt. Es gibt jedoch keine Vorschrift oder allgemeine Erkenntnis, dass es nun genau diese sein müssen. Vielmehr muss man in jeder individuellen Situation entscheiden, welche Perspektiven am besten geeignet sind. Wir werden uns damit noch genauer beschäftigen.

Die **finanzwirtschaftliche Perspektive** repräsentiert die ertragsorientierten Ziele des Unternehmens. Jede unternehmerische Handlung ist letztlich darauf ausgerichtet, die Rentabilität zu steigern. Die Anteilseigner und Fremdkapitalgeber erwarten eine festgelegte oder maximale Verzinsung ihres Geldes. Insofern verbirgt sich hier die zentrale Zielsetzung des Unternehmens. Die finanziellen Ziele alleine sind jedoch für die Unternehmensführung nicht hilfreich, weil sie die Ursachen für die Erfüllung oder Nicht-Erfüllung außer Acht lassen. So wird dem Management nicht kommuniziert, über welche Stufen ein Ertragsziel zu erreichen ist. Diese Verbindung herzustellen, ist Aufgabe der weiteren Perspektiven.

Finanzieller Erfolg wird beispielsweise durch eine hohe Kundenzufriedenheit erreicht. Zufriedene Kunden sind langfristige Kunden, so dass Marketingaufwand gespart werden kann und der Druck auf die Preise abnimmt. Die Erzielung einer hohen Kundenzufriedenheit führt automatisch zu einer hohen finanzwirtschaftlichen Leistung, wenn auch mit einer gewissen Zeitverzögerung. Die Balanced Scorecard bezieht **kundenspezifische Kennzahlen** ein, weil sie ein wichtiger Baustein für die Unternehmensleistung sind. Sie eignen sich als Kontrollinstrument, weil konkretes Handeln Auswirkungen auf die Beziehung zu Kunden hat.

Erfolg bei Kunden und finanzieller Erfolg werden durch eine entsprechende Leistungsfähigkeit der unternehmensinternen Prozesse erreicht. Im Rahmen der **internen Prozessperspektive** werden Ziele formuliert, die sich auf die erfolgsträchtigsten Prozesse beziehen. Dazu ist zu analysieren, wie die finanziellen und kundenbezogenen Ziele erreicht werden können. Neben bestehenden Prozessen (Produktionsverfahren, Vertriebsmethoden, Führungssysteme, Serviceleistungen usw.) sollen auch innovative Prozesse einbezogen werden, die erst in nächster Zukunft eingesetzt werden. Damit soll verhindert werden, dass durch das Kennzahlensystem der Status quo erhalten bleibt.

Schließlich muss zur Erreichung der Ziele eine geeignete Infrastruktur zur Verfügung stehen. Dazu gehören Faktoren wie Weiterbildung und Informationssysteme. Mit der **Lern- und Entwicklungsperspektive** soll die Lücke zwischen den Leistungszielen und den Menschen geschlossen werden, die sie erreichen sollen. Sie beinhaltet personalwirtschaftliche Zielsetzungen wie etwa die Mitarbeiterzufriedenheit und analysiert die Qualität der Informationsversorgung, zum Beispiel über die Kunden.

Wichtige Voraussetzung für die Konstruktion und Anwendung einer Balanced Scorecard ist das Verständnis für Ursache-Wirkungs-Zusammen-hänge. Hat man festgestellt, dass die Kundentreue ein Faktor zur Steigerung der Rendite ist, ist zu fragen, wovon die Kundentreue abhängt. Dies kann die pünktliche Lieferung der Waren sein. Eine pünktliche Auslieferung wird in den internen Prozessen durch eine bestimmte Prozessqualität und kurze Durchlaufzeiten gewährleistet. Diese setzen wiederum Fachwissen der Mitarbeiter über die Prozessgestaltung voraus. So sind umfangreiche Abhängigkeiten dargestellt, die deutlich machen, dass eine Kennzahl zur Lieferzuverlässigkeit Auswirkungen auf die erreichte Rendite hat. Gleichzeitig zeigt sie Möglichkeiten auf, die Rendite weiter zu steigern. Abbildung 2.5 zeigt ein Beispiel für solche Ursache-Wirkungs-Zusammenhänge.

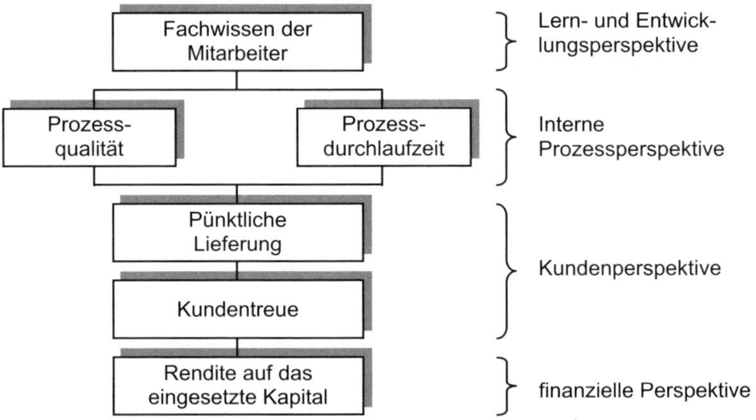

Abbildung 2.5: Ursache-Wirkungs-Kette der Balanced Scorecard
(Kaplan/Norton 1997, S. 29)

a) Die finanzwirtschaftliche Perspektive

Die finanzwirtschaftlichen Ziele konzentrieren sich auf die Rentabilität und davon abgeleitete Kennzahlen. Dabei können Differenzierungen für unterschiedliche Entwicklungsstadien der Geschäftseinheiten vorgenommen werden. Beispielsweise verfolgt zwar auch ein neues Geschäft letztlich das Ziel einer hohen Kapitalverzinsung, doch ist eine solche Zielvorgabe in diesem frühen Stadium wenig sinnvoll. Für das Unternehmen ist es sinnvoller, sich zunächst auf das Umsatzwachstum zu konzentrieren und Innovationskennzahlen anzuwenden. Gelingt es, das Geschäft zu einer gewissen Größe zu bringen, so lässt sich dann später eine höhere Rendite erzielen, als wenn von Anfang an die Kostensenkung im Vordergrund gestanden hätte.

Rentabilitätskennzahlen, Kostenanteile u. ä. Zielgrößen eignen sich besser, wenn die Geschäftseinheit voll entwickelt und auch mit keinen wesentlichen Wettbewerbsveränderungen zu rechnen ist. Dann kann das Augenmerk auf eine möglichst hohe Abschöpfung finanzieller Mittel gelegt werden. Einzelne Tätigkeiten sind dann auch nicht mehr als Hoffnungsträger anzusehen, sondern können und müssen unter wirtschaftlichen Aspekten gesteuert, das heißt ggf. auch eliminiert werden.

Diese zeitbezogene Betrachtung erfordert eine Anpassung des Zielsystems. Zunächst muss das finanzwirtschaftliche Zielsystem das Wachstum unterstützen, in der Reifephase die Steigerung der Effizienz fördern und schließlich auf eine renditemaximale Nutzung des eingesetzten Kapitals hinwirken.

Die damit verbundenen Strategien beziehen sich beispielsweise in der Anfangsphase auf die Auswahl von Kunden, Märkten und anzubietenden Produkten und Leistungen, später auf Verbesserungen in der Produktion und bei den Beziehungen zu Kunden und Lieferanten, schließlich auf Rationalisierung.

b) Die Kundenperspektive

Kaplan und Norton sehen es als unvermeidlich an, dass sich das Unternehmen auf bestimmte Kunden- und Marktsegmente konzentriert, in denen es tätig ist. Nicht alle Kunden können gleichermaßen zufrieden gestellt werden, so dass eine Auswahl derjenigen Kunden erforderlich ist, bei denen eine herausragende Position erzielt werden kann. Diese Position kann über eine Reihe von Kennzahlen gesteuert werden, die sich auf die Treue der Kunden, ihre Zufriedenheit, ihre Rentabilität u. Ä. beziehen. Dazu kommen die volumenbezogenen Ziele der Ausweitung des Kundenstamms sowie der Erzielung von Marktanteilen.

Die Erreichung der kundenbezogenen Ziele wird durch Marketingstrategien verfolgt. Sie orientieren sich an den konkreten Anforderungen der Kunden, der Gestaltung der Kundenbeziehung sowie weiteren Faktoren, die den Wert des eigenen Angebots aus Kundensicht steigern. Beispielhaft können hier

- die Entwicklung kundenindividueller (Investitionsgüter) oder zielgruppenspezifischer (Konsumgüter) Produkte,
- die Abstimmung von Austauschprozessen (Lieferung, Zahlung) aufeinander,
- die Beschleunigung von Bearbeitungsprozessen,
- gemeinschaftliche Kommunikationsmaßnahmen oder
- die Einrichtung neuer Vertriebswege, mit denen Kunden besser angesprochen werden können,

angeführt werden.

c) Die interne Prozessperspektive

Zur Analyse der internen Prozesse entwickeln Kaplan und Norton ein generisches Wertkettenmodell, das den Innovations-, den Betriebs- und den Kundendienstprozess zwischen die Identifikation des Kundenwunsches und seine Befriedigung stellt (Abbildung 2.6).

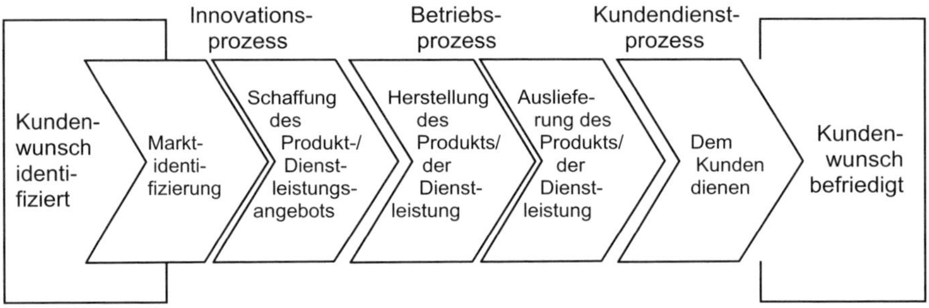

Abbildung 2.6: Das generische Wertkettenmodell der internen Prozessperspektive (Kaplan/Norton 1997, S. 93)

Diese Prozesse sind als Modell anzusehen, das für jedes Unternehmen individuell ausgestaltet werden muss. Für jeden der drei Hauptprozesse lassen sich wiederum Kennzahlen finden, die die Steuerung ermöglichen. Für die Innovation kann beispielsweise die Höhe der Ausgaben für Forschung und Entwicklung oder die Zahl der Produktinnovationen wichtig sein. Ebenso spielt die Dauer der Entwicklungsprozesse eine Rolle. Bei der Steuerung des Betriebsprozesses kann eine Reihe produktionswirtschaftlicher Kennzahlen zum Einsatz kommen. Für die Qualität der Kundenbeziehung sind beispielsweise Kriterien wie Ausfallraten, Qualitätseigenschaften oder die Lieferzuverlässigkeit bedeutsam. Die Rentabilität wird durch die Kosten der Produktion, die Auslastung der Produktionsanlagen, die Bearbeitungszeiten u. a. beeinflusst. Schließlich sind kundendienstbezogene Kennzahlen einzusetzen. In diesem Bereich spielt etwa die Reaktionsgeschwindigkeit auf eine Reklamation oder die Zuverlässigkeit von Reparaturen eine Rolle.

d) Die Lern- und Entwicklungsperspektive

Diese vierte Perspektive bezieht sich auf die unternehmensinternen Grundlagen zur Erreichung der genannten Zielsetzungen. Im Mittelpunkt steht die Rolle der Mitarbeiter. Die Mitarbeiter müssen ausreichende Wissens- und Fertigkeits-Potenziale aufweisen, um die geforderten Ergebnisse erreichen zu können. Dies setzt eine gewisse Produktivität und Treue zum Arbeitgeber voraus. Diese Faktoren sind wiederum sehr stark von der Mitarbeiterzufriedenheit abhängig, die sich damit als zentrale Kennzahl dieser Perspektive herausstellt.

Sie kann durch das Unternehmen auf verschiedene Arten gefördert werden. Dazu gehören beispielsweise die Gestaltung eines zufriedenheitsfördernden Arbeitsumfelds, das Angebot von Weiterbildungsmaßnahmen und die Nutzung und Förderung der Kompetenzen der Mitarbeiter.

Weiterhin umfasst die Lern- und Entwicklungsperspektive die Gestaltung der betrieblichen Informationssysteme sowie die Motivation der Mitarbeiter.

Abbildung 2.7 gibt einen zusammenfassenden Überblick über die Perspektiven. Die genannten Kennzahlen stellen dabei nur die Auswahl wichtiger, allgemein einsetzbarer Kennzahlen dar. Je nach Unternehmen und Branche eignen sich andere, spezifischer auf die Situation ausgerichtete. Hier muss das Controlling individuell prüfen, welche Kennzahlen eingesetzt werden und welche Kausalzusammenhänge jeweils bestehen.

e) Weitere Perspektiven

Kaplan und Norton haben zwar vier Perspektiven vorgeschlagen, damit aber nicht ausgeschlossen, in der konkreten Umsetzung auch mehr oder weniger Perspektiven einzusetzen bzw. auch die Inhalte zu ändern. Wenn das dargestellte Konzept so auch schlüssig erscheint, sollte es nicht dogmatisch auf jede Art von Unternehmen übertragen werden. Vielmehr ist in jedem Einzelfall zu prüfen, welche Perspektiven wichtig sind. So können beispielsweise Kooperationspartner eine Rolle spielen, nicht selten auch die Lieferanten. Es ist problemlos möglich, hierfür jeweils eine eigene Perspektive zu entwickeln.

Perspektive	Grundfrage	Ziele	Wichtige Kennzahlen
Finanzen	Wie sollen wir gegenüber Teilhabern auftreten, um finanziellen Erfolg zu haben?	Ertragswachstum/-mix	Umsatzwachstumsrate
			Neuproduktanteil
			Rentabilität
		Kostensenkung/ Produktivitätssteigerung	Mitarbeiterproduktivität
			Kostensenkungsrate
			Kostenanteile
		Nutzung von Vermögenswerten	Investitionsanteil
			Kapitalrentabilität
			Working Capital
Kunde	Wie sollen wir gegenüber unseren Kunden auftreten, um unsere Vision zu verwirklichen?	Identifikation der Kunden- und Marktsegmente, in denen das Unternehmen tätig und wettbewerbsfähig sein will	Kundenzufriedenheit
			Kundenrentabilität
			Kundentreue
			Kundenakquisition
			Marktanteil
Interne Geschäftsprozesse	In welchen Geschäftsprozessen müssen wir die Besten sein, um unsere Teilhaber und Kunden zu befriedigen?	Ausrichtung der internen Prozesse auf die Ziele der Kunden und Anteilseigner; Steuerung mit Hilfe eines umfassenden Performance-Measurement-Systems	Prozesszeit
			Prozessqualität
			Prozesskosten
			Innovationszeit
			Innovationsqualität
			Innovationskosten
			Kundendienstqualität
Lernen und Entwicklung	Wie können wir unsere Veränderungs- und Wachstumspotenziale fördern, um unsere Vision zu verwirklichen?	Schaffung der für die Erreichung der Ziele der anderen Perspektiven notwendigen Infrastruktur	Mitarbeiterzufriedenheit
			Mitarbeitertreue
			Mitarbeitermotivation
			Informationsnutzung

Abbildung 2.7: Die Standard-Perspektiven der Balanced Scorecard

Um Missverständnisse darüber zu verhindern, was eine Balanced Scorecard eigentlich ist, seien hier klassische Interpretationsfehler und eine geeignetere Sichtweise gegenübergestellt (Abbildung 2.8).

Klassische (Fehl-)Interpretation des Balanced-Scorecard-Ansatzes	„Richtige" Interpretation des Balanced-Scorecard-Ansatzes
Balanced Scorecard ist ein Kennzahlensystem.	Balanced Scorecard ist ein Führungssystem mit Kennzahlenunterstützung.
Die Entwicklung von Balanced Scorecards folgt einem Top-Down-Ansatz.	Balanced Scorecard ist ein teamorientierter Ansatz, der Management und betroffene Mitarbeiter einbezieht.
Balanced Scorecard ist ein Kontrollsystem.	Balanced Scorecards sind zukunftsorientiert, das heißt Teil des Planungssystems. Sie helfen bei der Operationalisierung der Planung.
Eine Balanced Scorecard hat vier Standard-Perspektiven: Kunden, Finanzen, interne Geschäftsprozesse, Lernen und Entwicklung.	Eine Balanced Scorecard hat mehrere Perspektiven mit unterschiedlichem Inhalt und unterschiedlicher Zahl; entscheidend ist der Anwendungsbereich.
Eine Balanced Scorecard dient der Steuerung des gesamten Unternehmens.	Balanced Scorecards können auf mehreren Ebenen eingesetzt werden (Geschäftseinheiten, Fachbereiche, Abteilungen). Für das Gesamtunternehmen lässt sich ein System von Balanced Scorecards entwickeln.

Abbildung 2.8: Interpretationen des Balanced-Scorecard-Ansatzes

So lassen sich folgende **Leitsätze** formulieren:

- Die Balanced Scorecard ist ein Führungsinstrument, das zwischen strategischer und operativer Ebene vermittelt.
- Sie stellt sicher, dass die relevanten Zielbereiche (vor allem Kunden und Finanzen) konsequent verfolgt werden.
- Sie ist flexibel anpassbar auf unterschiedliche Unternehmen und Situationen.
- Der Erfolg bei der Umsetzung der Balanced Scorecard hängt nicht von der Einhaltung von Formalien ab, sondern von der Vermittlung bei den Mitarbeitern.

2.5 Beispiel einer Balanced Scorecard

Um nun die einleitenden Erklärungen abzurunden, soll die Entwicklung einer Balanced Scorecard am Beispiel eines Hotels dargestellt werden.

Zum Unternehmen:

Es handelt sich um einen Betrieb, der mit rund 150 Betten in einer deutschen Großstadt angesiedelt ist. Das Preisniveau bewegt sich im mittleren Bereich und liegt wochentags um 80 EUR, an Wochenenden um 50 EUR und zu Messezeiten um 120 EUR. Die Auslastung liegt mit ca. 65 % im Durchschnitt der Hotels dieser Stadt. Es gibt ein Restaurant, mehrere Tagungsräume sowie eine kleine Sauna.

Die **Ziele** des Hotels sind:

- Erzielung eines überdurchschnittlichen Gewinns
- Erhöhung der Kundenzufriedenheit auf 95 % zufriedene Kunden
- Erzielung eines Umsatzwachstums von 8 %
- Verringerung der saisonalen Umsatzschwankungen
- Senkung der Betriebskosten um 5 %
- Steigerung des Stammkundenanteils auf 45 %

Auf der Grundlage dieser Ziele wurden die folgenden **Strategien und Maßnahmenkonzepte** entwickelt:

- Das Angebot für Geschäftsreisende wird ausgeweitet. Dies schließt eine gezielte werbliche Ansprache ebenso ein wie die Ausweitung des Serviceangebots (beispielsweise Büro- und Kommunikationsdienstleistungen).

- Die Kooperation mit internationalen Vermittlungsagenturen, auch über das Internet, wird verstärkt. Dazu sollen Vermittler und Buchungssysteme direkt angesprochen werden, um die Präsenz des Hotels zu stärken.

- Die administrativen Abläufe werden vereinfacht. Anmeldeunterlagen werden durch das EDV-System schon vor der Ankunft des Gastes weitgehend fertig gestellt. Die Abrechnung mit Firmen erfolgt in festen Zeiträumen.

- Um die Attraktivität bei Geschäftsreisenden zu steigern, wird eine Servicegarantie eingeführt. Werden Mängel nicht innerhalb festgelegter Fristen (15 bzw. 30 Minuten) behoben, erhält der Gast eine Entschädigung.

- Die Gäste werden motiviert, Mitglied des Kundenbindungsprogramms zu werden. Es bietet Vorteile wie Priorität bei der Buchung und Rabatte. Dadurch wird es auch möglich, die Kunden direkt anzusprechen und Provisionen zu sparen.

- Zur Auslastungssteuerung werden die Preise flexibler gestaltet. In nachfrageschwachen Zeiten werden gezielte Sonderangebotsprogramme aufgelegt.

Hieraus werden die Kennzahlen für die vier Standardperspektiven abgeleitet:

Lern- und Entwicklungsperspektive

- *Anteil der Kunden, die in der Kundendatenbank enthalten sind* – Diese Kennzahl hat wenig mit der Kundenseite zu tun. Vielmehr geht es darum festzustellen, inwieweit es den Mitarbeitern gelingt, Kundendaten zu generieren und die Daten angemessen zu verwalten und zu nutzen.
- *Mitarbeiterzufriedenheit* – Index der Zufriedenheit bei einer jährlichen Befragung der Mitarbeiter.
- *Anzahl der angebotenen Leistungsarten* – Angebotene Dienst-/Serviceleistungen über die Übernachtung hinaus.
- *Umfang des Informationssystems* – Anzahl der berücksichtigten Einflussfaktoren auf das Buchungsverhalten, die relevant und operational sind.
- *Schulungstage pro Mitarbeiter und Jahr.*

Interne Geschäftsprozessperspektive

- *Zahl der in Anspruch genommenen Leistungsarten pro Besuch* – Hierzu zählen alle kostenpflichtigen Leistungen, die über die Übernachtung hinausgehen (Restaurantbesuch, Konferenzraum, Shuttle-Bus, Sauna usw.).
- *Anteil der abgelehnten Buchungswünsche* – Abgewiesene Gäste sind meist auch zukünftig verlorene Kunden. Der Anteil der Ablehnungen wegen ausgebuchter Kapazitäten sollte daher möglichst gering sein, vor allem bei Stammgästen.
- *Durchschnittliche Dauer der Bearbeitung von Reklamationen* – Getrennt nach kleinen Ärgernissen (Fernbedienung fehlt, Raucher- statt Nichtraucherzimmer vergeben usw.) und wichtigen Problemen (Reservierung wurde vergessen, technische Defekte im Zimmer usw.).
- *Mitarbeiter (Vollzeit) pro verkaufter Übernachtung.*
- *Check-in-/Check-out-Wartezeit* – Durchschnittliche Dauer des Wartens und der Anmelde- und Abrechnungsformalitäten.

Kundenperspektive

- *Stammkundenanteil* – Anteil der Kunden, die innerhalb der letzten zwei Jahre mindestens dreimal Gast waren.
- *Geschäftskundenanteil* – Anteil der Übernachtungen von Montag bis Freitag zum Normalpreis (ggf. mit Firmenrabatt).
- *Beschwerdequote* – Anzahl der Reklamationen pro Übernachtung.
- *Anteil von Kundenkarteninhabern.*

Finanzperspektive

- *Umsatz pro Zimmer* – Inklusive Zusatzumsatz (Restaurant, Telefon usw.).
- *Kosten pro Zimmer.*
- *Auslastungsgrad.*
- *Durchschnittlicher Rabattsatz.*

Vermittlerperspektive

Nun stellt sich die Frage, ob alle Ziele und Strategien mit diesen vier Perspektiven abgedeckt sind. Unter den Strategien war noch die Rede von der Zusammenarbeit mit Vermittlern, aber auch von der Gewinnsteigerung. Darauf haben die Provisionen für Vermittler einen Einfluss. Insofern müssen hier die Standardperspektiven durch eine fünfte ergänzt werden, die Vermittlerperspektive.

Zur Gruppe der **Vermittler** gehören Reisebüros, Hotelvermittlungsagenturen und Buchungsmaschinen/-systeme. Auf diese bezogen lassen sich drei spezifische **Ziele** formulieren:

- Erzielung der höchsten Präferenz des Vermittlers für das eigene Hotel.
- Steigerung der Zahl der vermittelnden Agenturen.
- Beschränkung der Ertragsverluste durch Provisionsgewährung.

Als Kennzahlen der V**ermittlerperspektive** erscheinen sinnvoll:

- *Durchschnittlicher Provisionssatz für die Vermittlung.*
- *Anteil der vermittelten Übernachtungen.*
- *Präferenzgrad bei den Vermittlern.*
- *In Anspruch genommene Incentives der Vermittler* – Misst den Erfolg der eingeleiteten Verkaufsförderungsmaßnahmen und ist ein Indikator für die Präferenz des Vermittlers.

Die ausgewählten Kennzahlen lassen sich anhand ihrer kausalen Zusammenhänge darstellen (Abbildung 2.9). Was auf den ersten Blick einem

Schnittmuster nicht unähnlich sieht, entspricht einem ausgeglichenen (balanced) Konzept zur Umsetzung der entwickelten Strategien. Anhand einer solchen Darstellung lässt sich erkennen, ob die ausgewählten Erfolgsfaktoren und Kennzahlen schlüssig sind, ob es tatsächlich einen Zusammenhang zwischen den Kennzahlen der internen Perspektiven und den kunden- und finanzorientierten Erfolgsgrößen gibt.

Erst wenn eine umfassende Vernetzung der Kennzahlen möglich ist, kann von einer erfolgreichen Strategieumsetzung ausgegangen werden. Lässt sich bei einzelnen Kennzahlen keine Verbindung zu anderen herstellen, so deutet dies auf einen Fehler bei der Entwicklung der Scorecard hin. Dann hat eine Strategie oder Maßnahme keinen Erfolgsbezug (führt nicht zu höheren Gewinnen, höherer Kundenzufriedenheit usw.), oder das Erfolgsziel kann nicht verfolgt werden, weil keine geeigneten Strategien beschlossen wurden.

Bevor also Kennzahlen in die Scorecard aufgenommen werden, sollten die Abhängigkeiten untersucht werden. Gegebenenfalls sind einzelne Kennzahlen durch andere zu ersetzen oder ist zu prüfen, ob die Strategie überhaupt schlüssig ist. Hier wurde das Diagramm nach der Fertigstellung der Scorecard dargestellt, was nur mit der Übersichtlichkeit der Darstellung zu tun hat.

Es lässt sich natürlich auch im Nachhinein als Kontrollinstrument einsetzen. Werden die Kennzahlen beispielsweise im Rahmen eines Teamprozesses ermittelt und soll der Prozess nicht durch Kritik und Diskussionen über Gebühr strapaziert werden, kann hiermit eine Auswahl der tatsächlich geeigneten Kennzahlen erfolgen. Da die Übersichtlichkeit mit steigender Kennzahlenmenge drastisch nachlässt, entsteht auch ein Anreiz zur Beschränkung auf die wichtigsten Größen. Faustregel sollte sein, pro Perspektive mit ca. fünf Kennzahlen auszukommen.

Nachdem die einzelnen Bausteine der Balanced Scorecard für das Hotel entwickelt wurden, lässt sich die eigentliche „Card" erstellen, auf der die einzelnen Elemente übersichtlich dargestellt werden (Abbildung 2.10). Sie macht das Steuerungssystem im Alltag verfügbar und unterstützt die erfolgreiche Umsetzung. Zusätzlich sollten konkrete Zielgrößen für die Kennzahlen angegeben werden.

In Abbildung 2.11 finden Sie ein Formular, in das Sie Ihre Unternehmens-Balanced-Scorecard eintragen können, sei es, dass sie schon existiert oder dass Sie sie nun kurzfristig selbst erstellen.

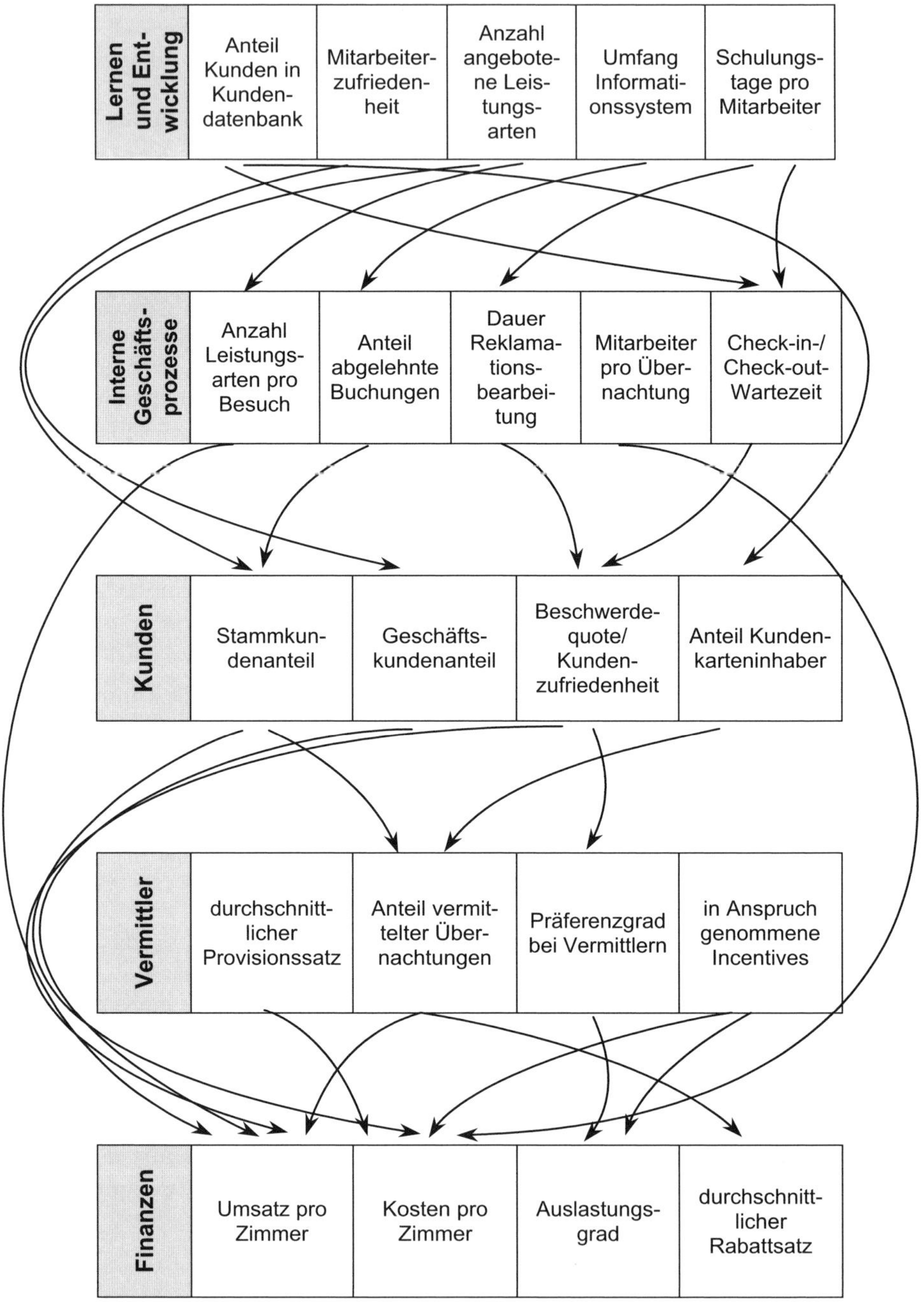

Abbildung 2.9: Kausaldiagramm zu einer Balanced Scorecard für ein Hotel

<table>
<tr><th colspan="5">Balanced Scorecard für ein Hotel</th></tr>
<tr><th>Perspektive</th><th>Ziele</th><th>Strategien und Maßnahmen</th><th>Kennzahlen</th><th>Zielgrößen</th></tr>
<tr><td rowspan="5">Lernen und Entwicklung</td><td rowspan="22">überdurchschnittlicher Gewinn
Erhöhung der Kundenzufriedenheit auf 95 %
Umsatzwachstum von 8 %
Verringerung der saisonalen Umsatzschwankungen
Senkung der Betriebskosten um 5 %
Steigerung des Stammkundenanteils auf 45 %
höchste Präferenz des Vermittlers
Steigerung der Zahl der Vermittlungsagenturen
Beschränkung der Ertragsverluste durch Provisionsgewährung</td><td rowspan="22">Das Angebot für Geschäftsreisende wird ausgeweitet.
Die Kooperation mit internationalen Vermittlungsagenturen, auch über das Internet, wird verstärkt.
Die administrativen Abläufe werden vereinfacht.
Eine Servicegarantie wird eingeführt.
Die Gäste werden motiviert, Mitglied des Kundenbindungsprogramms zu werden.
Zur Auslastungssteuerung werden die Preise flexibler gestaltet.</td><td>Anteil der in der Kundendatenbank enthaltenen Kunden</td><td>≥ 35 %</td></tr>
<tr><td>Mitarbeiterzufriedenheit</td><td>≥ 85 %</td></tr>
<tr><td>Anzahl der angebotenen Leistungsarten</td><td>12</td></tr>
<tr><td>Umfang des Informationssystems</td><td>8 Einflussfaktoren</td></tr>
<tr><td>Schulungstage pro Mitarbeiter</td><td>4</td></tr>
<tr><td rowspan="5">Interne Geschäftsprozesse</td><td>durchschnittliche Anzahl Leistungsarten pro Besuch</td><td>≥ 4</td></tr>
<tr><td>Anteil abgelehnter Buchungen</td><td>≤ 5 %</td></tr>
<tr><td>Dauer der Reklamationsbearbeitung</td><td>≤ 15 Minuten</td></tr>
<tr><td>Mitarbeiter pro Übernachtung</td><td>≤ 0,2 Manntage</td></tr>
<tr><td>Check-in-/Check-out-Wartezeit</td><td>≤ je 4 Minuten</td></tr>
<tr><td rowspan="4">Kunden</td><td>Stammkundenanteil</td><td>65 %</td></tr>
<tr><td>Geschäftskundenanteil</td><td>78 %</td></tr>
<tr><td>Beschwerdequote</td><td>≤ 2,5 %</td></tr>
<tr><td>Anteil Kundenkarteninhaber</td><td>20 %</td></tr>
<tr><td rowspan="4">Vermittler</td><td>durchschnittlicher Provisionssatz</td><td>≤ 7 %</td></tr>
<tr><td>Anteil vermittelter Übernachtungen</td><td>≤ 32 %</td></tr>
<tr><td>Präferenzgrad bei Vermittlern</td><td>unter den Top 10</td></tr>
<tr><td>in Anspruch genommene Incentives pro Expedient</td><td>1,2 je Expedient</td></tr>
<tr><td rowspan="4">Finanzen</td><td>Umsatz pro Zimmer</td><td>∅ 70 EUR</td></tr>
<tr><td>Kosten pro Zimmer</td><td>≤ 58 DM</td></tr>
<tr><td>Auslastungsgrad</td><td>≥ 67 %</td></tr>
<tr><td>durchschnittlicher Rabattsatz</td><td>≤ 18 %</td></tr>
</table>

Abbildung 2.10: Balanced-Scorecard eines Hotels

	Ziel	Kennzahl	Zielwert	Aktion
Lern- und Entwicklungs-perspektive				

	Ziel	Kennzahl	Zielwert	Aktion
Interne Prozessperspektive				

	Ziel	Kennzahl	Zielwert	Aktion
Kundenperspektive				

	Ziel	Kennzahl	Zielwert	Aktion
Finanzperspektive				

Abbildung 2.11: Balanced-Scorecard-Formular

2.6 Die Balanced Scorecard und andere Unternehmenssteuerungssysteme

Eine Balanced Scorecard ist nicht unbedingt das einzige Steuerungssystem im Unternehmen. Vor allem große Industrieunternehmen haben bereits seit einiger Zeit qualitätsorientierte Management- oder Kontrollsysteme im Einsatz, so dass man sich Gedanken einerseits über die Abgrenzung der Systeme voneinander, andererseits aber auch über ihr mögliches Zusammenspiel machen muss. Dabei finden sich sowohl die allgemein bekannten, zum Teil auch mehr oder weniger verpflichtenden, Modelle als auch Eigenschöpfungen, die bereits lange vor der großen Welle der Qualitätssteuerungskonzepte der 90er Jahre entwickelt wurden.

Für den Entwickler bzw. Promotor einer Balanced Scorecard entsteht dabei oft die Herausforderung, die Zielsetzungen und Anwendungsbereiche genau zu definieren, um unerwünschte Konkurrenzen zu vermeiden, aber auch die Chance, bestehende Anforderungen und Problembereiche aufzugreifen und damit noch einen Nebeneffekt zu erzielen.

> Beispielsweise fordert die European Foundation for Quality Management (EFQM) bei der Bewertung der Qualitätsleistung von Unternehmen den Nachweis der Kundenzufriedenheit und die Beschreibung von Methoden zu ihrer Erfassung. Dieses Thema gehört gleichzeitig zum Standard einer Balanced Scorecard, so dass durch diese gleichzeitig ein Beitrag zur Qualitätsleistung nach EFQM-Richtlinien erbracht wird. Die Effektivität des Scorecard-Einsatzes ergibt sich somit nicht nur aus der Erfüllung der mit ihr definierten Ziele, sondern auch aus einer Art Serviceleistung für andere Zielsysteme. Damit soll nicht behauptet werden, Qualitätsziele führten nicht auch wieder zur Erfüllung finanzwirtschaftlicher Ziele. Es handelt sich nur um einen anderen Schauplatz, der anderen Spielregeln folgt und seine Schwerpunkte nach anderen Gesichtspunkten setzt. Auf jeden Fall ist es vorteilhaft, eine Abstimmung aufeinander anzustreben anstatt einen Wettbewerb der Systeme zu starten, der entsprechendes Konkurrenzdenken provoziert.

Um diese Abstimmung zu erleichtern und auch die spezifischen Merkmale des Scorecard-Konzepts bei vorhandenen Erfahrungen mit Qualitätsmanagementsystemen zu verdeutlichen, soll hier in knapper Form auf einige weit verbreitete Steuerungskonzepte eingegangen werden. Dabei ist zu berücksichtigen, dass es sich meist um Richtlinien handelt, wie ein solches System zu gestalten ist, und noch nicht um das System selbst. Wenn wir uns also beispielsweise mit der ISO 9001 beschäftigen, unterstellen wir, dass ein Qualitätsmanagementsystem installiert ist, das den Vorgaben der Norm entspricht. Dieses kann über die geforderten Ansprüche auch hinausgehen. Die

Norm an sich oder auch die Bewertungsrichtlinien der Qualitätspreise stellen natürlich noch kein Steuerungssystem an sich dar.

Die ausgewählten Verfahren lassen sich nach zwei Dimensionen unterscheiden (siehe Abbildung 2.12 mit einigen Beispielen):

- Zum einen spielt die Frage eine Rolle, **wie viele Zielgrößen** analysiert werden. Die eindimensionalen Konzepte betrachten nur eine Größe und sind damit nicht als universelles System im Unternehmen einsetzbar. Teilweise werden sie nur sporadisch eingesetzt, wenn eine Problemsituation eingetreten ist. Beispiele dafür sind Kundenzufriedenheitsindizes, hinter denen ein konkretes Erkenntnisinteresse steht, nicht jedoch die Unternehmensführung insgesamt. Zu den mehrdimensionalen Modellen gehören beispielsweise die Qualitätsmanagementsysteme, die sich aus den Bewerbungsvorschriften für die bekannten Qualitätspreise ableiten lassen. Sie sind zwar einerseits eindeutig auf die eine Größe Qualität ausgerichtet, sehen aber eine ganze Reihe von Größen als Grundlage dafür an. (Warum die Balanced Scorecard mehrdimensional ausgerichtet ist, muss hier sicher nicht mehr begründet werden ...).

	eindimensional	**mehrdimensional**
individuell	unternehmensspezifischer Kundenzufriedenheitsindex	Balanced Scorecard
individualisierbar		EFQM-Modell Malcolm Baldrige Award
standardisiert	ROI-Kennzahlen-Schema nationaler Kundenzufriedenheitsindex	ISO 9000ff.

Abbildung 2.12: Verfahren der Unternehmenssteuerung

- Zum anderen sind **individuelle** von **standardisierten Verfahren** zu unterscheiden. Prinzipiell haben beide Arten ihre Berechtigung. Die individuellen Verfahren lassen sich den jeweiligen Gegebenheiten anpassen, nehmen den Verantwortlichen aber nicht die Ungewissheit, einzelne Aspekte übersehen zu haben. Bei den standardisierten Verfahren ist es umgekehrt. Sie sind gerade dann kein schlechter Einstieg in die Thematik, wenn die Unsicherheit überwiegt, wo und wie man denn anfangen soll.

Nun mag die Frage auftreten, inwieweit es wichtig ist, sich im Zusammenhang mit dem Balanced-Scorecard-Einsatz im Marketing auch mit Qualitätsmanagement u. Ä. auseinander zu setzen. Dafür gibt es gleich mehrere

Gründe. Zunächst leistet das Marketing durch den Kundenkontakt und die produktpolitischen Entscheidungen einen wichtigen Beitrag zur Qualität, insbesondere zur Ermittlung der Qualitätskriterien. Weiterhin beziehen die Qualitätsmodelle konsequenterweise eine ganze Reihe von Marketingfaktoren in die Bewertung ein, beispielsweise das Reklamationswesen und die Kundeninformation. Und schließlich wird sich noch zeigen, dass die in den standardisierten Modellen verwendeten Kriterien ein guter Ideenlieferant sind für Kennzahlen in der Balanced Scorecard.

Der Malcolm Baldrige National Quality Award (MBNQA)

Der MBNQA ist ein Preis für herausragende Qualitätsleistungen, der in den USA seit 1988 vergeben wird. Er wurde von Regierungsseite ins Leben gerufen, um die Unternehmen zu einer Verbesserung ihrer angebotenen Qualität zu animieren. Unternehmen können sich um den Preis bewerben, indem sie anhand eines umfangreichen Kriterienkatalogs ihre Anstrengungen und Erfolge belegen. Dieser Kriterienkatalog (*Criteria for Performance Excellence*) wird vom *National Institute of Standards and Technology*, das zum U.S. Department of Commerce gehört, herausgegeben und jährlich überarbeitet. Im Internet ist er zu finden unter: www.quality.nist.gov. Er hat sich im Laufe der Zeit als eine Art Standard für das unternehmerische Qualitätsmanagement etabliert und auch in anderen Ländern die Konstituierung solcher Preise angestoßen. Seine Bedeutung wird nicht zuletzt dadurch unterstrichen, dass eine staatliche Stelle dafür zuständig ist.

Die Grundstruktur des Kriteriengerüsts wird in Abbildung 2.13 dargestellt. Hier lassen sich schon Parallelen zur Balanced Scorecard erkennen. So finden wir u. a. die Kriterienbereiche Kunden und Mitarbeiter als Einflussfaktoren auf den Geschäftserfolg und vor allem den Ansatz, das Ergebnis als das Resultat mehrerer Einflussbereiche zu sehen, d. h. ihn mehrdimensional zu erklären. Stärker als es im Rahmen der Balanced Scorecard möglich ist, wird auf die Gestaltung von Prozessen und das Management von Informationen eingegangen (siehe den zusammengefassten Kriterienkatalog in Abbildung 2.14, Quelle: Baldrige National Quality Program 2001).

Neben den zur Bewertung anstehenden Bereichen, die in der Punktetabelle genannt sind, werden die Bewerber aufgefordert, eine Beschreibung ihres Unternehmens (Organisationsprofil) abzugeben, aus der sich die Tätigkeit und relevante Umfeldfaktoren ergeben.

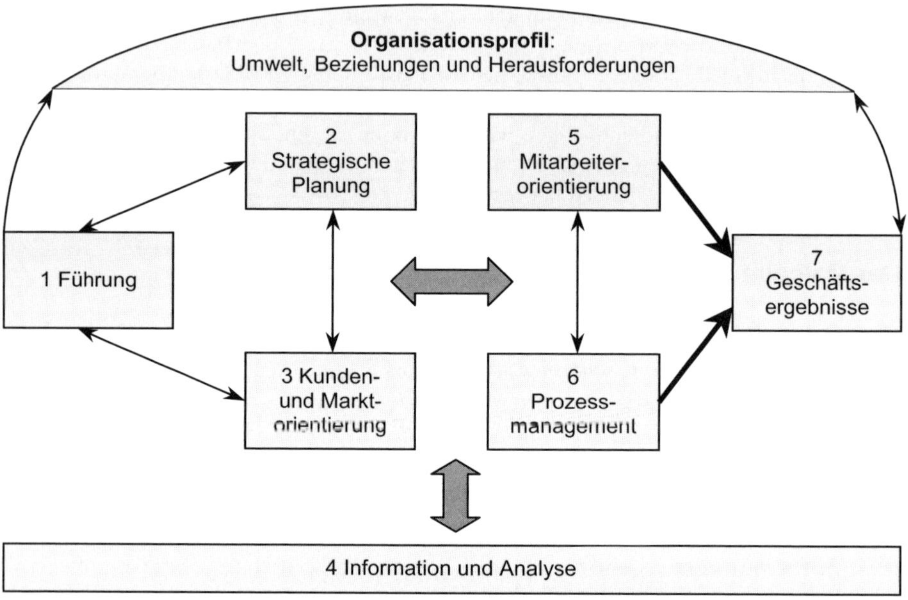

Abbildung 2.13: Kriterienstruktur des Malcolm Baldrige National Quality Award

Sehen wir uns nun noch einige Beispiele für konkrete Fragestellungen in den einzelnen Segmenten an (vgl. Baldrige National Quality Program 2001):

Führung

- Entwicklung und Umsetzung langfristiger Werte und Leistungserwartungen
- Kommunikation dieser langfristigen Vorgaben durch die Managementebenen
- Formen und Kriterien der Leistungskontrolle durch die Unternehmensleitung
- Umsetzung dieser Ergebnisse
- Kontrolle der Einhaltung der rechtlichen Rahmenbedingungen
- Eingehen auf öffentliche Bedenken gegenüber eigenen (zukünftigen) Produkten

Strategische Planung

- Schritte und Zeithorizonte des strategischen Planungsprozesses
- Berücksichtigung wichtiger Einflussbereiche in der strategischen Planung, wie Kundenbedürfnisse, Wettbewerbsumfeld, technologischer Wandel, eigene Stärken und Schwächen, Stärken und Schwächen der Lieferanten und Partner, finanzielle und gesellschaftliche Risiken

- Strategische Ziele und deren Übereinstimmung mit den Bedürfnissen der Stakeholder (Interessengruppen wie Anteilseigner, Mitarbeiter, Kunden, öffentliche Einrichtungen)
- Umsetzung der strategischen Ziele in Aktionspläne
- Kriterien zur Messung des Fortschritts bei der Umsetzung

Messkriterien des Malcolm Baldrige National Quality Award 2001	Punkte
1 Führung	**120**
1.1 Management 80	
1.2 Verantwortung für die Öffentlichkeit 40	
2 Strategische Planung	**85**
2.1 Strategieentwicklung 40	
2.2 Strategieumsetzung 45	
3 Kunden- und Marktorientierung	**85**
3.1 Wissen über Kunden und Märkte 40	
3.2 Kundenzufriedenheit und -beziehungen 45	
4 Information und Analyse	**90**
4.1 Messung und Analyse der Organisationsleistung 50	
4.2 Informationsmanagement 40	
5 Mitarbeiterorientierung	**85**
5.1 Arbeitsabläufe 35	
5.2 Mitarbeiterausbildung, -training und -entwicklung 25	
5.3 Mitarbeiterwohlbefinden und -zufriedenheit 25	
6 Prozessmanagement	**85**
6.1 Produkt- und Dienstleistungsprozesse 45	
6.2 Geschäftsprozesse 25	
6.3 unterstützende Prozesse 15	
7 Geschäftsergebnisse	**450**
7.1 kundenorientierte Ergebnisse 125	
7.2 finanzielle und marktbezogene Ergebnisse 125	
7.3 personalbezogene Ergebnisse 80	
7.4 Ergebnisse der organisatorischen Effektivität 120	
Gesamt	**1000**

Abbildung 2.14: Messkriterien des Malcolm Baldrige National Quality Award 2001

Kunden- und Marktorientierung

- Definition von Zielkunden- und Marktsegmenten
- Erhebung von Kundenanforderungen und deren Bewertung, Nutzung kundenspezifischer Daten über Verkäufe, Wiedergewinnung verlorener Kunden, Reklamationen usw.
- Aufbau von Kundenbeziehungen zur Steigerung der Zufriedenheit und der Wiederholungskäufe sowie zur Erlangung von Empfehlungen
- Bestimmung von Kontaktformen mit Kunden
- Organisation des Beschwerdeprozesses inkl. der Sicherstellung von Verbesserungsmaßnahmen
- Definition der Kundenzufriedenheit und Nutzung der Zufriedenheitsdaten für Verbesserungen
- Aufrechterhaltung des Kundenkontakts, um Rückmeldungen zu erzielen
- Anpassung der Zufriedenheitsermittlung an Veränderungen

Information und Analyse

- Sammlung und Integration von Daten aller Quellen zur Unterstützung operativer Entscheidungen
- Auswahl und Einsatz von Vergleichsdaten
- Anpassung des Leistungsmessungssystems an Veränderungen
- Durchführung von Analysen zur Bestimmung des Geschäftserfolgs
- Kommunikation der Erfolgsdaten in die Arbeitsgruppen
- Verfügbarmachung der benötigten Daten
- Sicherstellung der Zuverlässigkeit, Richtigkeit und Pünktlichkeit der Datenbereitstellung
- Nutzerfreundlichkeit und Angemessenheit der Hard- und Softwaresysteme

Mitarbeiterorientierung

- Organisation und Förderung der Kooperation und Innovation innerhalb der Organisation
- Motivation der Mitarbeiter zur Entfaltung ihrer Potenziale
- Förderung der Leistung und Kundenorientierung der Mitarbeiter durch das Leistungsmessungssystem
- Nachfolgeplanung im Top-Management
- Abstimmung der Personalentwicklung auf die Unternehmensziele
- Anpassung der Personalentwicklungsmaßnahmen auf Veränderungen im Umfeld
- Einsatz von Wissen und Fähigkeiten am Arbeitsplatz
- Verbesserung der Arbeitsbedingungen
- Messung der Mitarbeiterzufriedenheit
- Einsatz von Maßnahmen zur Unterstützung der Mitarbeiter inkl. sozialer Leistungen

Prozessmanagement

- Prozess der Produktentwicklung
- Berücksichtigung von Änderungen bei den Kundenanforderungen in der Produktentwicklung
- Berücksichtigung von Qualität, Zykluszeiten und Erfahrungen vergangener Projekte in den Entwicklungsprozessen
- Gestaltung der Produktions- und Logistiksysteme im Hinblick auf die Leistungsanforderungen
- Kriterien zur Leistungsmessung in den Bereichen Produktion und Logistik
- Durchführung von Tests und Prozessaudits zur Vermeidung von Garantie- und Nacharbeitskosten
- Durchführung von Verbesserungsmaßnahmen und Weitergabe der Erfahrungen an andere Einheiten
- Gestaltung der Geschäftsprozesse im Hinblick auf die Erfüllung der Leistungsanforderungen
- Verwendung von Leistungsmaßgrößen für die Kontrolle und Verbesserung der Prozesse
- Maßnahmen zur Anpassung der Prozesse an Veränderungen im Umfeld
- Definition von Anforderungen an unterstützende Prozesse

Geschäftsergebnis

Hier geht es um den Nachweis des Erfolgs der beschriebenen Maßnahmen anhand von Kriterien wie

- Kundenzufriedenheit – auch im Wettbewerbsvergleich
- Wertwahrnehmung durch die Kunden
- Wiedergewinnungsraten
- Empfehlungsverhalten
- Produktleistungsmerkmale
- finanzielles Unternehmensergebnis
- Marktanteil, -position
- Wachstumsraten
- Zahl der neu bearbeiteten Märkte
- Mitarbeiterzufriedenheit, -wohlbefinden

Das EFQM-Modell

Der Erfolg des Baldrige Awards weckte auch in Europa Interesse an einer solchen Auszeichnung und der Förderung der Qualität. Nicht zuletzt muss man berücksichtigen, dass eine solche Auszeichnung für die Gewinner einen ganz erheblichen Werbeeffekt darstellt. Folglich wurde in Europa durch 14 interessierte Unternehmen die *European Foundation for Quality Management*

(EFQM) mit Sitz in Brüssel gegründet, im Gegensatz zu den USA also keine staatliche Einrichtung. Die EFQM verleiht den European Quality Award (EQA). In Deutschland wird weiterhin der Ludwig-Erhard-Preis verliehen, der sich an den EQA anlehnt und eine Art Bindeglied zwischen dem europäischen Preis sowie Initiativen einzelner Bundesländer darstellt. Im Internet sind nähere Informationen zu finden unter: www.efqm.org und www.ludwig-erhard-preis.de.

Das europäische Modell weist große Ähnlichkeiten mit dem Baldrige-Modell auf, was in Anbetracht der gleichartigen Zielsetzung nicht gegen die Modelle spricht, und baut auf den Erfahrungen der Amerikaner auf. Die Zielgröße wird mit dem nicht außerhalb der Begriffsmode stehenden Begriff der „Excellence" ausgedrückt, worunter die EFQM die „überragende Vorgehensweise beim Managen einer Organisation und Erzielen ihrer Ergebnisse auf der Basis von acht Grundkonzepten" versteht. Diese Grundkonzepte lassen sich in einem Kreismodell darstellen (Abbildung 2.15, verändert nach European Foundation for Quality Management 1999).

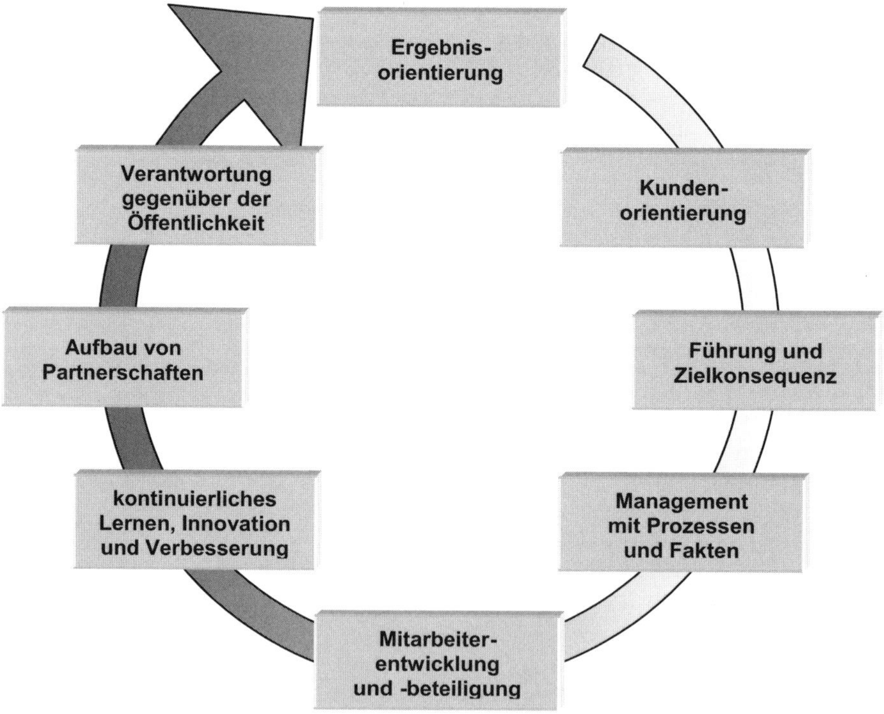

Abbildung 2.15: Grundkonzepte der Excellence der EFQM

Analog zum Baldrige Award müssen sich Unternehmen um den Preis bewerben, indem sie eine Beschreibung ihres Konzepts und der Maßnahmen anhand eines vorgegebenen Schemas einreichen. Diese sind für 2000 überarbeitet worden und setzen die Gesamtpunktzahl von 1000 aus einzelnen Themenblöcken zusammen. Abbildung 2.16 gibt einen Überblick.

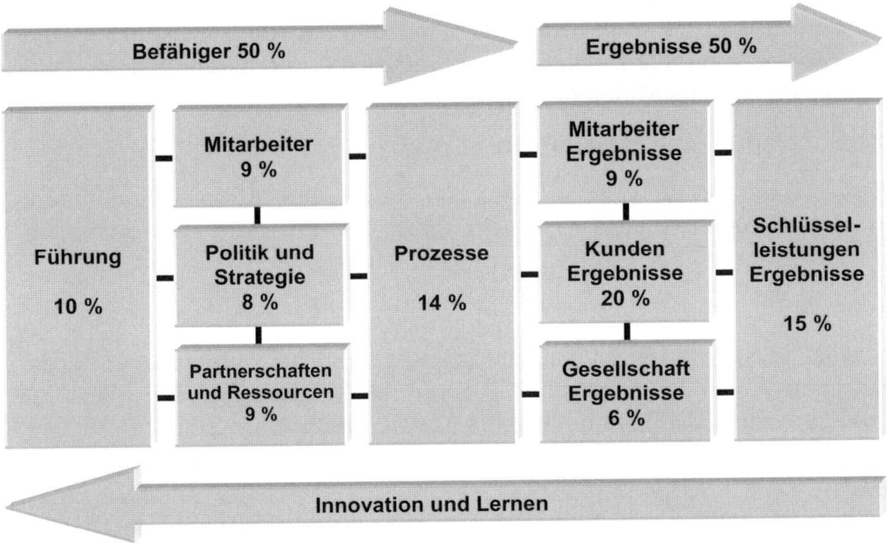

Abbildung 2.16: Kriterienstruktur des EFQM-Modells

Die Kriterienblöcke lassen sich zwei Gruppen zuordnen: zum einen den **Befähigern** (auch: Mittel und Wege) als Potenzialgrößen, um die Excellence zu erreichen, zum anderen den **Ergebnissen**. Beide Gruppen sind insgesamt gleich gewichtet. Der Pfeil „Innovation und Lernen" zurück deutet an, dass die Resultate im Sinne einer lernenden Organisation wieder verwendet werden sollen, um die Ressourcen effektiver einzusetzen.

Da es, wie bereits angedeutet, viele Ähnlichkeiten mit dem Baldrige-Modell gibt, sollen hier nur kurze Erläuterungen zu den einzelnen Blöcken gegeben werden (vgl. z. B. VDI 2001).

Führung

Hier geht es um das Verhalten der Führungskräfte bei der Förderung von Qualität, der Motivation von Mitarbeitern, dem Bemühen um Kunden und dem Engagement für eine Qualitätskultur.

Politik und Strategie

Die Unternehmensstrategie muss auf den Erwartungen der Interessengruppen aufgebaut sein, sie muss Informationen aus dem Umfeld nutzen, sich Veränderungen anpassen und nicht zuletzt kommuniziert werden.

Mitarbeiterorientierung

Die Beteiligung der Mitarbeiter, die Anerkennung ihrer Leistungen, ihre Weiterentwicklung, die Definition von Zielen und die Kommunikation mit ihnen stehen hier im Mittelpunkt.

Partnerschaften und Ressourcen

Dieses Modul bewertet den Einsatz von Ressourcen für die Unterstützung der Unternehmensstrategie. Es geht dabei um Finanzen, Informationen, Lieferantenbeziehungen, Anlagevermögen, Technologien und Wissen.

Prozesse

Zu einer herausragenden Qualitätsleistung gehören die Definition und das Management von Prozessen, ihre Anpassung mit dem Ziel der Steigerung der Kundenzufriedenheit und die laufende Kontrolle.

Kundenzufriedenheit

Die überaus starke Gewichtung dieses Kriteriums unterstreicht seine Bedeutung im Gesamtsystem. Es gibt Aufschluss über die Bewertung der Produkte und Leistungen durch die Kunden sowie die eingesetzten Kriterien zur frühzeitigen Erfassung von Veränderungen bei der Zufriedenheit.

Mitarbeiterzufriedenheit

Analog zur Kundenzufriedenheit wird die Mitarbeiterzufriedenheit als Beitrag zum Gesamterfolg gesehen. Es wird ermittelt, wie die Mitarbeiter die Organisation beurteilen und welche weiteren Kriterien zur Erfassung der Zufriedenheit eingesetzt werden.

Gesellschaftliche Verantwortung

Wiederum analog wird bewertet, wie sich das Unternehmen in der Gesellschaft darstellt und wie diese Wahrnehmung/Zufriedenheit gemessen wird.

Geschäftsergebnisse

Hierbei geht es um den finanziellen Erfolg des Unternehmens und um nichtfinanzielle Messgrößen, die ergänzend herangezogen werden können.

Insgesamt bleibt noch festzuhalten, dass die EFQM als Erfolgskriterium den Nachweis erwartet, dass es über einen Zeitraum von drei Jahren einen eindeutigen Trend gegeben hat. Damit soll sichergestellt werden, dass es sich nicht um zufällige Resultate handelt, sondern um eine fundierte Entwicklung, für die die Ursachen klar erkennbar sind.

Die ISO-9000ff.-Normenfamilie

Die ISO- oder gleichlautend DIN- oder EN-Normen 9000 ff., die im Jahr 2000 gründlich überarbeitet wurden, verdeutlichen noch einmal die Konvergenz der Steuerungssysteme. Gerade im Vergleich mit der Version von 1994 ergibt sich eine Annäherung an die oben vorgestellten Modelle und, das mag uns hier besonders interessieren, eine starke Betonung der **Kundenorientierung**. In diesem Bereich sind die meisten Veränderungen bzw. Ergänzungen im Bereich der Anforderungen zu verzeichnen.

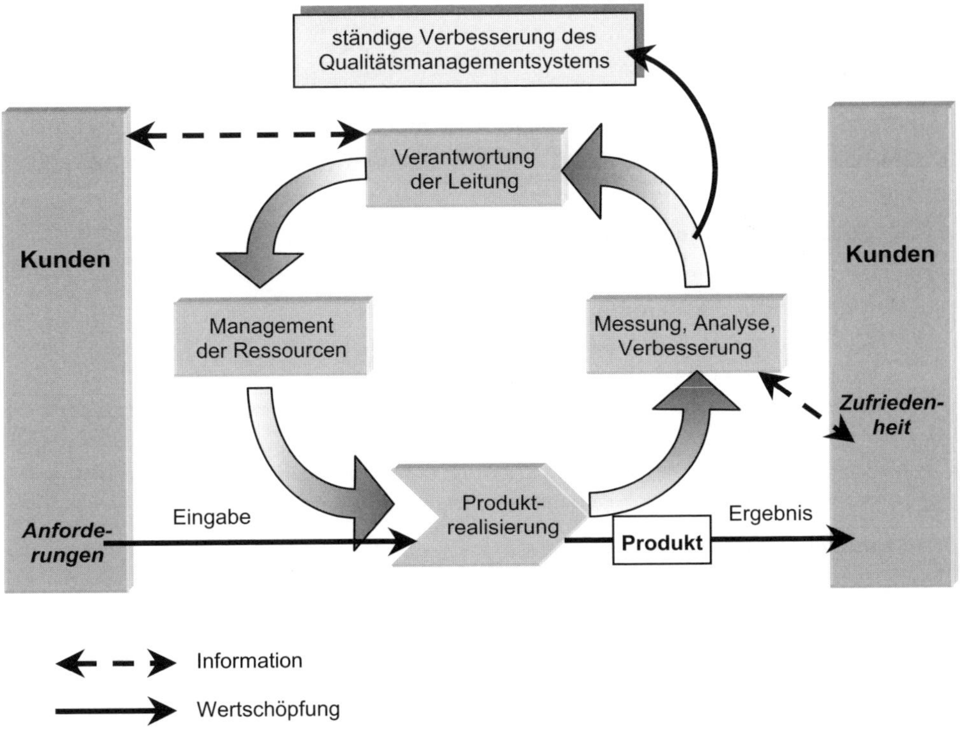

Abbildung 2.17: Modell des prozessorientierten Qualitätsmanagements der ISO-9000-Normen-Reihe

Grundlage für die Revision der Normen, bei der übrigens die Normen 9002 und 9003 wegfielen und in die 9001 integriert wurden, sind die folgenden **acht Grundsätze des Qualitätsmanagements** (vgl. DQS 2001, S. 2):

- Kundenorientierung
- Führung
- Einbeziehung der Personen
- Prozessorientierter Ansatz
- Systemorientierter Managementansatz
- Ständige Verbesserung
- Sachbezogener Ansatz zur Entscheidungsfindung
- Lieferantenbeziehungen zum gegenseitigen Nutzen

Interessant sind für uns die neuen Anforderungen im Zusammenhang mit der Kundenorientierung, so dass wir uns auf diese beschränken. Abbildung 2.17 zeigt das Grundmodell (nach: DQS 2001, S. 3).

Unter den Oberpunkten 4-8 finden sich die für das Qualitätsmanagementsystem relevanten Anforderungen (0-3 enthalten eine Einleitung, Referenzen und Definitionen). Die folgende Auflistung enthält die neu eingefügten Regelungen bezüglich der Kundenbeziehung:

4 Qualitätsmanagementsystem

...

5 Verantwortung der Leitung

- Bestimmung der Kundenanforderungen mit dem Ziel der Förderung der Kundenzufriedenheit (5.2)
- Kommunikation der Kundenanforderungen durch das gesamte Unternehmen (5.5.3)
- Schlussfolgerungen für die Verbesserung von Produkten bezüglich Kundenanforderungen aus den Management Reviews (5.6.3)

6 Management der Ressourcen

...

7 Produktrealisierung

- Identifikation neuer Kundenanforderungen; auch bezüglich Verfügbarkeit, Auslieferung, Kundendienst oder rechtlicher Anforderungen (7.2.1)
- Prüfung der produktbezogenen Kundenanforderungen, Dokumentation und Information der involvierten Personen (7.2.2)
- Einrichtung von geeigneten Kommunikationswegen für Produktinformationen, Anfragen, Reklamationsbehandlung, Feedback usw. (7.2.3)

8 Messung, Analyse, Verbesserung

- Regelmäßige Messung der Kundenzufriedenheit (8.2.1)

- Analyse der Zufriedenheitsdaten (8.4).

Der American Customer Satisfaction Index (ACSI)

Der ACSI, der seit 1994 unter Leitung der University of Michigan Business School erhoben wird, soll hier als ein Vertreter der standardisierten eindimensionalen Steuerungssysteme vorgestellt werden. Ähnlich wie schon vorher bei den Qualitätspreisen war in den neunziger Jahren eine Welle der Einrichtung nationaler Kundenzufriedenheitsuntersuchungen zu beobachten. So gibt es diese nicht nur in den USA, sondern beispielsweise auch in Deutschland, Schweden und der Schweiz. Das Grundprinzip besteht darin, im Rahmen einer groß angelegten Befragung (in den USA werden jedes Jahr 50.000 Konsumenten befragt) die Zufriedenheit mit einzelnen Unternehmen und Branchen zu ermitteln. Über einen Zeitvergleich lassen sich dann Rückschlüsse über den Erfolg von Maßnahmen bezüglich der Kundenorientierung ziehen. Der Vergleich mit anderen Unternehmen ist zudem ein Ansatz für Benchmarking-Projekte, d. h. es lässt sich jeweils feststellen, welches Unternehmen einer Branche die zufriedensten Kunden hat.

In volkswirtschaftlicher Hinsicht lässt sich beispielsweise auch erkennen, inwieweit es insgesamt Qualitätsverbesserungen gegeben hat und wie die Verbraucher darauf reagierten. Eine Auswertung des ACSI für den Zeitraum 1994 bis 1997 ergab für die USA einen Rückgang der Kundenzufriedenheit um 5 %, während gleichzeitig die Unternehmensgewinne stiegen. Dies ist zumindest ein deutlicher Indikator dafür, woher die Gewinnsteigerungen kamen, nämlich aus dem Personalabbau. Ab 1998 wurden dann sinkende Gewinne registriert, was als Folge der wachsenden Unzufriedenheit gewertet werden kann (nähere Informationen dazu unter www.bus.umich.ed/research /nqrc/about.html).

Abbildung 2.18 zeigt eine Beispielauswertung für die Bereiche Personal Computer und Fahrzeuge (Auszug). Man beachte die Werte für Hyundai im Vergleich mit Saturn von General Motors, dem einstigen Vorzeigeobjekt der amerikanischen Autoindustrie.

Kundenmonitor Deutschland

In Deutschland berechnet die Servicebarometer AG im Rahmen des Kundenmonitor Deutschland jährlich einen allgemeinen Kundenzufriedenheitsindex sowie Werte für teilnehmende Unternehmen und Branchen.

American Customer Satisfaction Index – Manufacturing Durables Sector, Industry, and Company Scores 1995-Q2/2001; August 20, 2001							
Sector/Industry/Company (In descending order of current ACSI score within industry. All scores are on 100-point scale.)						**From previous year**	**From first year measured**
	Baseline (1994)	**Q2 1998**	**Q2 1999**	**Q2 2000**	**Q2 2001**	**% Changes**	**% Changes**
Manufacturing Durables	**79.2**	**77.9**	**77.3**	**79.4**	**78.7**	**-0.9%**	**-0.6%**
Personal computers	**78**	**71**	**72**	**74**	**71**	**-4.1%**	**-9.0%**
Dell Computer Corporation	NM	74	76	80	78	-2.5%	8.3%
Apple Computer, Inc.	77	69	72	75	73	-2.7%	-5.2%
Gateway, Inc.	NM	76	76	78	73	-6.4%	-3.9%
Hewlett-Packard Company	78	72	74	74	73	-1.4%	-6.4%
IBM Corp.	78	74	73	75	71	-5.3%	-9.0%
Compaq Computer Corp.	78	72	71	71	69	-2.8%	-11.5%
All Others	NM	69	69	68	67	-1.5%	-4.3%
Automobiles	**79**	**79**	**78**	**80**	**80**	**0.0%**	**1.3%**
GM-Cadillac	NM	88	85	86	88	2.3%	0.0%
BMW AG	82	86	86	84	86	2.4%	4.9%
DaimlerChrysler AG	85	86	86	87	86	-1.1%	1.2%
GM-Buick	NM	84	86	86	86	0.0%	2.4%
Honda Motor Company, Ltd.	85	81	83	82	83	1.2%	-2.4%
Toyota Motor Corporation	86	85	83	82	83	1.2%	-3.5%
Ford-Lincoln-Mercury	79	83	82	85	82	-3.5%	3.8%
Ford Motor Company-Volvo	82	81	80	82	81	-1.2%	-1.2%
GM-Oldsmobile	NM	82	81	80	81	1.3%	-1.2%
Hyundai Motor Company	68	72	68	76	81	6.6%	19.1%
Volkswagen AG	74	78	82	83	81	-2.4%	9.5%
GM-Saturn	84	85	80	82	80	-2.4%	-4.8%
Nissan Motor Company, Ltd.	83	77	79	78	80	2.6%	-3.6%
All Others	NM	74	76	75	79	5.3%	-2.5%

Abbildung 2.18: Auszug aus dem ACSI vom 20.8.2001

Im Jahr 2001 erreichten die Urlaubsregionen und Optiker die höchsten Zufriedenheitsraten (Globalzufriedenheit 1,92 bzw. 1,96 auf einer Skala von 1 bis 5), am schlechtesten schnitten Stadt- und Kreisverwaltungen (2,87), Postfilialen (2,67) sowie Paket- und Expressdienste (2,66) ab. Insgesamt sind die

Unterschiede nicht allzu groß, interessant ist aber, wer der Sponsor der Erhebung ist, nämlich nicht die Optiker, sondern die Deutsche Post.

Der Kundenmonitor repräsentiert die Grundgesamtheit der deutschsprachigen Bevölkerung ab 16 Jahren, die telefonisch erreichbar ist. Das entspricht 68,37 Mio. Personen. 2001 wurden 31 Branchen mit Stichproben zwischen 500 und 12.000 Kundenurteilen erfasst, wozu 35.000 Telefoninterviews durchgeführt wurden (Servicebarometer 2001).

Die erhobenen allgemeinen Variablen sind:

- Globalurteil der Kundenzufriedenheit
- Wiederwahlabsicht
- Weiterempfehlungsabsicht
- Vorteilhaftigkeit des Anbieters aus Kundensicht
- Beschwerdehäufigkeit
- Beschwerdezufriedenheit
- Freundlichkeit der Mitarbeiter
- Preis-Leistungs-Verhältnis
- Erreichbarkeit

Auch hier lassen sich interessante Zusammenhänge analysieren, etwa die Frage, inwieweit Faktoren wie die Freundlichkeit der Mitarbeiter mit dem Zufriedenheitsurteil korrelieren oder Mitarbeiter- und Kundenzufriedenheit zusammenhängen, nämlich stark.

Zum Abschluss des Themas Kundenzufriedenheitsindizes soll noch auf ein Beispiel hingewiesen werden, wie die Informationen in der Unternehmenskommunikation eingesetzt werden können. Die *Deutsche Bank AG* beispielsweise veröffentlicht Kundenzufriedenheitskennzahlen in ihrem Geschäftsbericht unter der Rubrik „Vierklang“, wozu auch die Kategorie Kunden gehört. Abbildung 2.19 zeigt die Werte für die Jahre 1998 bis 2000 (Quelle: Deutsche Bank 2001).

Bei der Darstellung dieser ausgewählten Verfahren sind schon an zahlreichen Stellen Bezüge zur Balanced Scorecard zu erkennen gewesen, und zwar nicht nur beim Thema Kunde, Kundenzufriedenheit und -orientierung. Vielmehr sollte klar werden, dass es eine systematische Verbindung zwischen Konzepten des Qualitätsmanagements und einer Balanced Scorecard allgemein, besonders aber im Marketing gibt.

Die Abbildung 2.20 versucht dies noch einmal zu verdeutlichen, indem sie einige Verbindungen zwischen Qualitätskonzepten und den Perspektiven der Balanced Scorecard aufzeigt. Um die Übersicht nicht weiter zu schädigen, sind nur die wichtigsten Verbindungslinien eingezeichnet. Bei einer konkreten Entwicklung müsste näher analysiert werden, welche Faktoren in welchem Konzept enthalten sind und wo entsprechend eine Abstimmung erforderlich ist.

			2000	1999	1998
Leistungskennzahlen	Personal Banking (Deutschland)[2]	Kundenzufriedenheitsindex	67 [2]	–	70
		Kundenbindungsindex	69 [2]	–	72
	Unternehmen und Immobilien (Deutschland)[3]	Kundenzufriedenheitsindex	–	71	–
		Kundenbindungsindex	–	82	–
	Globale Unternehmen und Institutionen	Position in Euromoney Poll of Polls	1	1	3
	Asset Management	Position in DM/Standard & Poor's [4]	1	1	1
	Global Technology and Services	Euro Cash Clearer Position in MACRO International Institute	1	1	–
Besondere Projekte	Innovations- und Kompetenzteams	weiterer Ausbau, beispielsweise in den Bereichen Film und Fernsehen, regenerative Energien und Medizintechnik (Bereich Firmenkunden) sowie für die Kundengruppen Traditionelle Familienvermögen, New Economy, Top-Manager und Vermögensanlage für Unternehmen (Bereich Private Banking)			
	db-marketplaces	Business-to-Business(B2B)-Plattform, die unter anderem die Verrechnung und Abwicklung der Geschäfte gewährleistet sowie die sichere Identifikation der Marktplatzteilnehmer ermöglicht			
	Kundenportale	ermöglichen den Zugang zu umfangreichen Konten-, Portfolio- und Produktinformationen und bieten individuell zusammenstellbare Internetseiten, Verknüpfungen zu Marktdaten und Research sowie direkten Handel von Wertpapieren und Devisen (für alle Kundengruppen, mit jeweils differenziertem Leistungsangebot)			

[2] Werte sind mit 1998 nicht vergleichbar, da andere Bezugsgrößen zu Grunde liegen.

[3] Kundenzufriedenheits- und Kundenbindungsindex werden auf einer 0–100-Punkte-Skala abgebildet. Die Kundenbefragungen werden in der Regel im Zweijahresturnus durchgeführt.

[4] In der Kategorie „Große Gruppen", Performance über 5 Jahre (vor 1999: DM/Micropal).

Abbildung 2.19: Kundenkennzahlen der Deutschen Bank 1998-2000

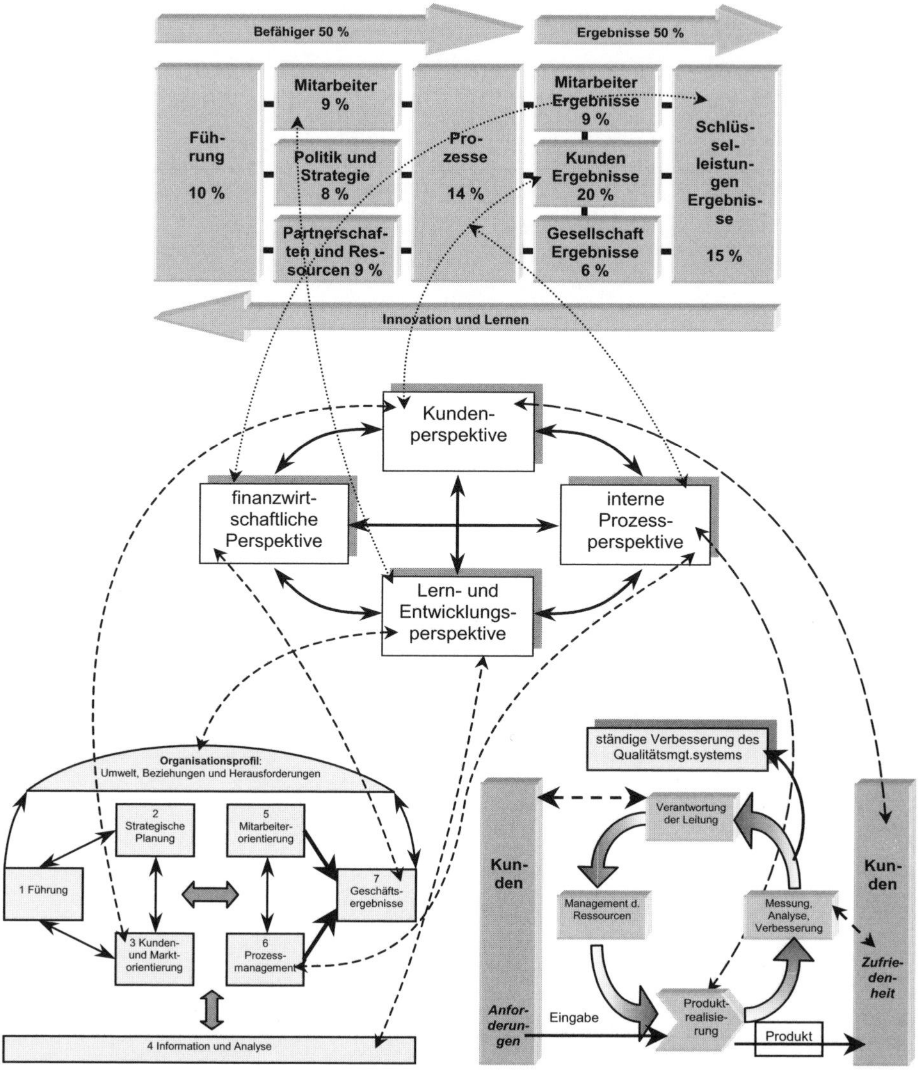

Abbildung 2.20: Verknüpfungen zwischen Balanced Scorecard und Qualitätsmanagementkonzepten

3 Die Basics: Kennzahlen

3.1 Arten und Aufgaben von Kennzahlen

Kennzahlen

Kennzahlen sind verdichtete Informationen über quantifizierbare betriebliche Tatbestände. Sie sollen eine einfache Kontrolle von Abläufen und Ergebnissen ermöglichen.

Vor allem soll dies schnell erfolgen, und zwar während der laufenden Geschäftsperiode. Während das Rechnungswesen Erfolgsmaßstäbe oft erst nach Jahresablauf ermittelt (zum Beispiel Gewinn- und Verlustrechnung), arbeiten Kennzahlensysteme „rund um die Uhr" und liefern somit auch Frühwarnindikatoren. Ein weiterer Vorteil der Arbeit mit Kennzahlen besteht darin, dass sie entscheidungsorientiert aufgebaut werden können. Maßgebend für die Bestimmung einer Kennzahl ist die zu fällende Entscheidung, nicht ein rechtliches Erfordernis oder einfach das Vorhandensein von Daten.

Kennzahlen lassen sich als wesentliches Instrument des laufenden Controlling bezeichnen. Sie beziehen sich auf alle Arten von Aktivitäten und Funktionsbereiche, so dass es im Finanzcontrolling Kennzahlensysteme gibt, die sich an Geldgrößen orientieren, während im Produktionscontrolling überwiegend Leistungsgrößen im Mittelpunkt stehen. Zu den theoretischen Grundlagen vgl. z. B. Reichmann 2001; Weber 1999; Horváth 1999.

Vier **Funktionen** von Kennzahlen können identifiziert werden:

- *Operationalisierung*: Berechnung von Kennzahlen zur Operationalisierung von Zielen und Zielerreichung (Leistungen). Beispiel: Profitabilitätsziel – Außendienstprofitabilität, Kundenrendite.
- *Anregungsfunktion*: Laufende Erfassung von Kennzahlen zur Erkennung von Auffälligkeiten und Veränderungen. Beispiel: Vertriebssituation – Distributionsgrad, Out-of-Stock-Anteil.

- *Vorgabefunktion*: Ermittlung kritischer Kennzahlenwerte als Zielgrößen für unternehmerische Teilbereiche. Beispiel: Renditeziele – Unternehmensrendite (Gewinn zu Umsatz), Kundenrendite (Kundendeckungsbeitrag zu Kundenumsatz).
- *Kontrollfunktion*: Laufende Erfassung von Kennzahlen zur Erkennung von Soll-Ist-Abweichungen. Beispiel: Umsatzabweichung – Ist-Umsatz zu Soll-Umsatz.

Kennzahlen können weiterhin nach Arten unterschieden werden:

- *Absolute Zahlen*: Die einfachste Form der Kennzahl ist die absolute Zahl. Dabei kann es sich um einen Umsatz, das Betriebsergebnis, die Kosten o. Ä. handeln. Solche Zahlen lassen sich einfach und nahezu unbegrenzt ermitteln. Wesentlicher Nachteil ist jedoch die mangelnde Aussagekraft. So sind Kostendaten nur dann zu interpretieren, wenn Vergleichsmaßstäbe vorliegen (Kosten der Wettbewerber, der Vorperiode, Umsatz). Hohe Kosten können durchaus positiv interpretiert werden, wenn der Umsatz entsprechend noch höher ist.
- *Verhältniszahlen*: Daher werden meist Verhältniszahlen eingesetzt. Die Kennzahl wird dabei automatisch auf eine Vergleichszahl bezogen und ist auch alleine aussagefähig. Im Fall einer *Gliederungszahl* wird eine Teilgröße in Beziehung zu einer Gesamtgröße gesetzt. Ein Beispiel ist der Marktanteil: Der Umsatz eines Unternehmens wird in Beziehung zum Gesamtumsatz einer Branche gesetzt:

$$\text{Marktanteil} = \frac{\text{eigener Umsatz}}{\text{Gesamtumsatz der Branche}}$$

Werden Zahlen unterschiedlicher Dimensionen aufeinander bezogen, spricht man von *Beziehungszahlen*. Vor allem bei Produktivitätskennzahlen wird damit gearbeitet, wenn das Verhältnis von Inputgrößen (Arbeitsstunden, Materialeinsatz usw.) zu Outputgrößen (Produktionsmenge) berechnet wird. Ein Beispiel ist die Leistung je Mitarbeiter:

$$\text{Mitarbeiterproduktivität} = \frac{\text{produzierte Menge}}{\text{Zahl der Mitarbeiter}}$$

Basis muss allerdings immer die Zahl der Vollzeit-Mitarbeiter sein. Teilzeit-Mitarbeiter müssen entsprechend ihres Arbeitszeitanteils berücksichtigt werden. Ansonsten wäre ein Betrieb mit einer hohen Zahl an Teilzeitarbeitsplätzen automatisch unproduktiv.

- *Indexzahlen*: Schließlich wird der Typ der Indexzahl unterschieden. Sie ist eine Kennzahl für eine Veränderung über die Zeit. Zur Verdeutlichung einer Steigerungsrate wird oft mit einer Bezugsperiode gearbeitet, die dem Index 100 entspricht. So können zum Beispiel Kostensteigerungen in unterschiedlichen Bereichen miteinander verglichen werden (bekannt ist etwa der Vergleich der Steigerung der Fahrzeugkosten mit der allgemeinen Preissteigerung). Das Bezugsjahr kann sowohl ein festes als auch die Vorperiode sein. Beispiel: Die Entwicklung der Beschaffungskosten für ein Fertigteil soll dargestellt werden:

$$\text{Beschaffungskostenindex} = \frac{\text{aktueller Beschaffungspreis}}{\text{Beschaffungspreis in der Vorperiode}} \cdot 100$$

Kennzahlen können in unterschiedlichen Situationen eingesetzt werden:

- *Leistungsvergleich:* Wichtiger Anwendungsbereich von Kennzahlen ist der Vergleich der Leistung mehrerer Personen, Abteilungen oder auch Unternehmen. So lässt sich ermitteln, ob der Marktanteil eines Produkts höher ist als der eines anderen, ob die Außendienstproduktivität einer Region höher ist als die einer anderen oder ob der eigene Distributionsgrad mit dem der Wettbewerber mithalten kann.

  Während der innerbetriebliche Vergleich meist keine großen Datenbeschaffungsprobleme aufwirft, sieht es bei einem Vergleich mit anderen Unternehmen schlechter aus. Hier können Benchmarkingzirkel helfen, einige globale Kennzahlen lassen sich beispielsweise aus publizierten Geschäftsabschlüssen herleiten.

- *Zeitvergleich:* Für die innerbetriebliche Steuerung ist der Zeitvergleich wichtig. Kennzahlen ermöglichen es, eine laufende Kontrolle durchzuführen, so dass unter bestimmten Voraussetzungen eingegriffen werden kann (Über- oder Unterschreiten kritischer Werte). Ein Problem dabei ist der Vergleich mit möglicherweise nicht zufrieden stellenden Ergebnissen. Die Kontrolle erfolgt auf relativer Basis, nicht auf absoluter. Daher bietet sich der Zeitvergleich mit den Kennzahlen eines erfolgreichen Basisjahrs an. Die Verbesserung einer schlechten Situation muss noch nicht gut sein.

- *Soll-Ist-Vergleich:* Kennzahlen eignen sich weiterhin für die Kontrolle von Sollvorgaben. So können die Vorgaben der Budgetierung und Planung detailliert in Soll-Kennzahlen umgesetzt werden. Abweichungen bei den Soll-Kennzahlen kündigen dann die Nichteinhaltung des Budgets und der Planung an und zeigen, wo die Schwachstelle liegt. So ist zum Beispiel die Vorgabe einer Kennziffer für den Auftragseingang ein Indikator für die Erreichung des Umsatzziels.

- *Ursachenanalyse:* Schließlich bieten Kennzahlen und insbesondere Kennzahlensysteme die Möglichkeit, eine genauere Ursachenanalyse zu betreiben. Das Grundprinzip ist dabei die Zerlegung einer Maßzahl in einzelne Komponenten. Dies kann man sich am einfachsten am Gewinn vorstellen. Er ist abhängig von Preis, Verkaufsmenge und Kosten. Alle drei Komponenten haben einen Einfluss auf den Gewinn. Verändert er sich, kann die Ursache in Preiserhöhungen, Mengensteigerungen oder Kostensenkungen liegen. Ein Kennzahlensystem gibt darüber Auskunft.

3.2 Probleme des Kennzahleneinsatzes

Der relativ einfache Einsatz von Kennzahlen täuscht darüber hinweg, dass er nicht immer angemessen ist und teilweise auch in die Irre führen kann. Auf jeden Fall muss man sich vor Augen halten, dass Kennzahlen immer einen exakten Wert darstellen, der ein gewisses Vertrauen einflößt. Es kann aber nicht sichergestellt werden, dass überhaupt die richtigen Variablen zueinander in Beziehung gesetzt werden.

So wird beispielsweise zu gerne eine Mitarbeiterproduktivitätskennzahl berechnet, indem der Umsatz auf die Mitarbeiter- oder Stundenzahl bezogen wird. Den Mitarbeitern wird damit vorgerechnet, ob sie produktiver geworden sind oder nicht. Für die Unternehmensleitung mag diese Information wichtig sein, weil der Umsatz eine Schlüsselgröße ist und die Personalkosten einen wesentlichen Kostenfaktor darstellen. Tatsächlich ist die Kennzahl jedoch unsinnig, weil die **Mitarbeiter keinen Einfluss** auf den Preis der Produkte **haben**. Ihre Produktivität wird durch Preisänderungen beeinflusst, was falsche Entscheidungen in der Produktionsorganisation nach sich ziehen könnte.

Die Aussagefähigkeit wird auch eingeschränkt, wenn sich **einzelne Komponenten gegeneinander aufheben**. Dies ist ein einfaches statistisches Problem, das die Berechnung von Kennzahlen mit sich bringt. Betrachten wir dazu eine klassische Kennzahl aus dem Bereich der Außendienststeuerung, die Reklamationsquote. Sie wird berechnet, um die Beratungsqualität im Außendienst zu kontrollieren.

Eine wichtige Frage ist nun die, ob die Zahl der reklamierten Aufträge oder ihr Umsatz herangezogen wird. Arbeitet man mit der Anzahl, dann fällt zum Beispiel ein reklamierter Großauftrag kaum ins Gewicht, auch wenn er für das Unternehmen einen hohen wirtschaftlichen Schaden bedeutet. Verwendet man den Umsatz, dann wird zwar die wirtschaftliche Seite korrekt beleuchtet, es kann aber auch ein Fehler des Kunden gewesen sein, der zur Reklamation führte, so dass der Außendienstmitarbeiter übermäßig schlecht gestellt wird.

Viele Unternehmen haben auch bei der Entwicklung von Kennzahlensystemen in der Vergangenheit übertrieben. Da die Berechnung sehr einfach ist, gibt es kaum einen Hinderungsgrund, den Einsatz auf mehr oder weniger alles auszuweiten. Damit wird jedoch das Problem produziert, diese Kennzahlen alle auszuwerten und möglicherweise Gegensteuerungsmaßnahmen einzuleiten.

Je mehr Kennzahlen es gibt, desto mehr **Widersprüche** gibt es auch. Es ist kaum noch möglich, sämtliche Kennzahlen gleichzeitig zu optimieren. So entstehen zwangsläufig Widersprüchlichkeiten bei der Optimierung von Kennzahlen wie „Lieferzuverlässigkeit“ und „durchschnittlicher Lagerbestand“. Die Verbesserung der Lieferzuverlässigkeit ist fast immer mit einer Erhöhung des Lagerbestands verbunden. Beide Kennzahlen parallel einzusetzen, ist also wenig sinnvoll.

Schließlich ist noch zu berücksichtigen, an welchen Zielen sich die Kennzahlen orientieren. Kennzahlendefinitionen basieren oft genug auf Annahmen über Erfolgsfaktoren, die nicht mehr haltbar sind. So wird beispielsweise mit Daten über Kostenanteile gearbeitet, die zu einer Senkung der Kosten beitragen, aber gleichzeitig auch zu einer Verringerung der Qualität und damit höheren Ausfallzeiten und Nacharbeitskosten. Bei der Kennzahlendefinition muss daher berücksichtigt werden, ob die Resultate wirklich erwünscht sind.

Weitere Beispiele für **problematische Anwendungen** sind:

Auslastungsgrad – führt zu hohen Lagermengen, falschen Lagerbeständen, hohem Abverkaufsdruck,

Marktanteil – führt zu starker Mengenorientierung, geringer Flexibilität, Verschlafen von Marktänderungen und verführt zu Preisnachlässen,

Neukundenanteil – führt zu nachlassender Qualität der Kundenbeziehung, der Akquisition von Kunden geringerer Profitabilität und steigenden Akquisitionskosten,

Shareholder Value – führt dazu, kurzfristige Maßnahmen längerfristigen vorzuziehen, vernachlässigt langfristige Unternehmensentwicklung.

Auf die wichtigsten Problemfälle werden Sie bei den Kennzahlendefinitionen hingewiesen. Dabei können jedoch nicht alle Fallstricke erläutert werden, die sich oft erst im Zusammenhang mit bestimmten Anwendungssituationen ergeben. Wichtig ist es bei jeder Entscheidung über den Kennzahleneinsatz, sich die Fragen zu stellen:

1. Was will ich mit der Kennzahl erreichen?
2. Was erreiche ich mit der Kennzahl?
3. Welche Konsequenzen ergeben sich noch aus dem Einsatz der Kennzahl?

3.3 Kennzahlensysteme

Um eine systematische Analyse und Ursachenforschung betreiben zu können, wurden verschiedene Kennzahlensysteme entwickelt.

Kennzahlensystem

Bei Kennzahlensystemen handelt es sich um hierarchisch aufgebaute Kennzahlenpyramiden, die eine so genannte Spitzenkennzahl durch zahlreiche andere erklären.

Die **Spitzenkennzahl** steht bei unternehmensweiten Kennzahlensystemen für das Unternehmensziel, meist Rentabilität oder Gewinn. Dieses Ziel wird dann zerlegt in unterschiedliche Komponenten, die wiederum zerlegt werden, bis die Ebene von Detailgrößen (zum Beispiel Preis, Materialkosten) erreicht ist.

Je nach Kennzahlensystem besteht zwischen den einzelnen Kennzahlen ein rechnerischer Zusammenhang oder (nur) ein inhaltlicher. Im ersten Fall sind die einzelnen Kennzahlen mathematisch fest miteinander verknüpft. Im zweiten versuchen die Kennzahlen eine inhaltliche Erklärung der übergeordneten Kennzahl zu geben, jedoch ohne rechnerischen Zusammenhang.

Die Spitzenkennzahl bezieht sich meist auf ein Unternehmensziel, kann aber auch der näheren Analyse von Bilanz oder Gewinn- und Verlustrechnung dienen. Insofern kann der Schwerpunkt auf der operativen Erfolgssteuerung im Unternehmen oder der finanzwirtschaftlichen Analyse liegen.

Klassiker unter den Kennzahlensystemen ist das **DuPont-System** zur Berechnung des Return on Investment. Es stammt aus dem Jahr 1919 und bietet vor allem den Vorteil der Übersichtlichkeit. Abbildung 3.1 zeigt das DuPont-Kennzahlensystem mit einigen Erweiterungen bei den Basiszahlen. Es handelt sich um ein Rechensystem mit mathematischen Zusammenhängen. So lässt sich leicht berechnen, welche Renditeauswirkungen zum Beispiel Kostensteigerungen oder Preisänderungen haben.

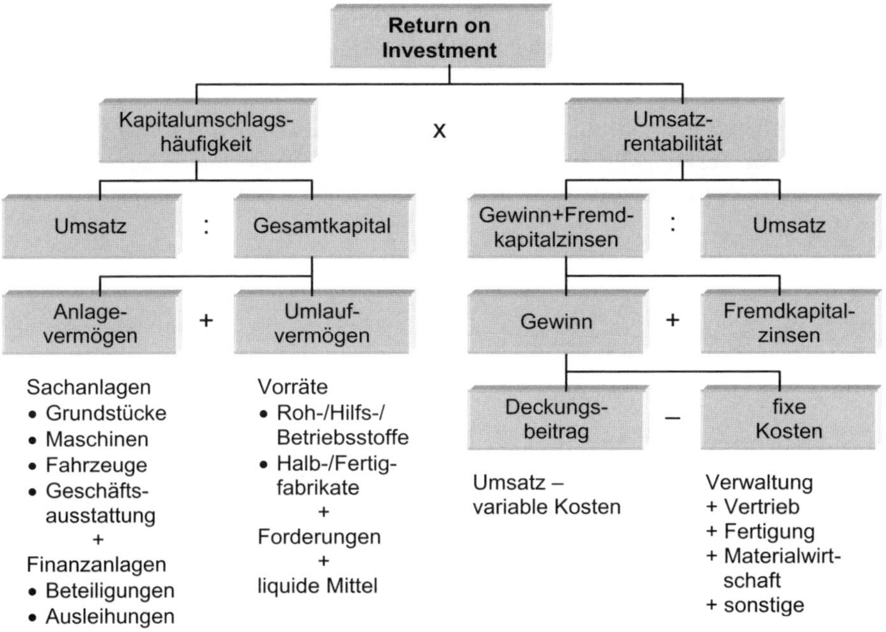

Abbildung 3.1: ROI-Kennzahlensystem

Das ROI-Schema folgt einem einfachen Strickmuster. Die Spitzenkennzahl wird erweitert, indem der Umsatz mathematisch neutral eingeschoben wird. Die Definition für den Return on Investment lautet:

$$\text{Return on Investment} = \frac{\text{Gewinn} + \text{Fremdkapitalzinsen}}{\text{Gesamtkapital}}$$

Mathematisch gleichbedeutend ist die Erweiterung:

$$\text{ROI} = \frac{\text{Umsatz}}{\text{Gesamtkapital}} \cdot \frac{\text{Gewinn} + \text{Fremdkapitalzinsen}}{\text{Umsatz}}$$

Daraus ergeben sich zwei detailliertere Einflussgrößen, nämlich die Umsatzrentabilität und die Kapitalumschlagshäufigkeit. Eine Änderung des ROI kann damit näher erklärt werden. Im weiteren Verlauf werden nun Kapital und Gewinn weiter aufgeschlüsselt, so dass die Kennzahlen mit einfachen Basisdaten zu ermitteln sind.

Es zeigt sich auch anhand dieser Gleichung, dass eine geringere Umsatzrentabilität durch einen höheren Kapitalumschlag ausgeglichen werden kann. So kann ein Unternehmen mit geringen Spannen durch einen hohen Warenumschlag profitabler werden. Umgekehrt verliert ein rentables Unternehmen durch geringen Warenumschlag Kapitalrentabilität. Diese Beziehung kann man sich an einem Discounter (hohe Umschlagsgeschwindigkeit, niedrige Spanne) und einem Spezialgeschäft (geringe Umschlagsgeschwindigkeit, hohe Spanne) vorstellen.

Betrachten wir dazu ein kleines Beispiel (Abbildung 3.2). Die Daten sind miteinander verknüpft, so dass Änderungen sofort bezüglich ihrer Auswirkungen auf den ROI verfolgt werden können.

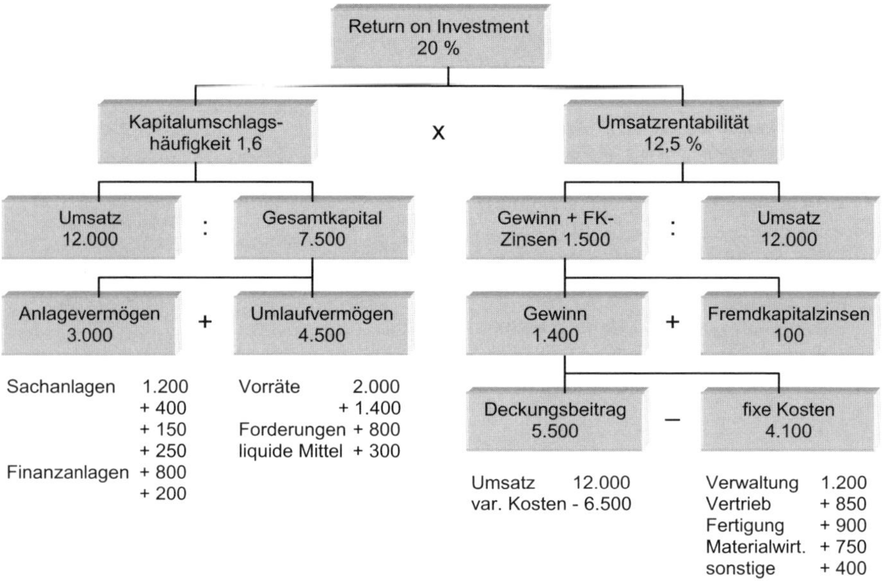

Abbildung 3.2: Beispiel eines ROI-Kennzahlensystems

Das Kennzahlensystem kann nun Fragen beantworten wie:

Welcher ROI ergibt sich bei einer Senkung der Fertigungskosten auf 500? Der ROI liegt dann bei 25,33 %.

Welcher ROI ergibt sich bei einer Steigerung des Bestands der Finanzanlagen um 200? Der ROI liegt dann bei 19,48 %.

Wie ändert sich der ROI, wenn die Fixkosten um 236,40 steigen, während gleichzeitig das Umlaufvermögen um 1184 abnimmt? Der ROI bleibt konstant.

Schließlich gehört das **Kennzahlensystem des Zentralverbandes der Elektrotechnischen Industrie** (ZVEI) zu den bekanntesten. Es handelt sich um einen branchenübergreifenden Ansatz zur Erklärung der Spitzenkennzahl Eigenkapitalrentabilität. Die Kennzahlen sind nach inhaltlichen Gruppen zusammengefasst. Der ZVEI unterscheidet dabei eine Wachstumsanalyse mit den Wachstumsgrößen (ZVEI 1989, S. 43)

Geschäftsvolumen,

Personal,

Erfolg,

sowie eine Strukturanalyse mit den Kennzahlengruppen

Rentabilität,	Liquidität,
Ergebnis,	Vermögen,
Kapital,	Finanzierung/Investition,
Aufwand,	Umsatz,
Kosten,	Beschäftigung,
Produktivität.	

Einen Ausschnitt aus dem System zeigt Abbildung 3.3 (Hopfenbeck 1998, S. 643).

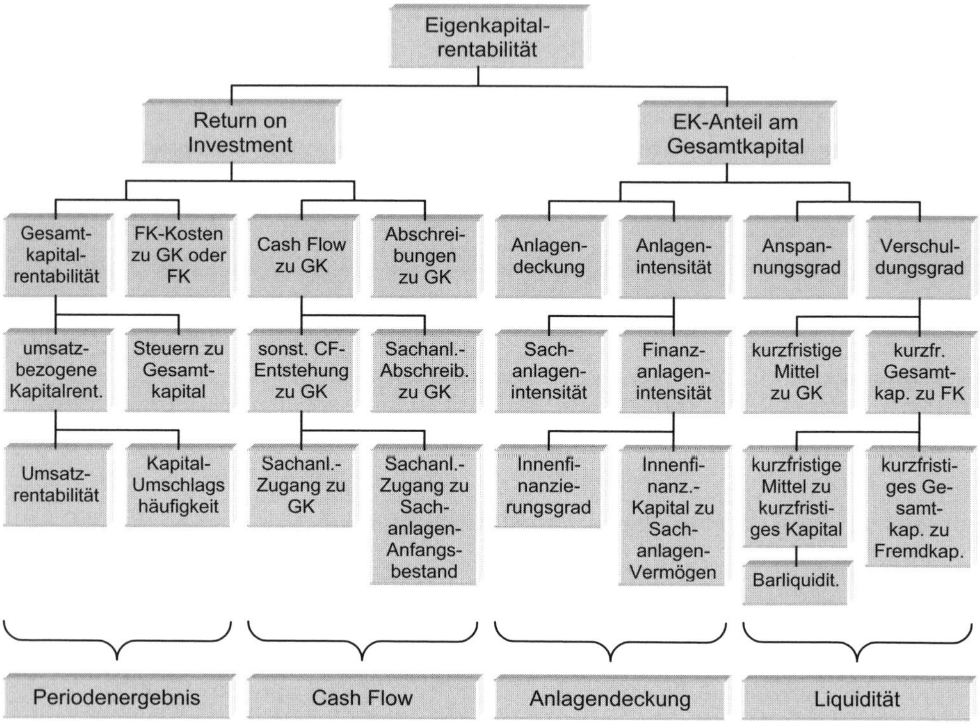

Abbildung 3.3: ZVEI-Kennzahlensystem (Ausschnitt)

3.4 Anforderungen an das Rechnungswesen

Ein gut ausgebautes Kennzahlensystem arbeitet nicht nur, aber auch mit Daten des Rechnungswesens. Für einige wichtige Kennzahlen, die etwa die Profitabilität einzelner Produkte oder Kunden betreffen, müssen detaillierte Kosten- und Erlösdaten zur Verfügung stehen. Sie greifen dabei auf Informationen aus der Absatzsegmentrechnung bzw. der Erfolgsrechnung nach Produkten, Kunden, Regionen usw. zurück. Die Existenz einer solchen Rechnung ist Voraussetzung für den Einsatz des Kennzahlensystems.

Absatzsegmente

Unter Absatzsegmenten werden gedanklich unterscheidbare Teilbereiche der Absatztätigkeit verstanden, denen sich Kosten und Erlöse gesondert zurechnen lassen.

Die Absatzsegmentrechnung ist ein Bestandteil der Erfolgsrechnung, und zwar der kostenrechnerischen Erfolgsrechnung nach Kosten- und Erlösträgern. Erlösträger sind beispielsweise Kunden. Das Verfahren kann man sich als ein modulares Konzept vorstellen, das auf verschiedenste Fragen nach den Erfolgs- oder Misserfolgsursachen Antwort geben kann. Es unterscheidet alle relevanten Entscheidungsbereiche der Absatztätigkeit. Dies sind:

- Produkte – Produktlinien – Sparten,
- Kunden – Kundengruppen (z. B. Einzel-/Großhandel, private/gewerbliche Kunden),
- Aufträge – Auftragsarten (z. B. Klein-/Großaufträge),
- Vertriebswege (z. B. Handel/Direktvertrieb),
- Transportwege (z. B. Spedition, Post, Abholung),
- Konditionsgestaltungen (z. B. Rabattarten, finanzierte/bar bezahlte Aufträge),
- Regionen (z. B. Verkaufsbüros, Deutschland/Europa/Übersee),
- Auftragsdaten (z. B. Datum).

Die so genannten Merkmalsträger (das sind einzelne Kunden, Aufträge, Produkte usw.) müssen für eine verursachungsgerechte Zurechnung von Kosten (das Problem sind wieder Fix- und Gemeinkosten) zu Gruppen zusammengefasst werden. Diese Gruppierung orientiert sich an den gewünschten Aussagen der Erfolgsrechnung. Es können auch parallel verschiedene Auswertungsrichtungen vorgenommen werden. Welche prinzipiellen Möglichkeiten es gibt, zeigt Abbildung 3.4 (Preißner 1999, S. 239).

Im Mittelpunkt stehen die Auftragspositionen, beispielsweise 1.000 Stück Sensoren S 350 à 4,86 EUR. Diese Positionen können nun nach unterschiedlichen Kriterien gruppiert werden. Dazu ist es erforderlich, die relevanten Kriterien mit der Auftragsposition zu erfassen. Soll zum Beispiel eine Auswertung nach Außendienstmitarbeitern vorgenommen werden, müssen gleichzeitig Kennzeichen für diese mit erfasst werden. Das Gleiche gilt etwa für die Art der Bezahlung, den Lieferweg, den Sitz des Kunden, das Auftragsdatum usw.

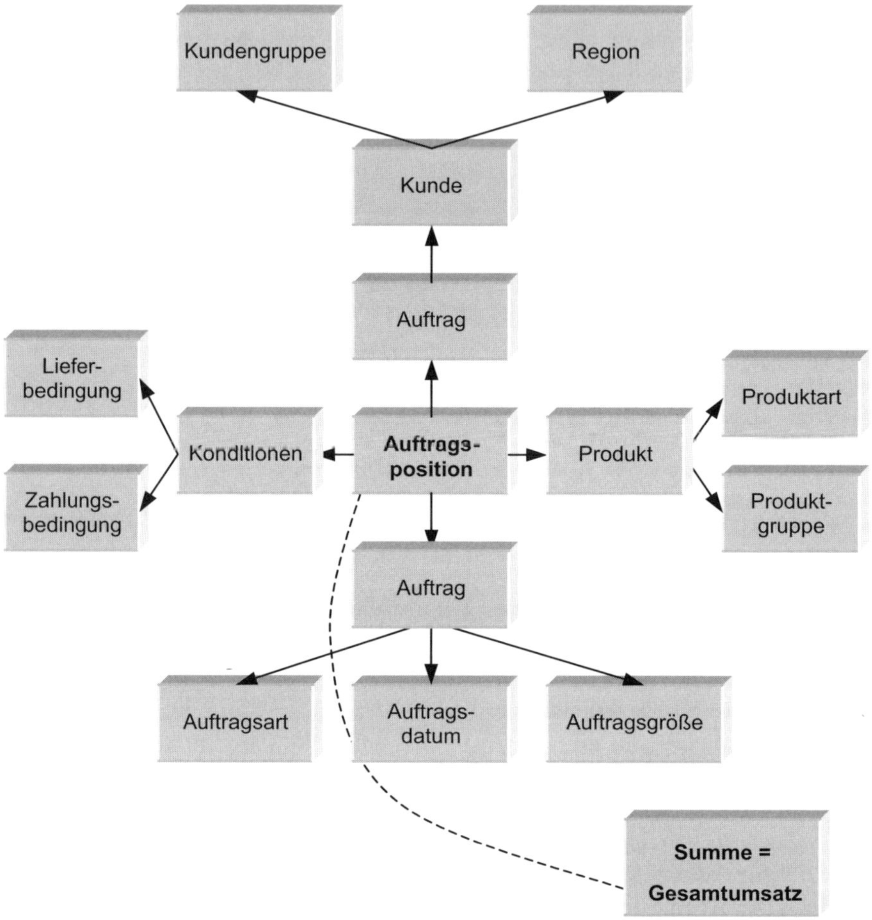

Abbildung 3.4: Bezugsgrößensystem der Absatzsegmentrechnung

Die Abbildung 3.5 stellt einige Möglichkeiten dar, wie eine Zuordnung von Kosten zu Erlösen auf den unterschiedlichen Ebenen erfolgen kann. Dabei muss das Prinzip verfolgt werden, auf der jeweils untersten Aggregationsstufe die dort zurechenbaren Kosten zu erfassen. Dadurch kann die bestmögliche Aussagekraft der Absatzsegmentrechnung sichergestellt werden.

Auftragsdaten	**erste Aggregationsebene**		**zweite Aggregationsebene**	
	erfassbare Erlöse	**zurechenbare Kosten (Beispiele)**	**erfassbare Erlöse**	**zurechenbare Kosten (Beispiele)**
Umsätze der Produkte	Gesamt-DB eines Produkts	produktbezogene Werbemaßnahmen, Lizenzgebühren, produktbezogene Rabatte, variable Einzelkosten der Herstellung	Gesamt-DB einer Produktgruppe	Produktmanagement-Gehälter, Kosten für Produktionsanlagen
			Gesamt-DB einer Produktart	Kosten für besondere Marktbearbeitungsmaßnahmen (z. B. Neueinführung, Elimination)
Umsätze der Kunden	Gesamt-DB eines Kunden	Maßnahmen zur Kundenbetreuung, Erlösschmälerungen	Gesamt-DB einer Kundengruppe	Aufbau eines Vertriebsweges, Schulungsmaßnahmen, Verkaufsbüros
			Gesamt-DB einer Region	Miete für Verkaufsbüro, Gehalt für Gebietsleiter, regionales Zwischenlager
Umsätze nach Konditionen	Gesamt-DB bei einer Konditionsart	Bearbeitung besonderer Vertragsbedingungen, Rechnungskontrolle, Kapitalkosten	Gesamt-DB der Aufträge mit besonderen Konditionen	Mindereinnahmen bzw. Kosten für die Einräumung von Zahlungsbedingungen
	Gesamt-DB bei einer Lieferbedingung	Transportkosten, Zwischenlagerung	Gesamt-DB der Aufträge mit besonderen Lieferbedingungen	zusätzliche Kosten für die Erfüllung von Lieferbedingungen
Umsätze nach Auftragsarten	Gesamt-DB eines Auftrags	Verkaufsabwicklung, Auftragsannahme	Gesamt-DB einer Auftragsart	Telefonarbeitsplätze bei telefonischer Auftragsannahme, Akquisition bei Erstauftrag
			Gesamt-DB einer Auftragsgrößenklasse	Key-Account-Management
Umsätze nach Datum	Gesamt-DB der Aufträge eines Zeitraums	zeitlich befristete Werbemaßnahmen, Verkaufsförderung		

Abbildung 3.5: Aggregationsebenen der Absatzsegmentrechnung
(vgl. Preißner 1999, S. 240)

3.5 Das Management von Kennzahlen

Es wird sich noch im weiteren Verlauf des Buches zeigen, dass Kennzahlenentwicklung und natürlich auch -einsatz ein sehr vielschichtiges Thema sind. Die Definition von Kennzahlen inklusive der Berechnung ist nur die eine Seite. Auf der anderen Seite stehen die menschlichen Aspekte und damit die Fragen wie „Wer soll die Einhaltung der Kennzahlen kontrollieren?“ oder „Wer ist für die Einhaltung der Kennzahlen verantwortlich?“. Wichtig ist vor allem, nicht bei der Auswahl und Definition einer Kennzahl aufzuhören und sie dann sich selbst zu überlassen. Ihr Einsatz war erst dann sinnvoll, wenn auch Konsequenzen aus dem ermittelten Ergebnis gezogen wurden, sei es, dass das Unternehmen beruhigt ist, sei es, dass Missstände abgestellt wurden.

Dieses umfassende Management setzt die Existenz mehrerer Funktionen voraus, was gleichzeitig meist mehrerer Personen heißt. Zahl der Funktionen und Zahl der Personen müssen dabei nicht übereinstimmen. In Anlehnung an das Buying-Center-Konzept des industriellen Einkaufs kann von einem **Ratio Management Center** gesprochen werden. Folgende Funktionen sind zu unterscheiden:

1. Definition der Kennzahl,
2. laufende Ermittlung der Kennzahl,
3. Kontrolle der Kennzahl,
4. Erfüllung der Kennzahl,
5. Sanktionierung bei negativen Abweichungen.

Die **Definition der Kennzahl** ist mehr als nur der mathematische Prozess der Auswahl von Zähler und Nenner. Vielmehr spielt es eine Rolle, ob die Kennzahl von einer einzelnen Person (Controller, Marketingleiter usw.) bestimmt wird oder von einer Gruppe, etwa der Marketingabteilung, als Teamentscheidung.

Während es bei einer Kennzahl wie dem Marktanteil völlig unproblematisch ist, sie per Einzelentscheidung einzusetzen, sieht es bei der Kundenkontakthäufigkeit oder den Reklamations- und Stornoquoten anders aus. Hier wird die persönliche Leistung kontrolliert, was Ängste erzeugen kann. Werden die Ziele einer solchen Kennzahl nicht gemeinschaftlich festgelegt und ist den Betroffenen nicht klar, worum es geht, wird der Anreiz zur gezielten Manipulation gegeben. Die Aussagekraft sinkt und anstelle der Motivation steht die Demotivation.

Grundsatz sollte daher sein: Kennzahlen, die persönliche Leistungen betreffen, müssen im Team „verabschiedet" werden. Die Art der Berechnung und die Verwendung muss kommuniziert und verstanden werden. Einwände müssen geprüft und ggf. berücksichtigt werden.

Die **laufende Ermittlung der Kennzahl** wird idealerweise nicht durch die Kontrollierten erfolgen, um Manipulationen vorzubeugen. Hilfreich ist es, dies von einer unabhängigen Abteilung durchführen zu lassen (Controlling). Der Ansatz, die Kennzahl dort ermitteln zu lassen, wo die Daten als Erstes vorhanden sind, hat zwar pragmatische Vorteile, kann aber weder eine Übersicht noch eine einheitliche Anwendung von Berechnungsprinzipien sicherstellen. So müssten Marketingkennzahlen dann von Vertrieb, Kundendienst, Verkaufsbüros, Kostenrechnung, Buchhaltung und Marktforschung zusammengesucht werden. Sie würden dann aber ihrer Funktion der Verdichtung von Informationen kaum noch gerecht.

Die **Kontrolle der Kennzahl** ist wiederum Sache einer nicht kontrollierten Stelle. Hierfür kommen externe Abteilungen (Controlling) oder Leitungsinstanzen (Marketing-/Vertriebsleitung) in Frage, je nach Art der Kennzahl. Kennzahlen, die der Steuerung des Außendienstes dienen, gehören in die Hand der Vertriebsleitung, während Renditekennzahlen wegen ihrer Bedeutung für das Unternehmen zusammen mit dem Controlling kontrolliert werden müssen.

Die **Erfüllung einer Kennzahl** involviert mitunter weitere Personen, die weder mit Definition noch Kontrolle etwas zu tun haben. Bereits oben wurde darauf hingewiesen, dass es nicht motivierend ist, eine völlige Trennung zwischen Kennzahlenerfüllung und Managementprozess vorzunehmen. Die Situation, dass ein Mitarbeiter durch Zufall von einer Kennzahl erfährt, auf die er Einfluss hat, ist kein Zeichen fortschrittlichen Managements, ganz im Gegenteil.

Unter **Sanktionierung** wird die Auslösung von Gegensteuerungsmaßnahmen verstanden. Dabei kann es um die Berechnung von erfolgsabhängigen Prämien gehen, die Veranlassung von Kostensenkungsmaßnahmen oder die Einführung von Schulungen. In der Regel sind dafür die nächsthöheren Managementebenen zuständig. Diese Struktur mag zwar historisch gewachsen sein, betont jedoch den Kontrollaspekt. Das Ziel der Anleitung von Steuerungsmaßnahmen kann mitunter besser erreicht werden, wenn der Beratungsaspekt im Vordergrund steht. Dies wird durch eine hierarchisch gleichgeordnete Instanz gefördert.

Das Ratio Management Center kann somit recht umfangreich sein. Sehen wir uns dazu ein Beispiel an für die Kennzahl „Termintreue" (Abbildung 3.6).

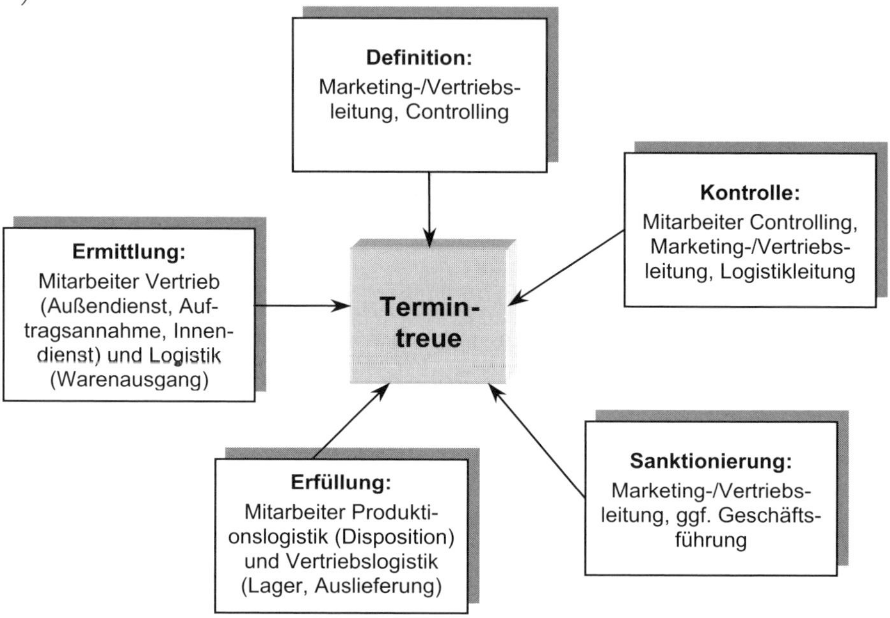

Abbildung 3.6: Ratio Management Center der Kennzahl „Termintreue"

Die Einbindung der unterschiedlichen Instanzen lässt sich auch als Organigramm darstellen (Abbildung 3.7). Was in Anbetracht der vielen Kreise sehr unübersichtlich aussieht, ist es auch. Damit wird das Problem und eine wesentliche Aufgabe des Managements von Kennzahlen deutlich: Unterschiedliche Fachbereiche und unterschiedliche Hierarchieebenen sind einzubeziehen. Dies erfordert neben dem rechnerischen auch ein managementtechnisches Geschick.

Eine solche Darstellung ermöglicht es festzustellen, welche Abteilungen in die Kennzahlenarbeit einzubeziehen sind. Wird ein Bereich vergessen, obwohl er eine bestimmte Funktion ausübt, entstehen Umsetzungsprobleme. Möglicherweise können die vorgesehenen Ermittlungszyklen nicht eingehalten werden, ist unklar, wie auf Abweichungen reagiert werden soll, oder wird die Kennzahl einfach als unwichtig angesehen und von den Betroffenen abgelehnt.

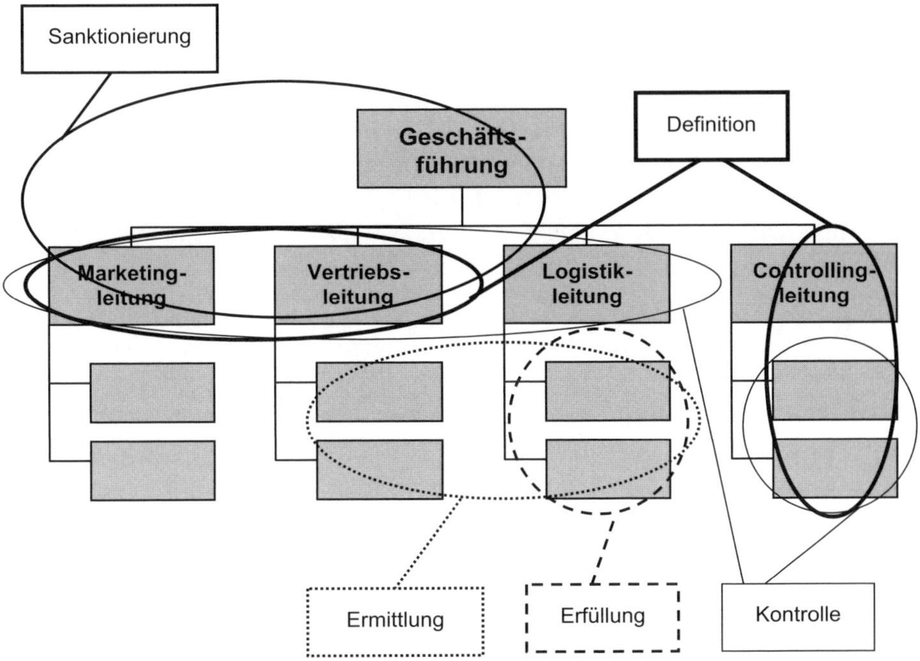

Abbildung 3.7: Organigramm zur Kennzahl „Termintreue"

3.6 Die Darstellung von Kennzahlen

Betriebliche Entscheidungen hängen in den weitaus meisten Fällen von Zahlen ab. Sie begründen Entscheidungen oder regen sie an. Insofern ist es nachvollziehbar, dass Entscheidungsträger im Unternehmen mit einer ständig steigenden Menge an Zahlen konfrontiert werden, getreu dem Motto: Je mehr Zahlen, desto besser die Entscheidung.

Dies muss sicher nicht immer richtig sein. Zahlen können auch in die Irre leiten. Sie verleiten stärker dazu, ihnen zu vertrauen, als es bei Worten der Fall ist. Hierin liegt ein Risiko des Arbeitens mit Zahlen.

Der wachsenden Zahlenmenge steht eine konstante Verarbeitungskapazität der Entscheidungsträger gegenüber. Wir können zwar durch Einsatz leistungsstärkerer EDV-Anlagen und durch Entwicklung neuer Verfahren die

Datenmenge Jahr für Jahr steigern, aber wir können nicht im gleichen Tempo immer mehr Daten in Entscheidungen einbinden.

Es wird daher gleichzeitig wichtiger, Methoden zu finden, mit deren Hilfe die **Informationsflut reduziert** wird auf die wenigen Sachverhalte, die wirklich relevant sind. Außerdem werden Verfahren benötigt, die **entscheidungsrelevante Sachverhalte und Veränderungen erkennen**. Je mehr Daten es gibt, desto schwieriger wird es, von alleine Veränderungen zu erkennen.

An diesen Problemen setzen Kennzahlen an. Sie sind zwar keine Erfindung des Informationszeitalters, erlangen aber steigende Bedeutung. Sie helfen, Daten zu verdichten und so aufzubereiten, dass die richtigen Entscheidungen gefällt werden können, ohne auf relevante Informationen zu verzichten.

Jede „Behandlung" von Originaldaten birgt eine gewisse Gefahr des Informationsverlustes oder auch der **Manipulation** in sich. Diese kann durch den Einsatz eines schlüssigen Kennzahlensystems verringert werden. Dabei ist auf eine nicht einseitige Ausrichtung der Kennzahlen sowie auf Abhängigkeiten untereinander zu achten.

Betrachten wir ein kleines Beispiel zum Thema Zahlensalat und Nutzen der Kennzahlen. Ein Bericht in einem Unternehmen mag folgende Daten produziert haben (Abbildung 3.8):

24.200	85.900	320.500	196.400	17.700	13.000	245.600
22.600	85.200	301.300	195.000	17.700	12.700	241.800
10.890	38.655	144.225	88.380	7.965	5.850	110.520
16.100	22.300	198.000	214.400	36.900	2.300	86.400
15.300	21.800	192.200	212.400	32.200	2.300	84.700
4.991	6.913	61.380	66.464	11.439	713	26.784
43.900	112.000	308.600	273.000	14.100	5.500	4.700
39.900	110.200	287.000	268.800	13.800	4.200	4.700
23.706	60.480	166.644	147.420	7.614	2.970	2.538
101.000	47.300	281.600	179.700	15.000	24.800	16.300
96.800	47.300	276.600	177.300	14.000	23.900	15.100
26.260	12.298	73.216	46.722	3.900	6.448	4.238

Abbildung 3.8: Zahlensalat

Solche Tabellen lassen sich problemlos aus einer normalen Kostenrechnung herausziehen. Aufgabe des **Berichtswesens** ist es nun, diese Tabelle einigermaßen lesbar zu gestalten, vor allem also anzugeben, worum es eigentlich geht. Das könnte dann wie in Abbildung 3.9 aussehen.

Nun wissen wir schon mehr. Die Tabelle enthält die Brutto- und Nettoumsätze sowie die Deckungsbeiträge nach Kunden und Produktlinien. Mit diesen Daten ließe sich eine Menge anfangen: Man könnte herausfinden, welche die stärksten Kunden sind, welche Produktlinien sich gut, welche sich schlecht verkaufen, wer die höchsten Rabatte einstreicht, wie profitabel die einzelnen Produktlinien sind usw.

Produkt-linien	Kunden							
	A	B	C	D	E	F	G	Summe
I brutto	24.200	85.900	320.500	196.400	17.700	13.000	245.600	903.300
I netto	22.600	85.200	301.300	195.000	17.700	12.700	241.800	876.300
I DB	10.890	38.655	144.225	88.380	7.965	5.850	110.520	406.485
II brutto	16.100	22.300	198.000	214.400	36.900	2.300	86.400	576.400
II netto	15.300	21.800	192.200	212.400	32.200	2.300	84.700	560.900
II DB	4.991	6.913	61.380	66.464	11.439	713	26.784	178.684
III brutto	43.900	112.000	308.600	273.000	14.100	5.500	4.700	761.800
III netto	39.900	110.200	287.000	268.800	13.800	4.200	4.700	728.600
III DB	23.706	60.480	166.644	147.420	7.614	2.970	2.538	411.372
IV brutto	101.000	47.300	281.600	179.700	15.000	24.800	16.300	665.700
IV netto	96.800	47.300	276.600	177.300	14.000	23.900	15.100	651.000
IV DB	26.260	12.298	73.216	46.722	3.900	6.448	4.238	173.082
Sum brutto	185.200	267.500	1.108.700	863.500	83.700	45.600	353.000	2.907.200
Sum netto	174.600	264.500	1.057.100	853.500	77.700	43.100	346.300	2.816.800
Sum DB	65.847	118.346	445.465	348.986	30.918	15.981	144.080	1.169.623

I – IV = Produktlinien, DB = Deckungsbeitrag, Sum = Summe

Abbildung 3.9: Strukturierter Zahlensalat

Um diese Fragen beantworten zu können, sind die Daten aber noch zu unübersichtlich. Sinnvollerweise sind Verdichtungen vorzunehmen. Hierzu benötigen wir Kennzahlen. In der Abbildung 3.10 sind wichtige Kennzahlen eingearbeitet worden:

Produkt-linien	Kunden									
	A	B	C	D	E	F	G	Summe	Rab.-satz	Anteil
I brutto	24.200	85.900	320.500	196.400	17.700	13.000	245.600	903.300		31,07%
I netto	22.600	85.200	301.300	195.000	17.700	12.700	241.800	876.300	2,99%	
I DB	10.890	38.655	144.225	88.380	7.965	5.850	110.520	406.485		34,75%
II brutto	16.100	22.300	198.000	214.400	36.900	2.300	86.400	576.400		19,83%
II netto	15.300	21.800	192.200	212.400	32.200	2.300	84.700	560.900	2,69%	
II DB	4.991	6.913	61.380	66.464	11.439	713	26.784	178.684		15,28%
III brutto	43.900	112.000	308.600	273.000	14.100	5.500	4.700	761.800		26,20%
III netto	39.900	110.200	287.000	268.800	13.800	4.200	4.700	728.600	4,36%	
III DB	23.706	60.480	166.644	147.420	7.614	2.970	2.538	411.372		35,17%
IV brutto	101.000	47.300	281.600	179.700	15.000	24.800	16.300	665.700		22,90%
IV netto	96.800	47.300	276.600	177.300	14.000	23.900	15.100	651.000	2,21%	
IV DB	26.260	12.298	73.216	46.722	3.900	6.448	4.238	173.082		14,80%
Σ brutto	185.200	267.500	1108700	863.500	83.700	45.600	353.000	2.907.200		100%
Σ netto	174.600	264.500	1057100	853.500	77.700	43.100	346.300	2.816.800	3,11%	
Σ DB	65.847	118.346	445.465	348.986	30.918	15.981	144.080	1.169.623		100%
Rabattsatz	5,72%	1,12%	4,65%	1,16%	7,17%	5,48%	1,90%	3,11%		
DB-Rendite	37,71%	44,74%	42,14%	40,89%	39,79%	37,08%	41,61%	41,52%		
U.ant. br.	6,37%	9,20%	38,14%	29,70%	2,88%	1,57%	12,14%	100%		
U.ant. net.	6,20%	9,39%	37,53%	30,30%	2,76%	1,53%	12,29%	100%		
DB-Anteil	5,63%	10,12%	38,09%	29,84%	2,64%	1,37%	12,32%	100%		

U.ant. br = Umsatzanteil brutto, U.ant. net. = Umsatzanteil netto

Abbildung 3.10: Daten und abgeleitete Kennzahlen

Hier wurden einige Kennzahlen gebildet, die Übersicht in den Datenwald bringen sollen, wenn sie ihn auch zunächst noch nicht lichten. So lässt sich beispielsweise feststellen, dass

- Kunde E mit Abstand die höchsten Rabatte erhält,
- Kunde B der renditestärkste ist (auf Deckungsbeitragsbasis),
- zwei Drittel des Umsatzes von den Kunden C und D abhängen,
- auf Produktlinie III fast doppelt so viel Rabatt gewährt wird wie auf Produktlinie IV,

- Produktlinie III zwar nur 26 % des Umsatzes bringt, aber 35 % des Deckungsbeitrags.

Diese Erkenntnisse sind für eine ganze Reihe von Marketingentscheidungen relevant. Sie führen aber auch noch zu zusätzlichem Informationsbedarf, der mit diesen Zahlen allein nicht gedeckt werden kann.

An dieser Tabelle stört aber vor allem noch die hohe Datenmenge. Die Originaldaten sind bei sorgfältiger Aufbereitung mit Hilfe von Kennzahlen auch für den Managementüberblick nicht mehr erforderlich. So ist es sicher nicht so wichtig, dass Kunde F mit Produktlinie II einen Deckungsbeitrag von 713 erbringt. Entscheidungsrelevant ist, ob der Kunde überhaupt für den Anbieter interessant ist.

Betrachten wir nun einige beispielhafte Kennzahlenauswertungen:

1. Umsatz und Deckungsbeitrag

Die Analyse des Umsatz- und Deckungsbeitragsanteils der einzelnen Produktlinien offenbart Ungleichgewichte (Abbildung 3.11). Während I und III überdurchschnittlich hohe Deckungsbeitragsanteile erwirtschaften, ist es bei II und IV umgekehrt. Deren Deckungsbeiträge sollten entsprechend ihrem Umsatz höher sein. Hier könnte ein Kostenproblem vorliegen.

Konsequenzen

- Steigerung der Profitabilität bei Produktlinie II und IV: Prüfung von Preiserhöhungen, Durchführung von Kostensenkungsmaßnahmen.
- Steigerung des Umsatzes bei I und III: zusätzliche Anreize durch Provisionserhöhung in Abhängigkeit der Deckungsbeiträge.

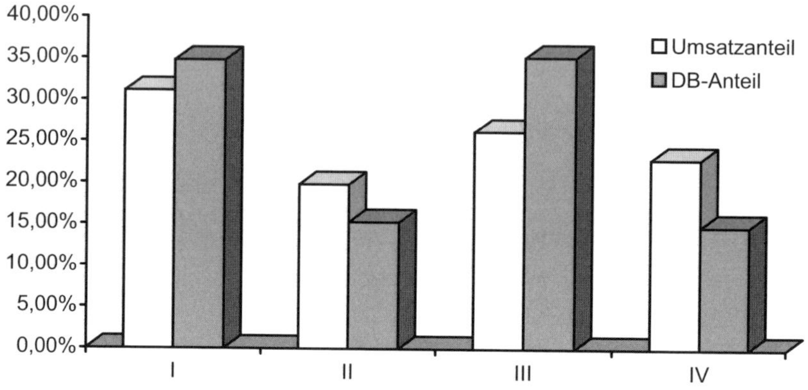

Abbildung 3.11: Umsatz- und DB-Anteil nach Produktlinien

2. Rabatte

Als Nächstes werden die den einzelnen Kunden gewährten Rabatte untersucht (Abbildung 3.12). Hier zeigt sich, dass die Kunden B, D und G nur geringe Rabatte erhalten, während bei den anderen Kunden hohe Zugeständnisse erforderlich sind.

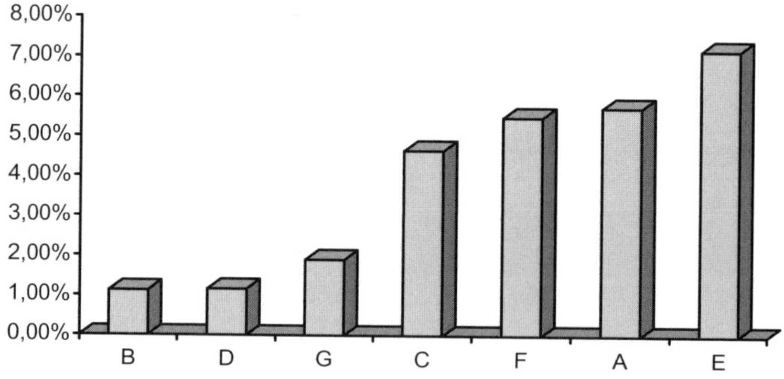

Abbildung 3.12: Rabattsätze nach Kunden

Konsequenzen

- Hier ist zunächst zu prüfen, ob es strategische Gründe für die hohen Rabatte für C, F, A und E gibt. Ist dies nicht der Fall, sollte die Preispolitik überdacht werden.
- Außerdem könnte es sich anbieten, die Provisionen bei hohen Preisnachlässen anteilig zu kürzen, um so auf den Außendienst Druck auszuüben.

Eine alternative Darstellungsart für eine Kennzahl zeigt Abbildung 3.13. Solche Darstellungen lassen sich programmieren, so dass sich eine übersichtliche Warnanzeige ergibt.

Abb. 3.13: Tachometer-Darstellung einer Kennzahl

3. Umsatzkonzentration

Bei der Betrachtung der Umsatzkonzentration zeigt sich, wie stark das Unternehmen von den Kunden C und D abhängt (Abbildung 3.13). Mehr als die Hälfte der Kunden sind für gerade einmal 10 % des Umsatzes verantwortlich.

Konsequenzen

- Die Kunden C und D erfordern eine besonders große Sorgfalt. Für sie ist möglicherweise die Betreuung durch Key-Account-Manager sinnvoll.
- Das Mittelfeld muss dringend gestärkt werden. Hierfür sind entweder Neukunden-Akquisitionen zu fördern oder C-Kunden weiterzuentwickeln.

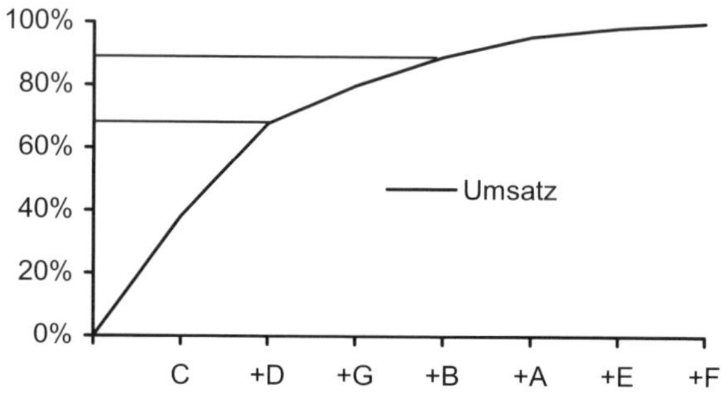

Abbildung 3.14: Umsatzkonzentration nach Kunden

Schließlich lässt sich noch ein Blick auf die Abhängigkeit der Kunden- von den Produktumsätzen werfen (Abbildung 3.15). Hier stellt sich heraus, dass A und F überwiegend Linie IV kaufen, G vor allem Linie I.

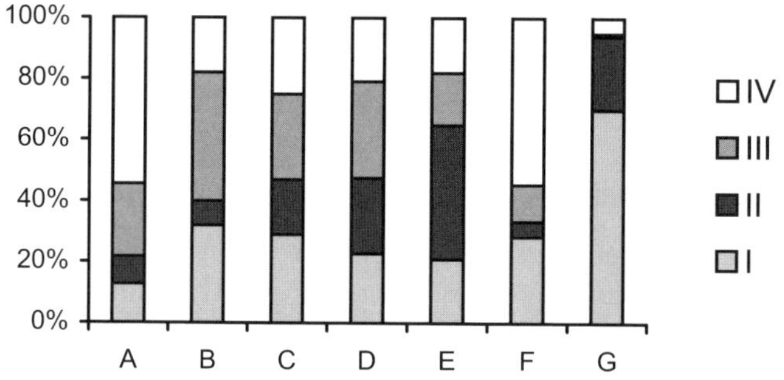

Abbildung 3.15: Umsatzkonzentration nach Produktlinien

Konsequenzen

- Solche Schwerpunkte müssen keine besondere Ursache haben, können jedoch auch auf ungewollte Schwerpunkte in der Vermarktung schließen lassen. So könnte sich der Vertrieb bei einigen Kunden schwer tun mit der Konsequenz, dass bestimmte Angebote in Verkaufsgesprächen kaum berücksichtigt werden.
- Ebenso sollte analysiert werden, ob die anderen Produktlinien prinzipiell weniger benötigt oder eher von anderen Lieferanten bezogen werden. Hier könnten sich neue Umsatzpotenziale ergeben.

4 Marketing- und Vertriebskennzahlen

4.1 Überblick über die Marketing- und Vertriebskennzahlen

Dieses Kapitel stellt insgesamt 81 Kennzahlen vor, die Ihnen beim Aufbau einer Marketing-Balanced-Scorecard oder auch sonst bei der Steuerung des Marketing- und Vertriebsbereichs helfen. Es handelt sich um solche Kennzahlen, die jeweils in mehreren Branchen erfolgreich eingesetzt werden können, wenn auch nicht immer in allen. Ganz spezielle Lösungen, die sich beispielsweise nur in Druckereien oder Versicherungsgesellschaften einsetzen lassen, finden Sie hier nicht. Das würde den Rahmen des Buches sprengen. Sie finden hier aber Kennzahlen, die Sie nötigenfalls auf Ihr Unternehmen übertragen können. Die Ziele sind letztlich vergleichbar, die Instrumente der Steuerung sind nahezu gleich, nur die verwendeten Variablen weichen voneinander ab.

Die Entwicklung eines Kennzahlensystems (oder einer Balanced Scorecard) steht grundsätzlich vor einem Dilemma. Auf der einen Seite gibt es viele Variablen, die man gerne unter Kontrolle halten möchte, so dass es gar nicht genug Kennzahlen geben kann. Auf der anderen Seite wird ein wesentlicher Nutzen der Kennzahlen, nämlich die Reduktion der Komplexität, mit steigender Anzahl immer weniger ausgespielt. Prinzipiell gilt: Wenn Sie in Ihrem Bereich 100 Variablen steuern können bzw. müssen und dafür 100 Kennzahlen einsetzen, dann ist Ihnen mit den Kennzahlen kaum geholfen. Ein Kennzahlensystem ist dann umso nützlicher, wenn es die Vielzahl der Variablen auf eine überschaubare Menge reduziert.

Die hier vorgestellten 81 Kennzahlen stellen jedoch nicht *das* Kennzahlensystem oder *die* Balanced Scorecard für Marketing und Vertrieb dar. Vielmehr sind es Bausteine, aus denen Sie eine Auswahl treffen sollen, und die vielleicht auch noch ergänzt werden müssen. Einige Kennzahlen werden Ihnen nicht weiterhelfen. Wenn Sie direkt absetzen, benötigen Sie natürlich keine Distributionskennziffern. Wenn Sie ausschließlich an anonyme Privatpersonen absetzen, können Sie keine Kundendeckungsbeiträge berechnen usw.

Außerdem werden Sie feststellen, dass einige Kennzahlen wichtiger sind als andere und sich daraufhin (hoffentlich) entschließen, nur die wichtigeren einzusetzen. Sie werden damit nie auf 81 Kennzahlen kommen (seien Sie froh!), sondern vielleicht auf zehn oder 16. Die unverzichtbaren Kennzahlen finden Sie hier.

Bei der Überlegung, welche Kennzahlen wirklich aussagekräftig sind und welche letztlich nur zu dem klassischen „nice to know"-Erlebnis führen, haben sich 81 als sinnvoll herausgestellt. Das Kriterium ist hier aber auch, dass sie nicht nur in einem Unternehmen sinnvoll einzusetzen sind, sondern in vielen.

Unter diesen 81 Kennzahlen finden Sie einige, die sich leicht mit Hilfe von Größen aus dem Rechnungswesen oder Vertrieb ermitteln lassen. Andere wiederum stellen Sie vor Probleme, weil sie mit soft facts arbeiten. Hier müssen erst einmal Informationen erhoben werden, um die Kennzahl zu ermitteln. Dabei hilft oft weniger das Rechnungswesen als vielmehr die Marktforschung. Außerdem sollte man nicht vergessen, dass man auch im kleinen Kreis mit den Kollegen intelligente Steuerungsgrößen stricken kann.

Auch wenn es dann etwas komplizierter wird, sollten Sie nicht auf solche Kennzahlen verzichten. Sie helfen Ihnen Marktprozesse zu steuern, die ihrerseits Einfluss auf die hard facts wie Umsatz und Deckungsbeitrag nehmen. Dabei haben sie meist den Vorteil, ein Frühwarnindikator zu sein. Hard facts reagieren immer erst dann, wenn es schon zu spät ist. Beispiele hierfür sind die Kundenzufriedenheit und der Verkaufszeitanteil.

Die Kennzahlen sind sieben Kategorien zugeordnet, je nach ihrem Inhalt. Diese Kategorien stimmen nicht mit den Perspektiven der Balanced Scorecard überein. Das hat einen einfachen Grund: Sie werden sich noch überlegen müssen, wie viele und welche Perspektiven Sie benötigen. Eine davon kann Vertriebspartnerperspektive heißen, das entspricht hier der Kategorie 7, es kann aber auch eine Mitarbeiterperspektive geben. Die finden Sie hier nicht. Kennzahlen aus diesem Bereich, die marketingspezifisch sind, werden zu Information und Innovation gezählt. Hiermit wird ganz einfach die Funktion angesprochen. Rein personalspezifische Kennzahlen sind nicht dargestellt, weil dann der Marketingbezug fehlt und es sich meist um vergleichsweise schematisch gebildete Größen wie Schulungstage oder Mitarbeiterzufriedenheit. Für erstere Kennzahl benötigen Sie sicher keine eingehenden Erläuterungen, für letztere würde auch eine Seite nicht ausreichen.

Dreizehn Kennzahlen sind dem Bereich **Kosten/Erlöse** zuzuordnen. Hier handelt es sich um Informationen aus dem Rechnungswesen, die zur Steuerung des Ertrags verwendet werden. Zielgröße ist die Erreichung einer größtmöglichen Profitabilität durch Steigerung des Umsatzes oder Senkung der Kosten.

Zweiundzwanzig Kennzahlen kommen aus dem Bereich **Leistung**. Dies ist der am stärksten vertretene Bereich. Hier wird die Marketingleistung kontrolliert, soweit sie sich nicht konkret in Umsatz oder Deckungsbeitrag äußert. Qualitative Merkmale aus den Bereichen Vertrieb, Kundendienst und Entwicklung stehen im Vordergrund.

Dem **Vertrieb** sind elf Kennzahlen zuzurechnen. Hier geht es um die Steuerung des Außen- und Innendienstes im Hinblick auf Ökonomie und Leistung im Markt. Sie finden sowohl quantitative als auch qualitative Kriterien.

Für die **Logistik** werden sieben Kennzahlen vorgeschlagen. Das soll nicht heißen, der Bereich wäre weniger wichtig, er lässt sich aber mit wenigen Kennzahlen recht vollständig abdecken. Neben Klassikern wie den lagerbezogenen Kennzahlen finden sich in dieser Rubrik auch moderne aus dem Bereich des Supply Chain Management.

Mit den **Kunden** beschäftigen sich vierzehn Kennzahlen. In diesem Bereich hat es in den letzten Jahren am meisten Bewegung gegeben. Eine genaue Steuerung der Kundenbeziehung wird nicht nur als Instrument der Zukunftssicherung, sondern auch als Ertragschance angesehen.

Auf die interne Steuerung im Marketing ausgerichtet ist der Bereich **Information und Innovation**. Hierfür werden Kennzahlen dargestellt, die die Nutzung von Informationen und die Fähigkeit zur Innovation betreffen.

Schließlich finden Sie drei Kennzahlen speziell für **Vertriebspartner**. Einige Kennzahlen, die für die Steuerung der Zusammenarbeit mit dem Handel wichtig sind, werden an anderer Stelle erläutert, weil sie der Planung und Kontrolle der Gesamtleistung dienen und somit auch ohne eine spezielle Vertriebspartnerperspektive zum Einsatz kommen können. Die geringe Anzahl soll also nicht bedeuten, es handele sich um einen unwichtigen Bereich.

Auf den nächsten Seiten finden Sie zunächst Übersichten über die Kennzahlen und die benötigten Daten. Dann folgen die Definitionen mit Erläuterungen und Beispielen. Sie werden feststellen, welche Vorarbeiten erforderlich sind, welche Aussagen getroffen werden können und mit welchen Problemen zu rechnen ist.

Bereich	Kennzahl	Definition
1 Kosten/Erlös	1.1 Stück-Deckungsbeitrag	Netto-Preis (1.1.1) – variable (Einzel-)Kosten (1.1.2)
	1.2 Produkt-Deckungsbeitrag	Netto-Produkt-Umsatz (1.2.1) – gesamte variable Einzelkosten (1.2.2) – fixe Einzelkosten (1.2.3)
	1.3 Deckungs-beitragsrendite	Produkt-Deckungsbeitrag (1.2) / Netto-Produkt-Umsatz (1.2.1)
	1.4 Auftrags-Deckungsbeitrag	Netto-Auftragsvolumen (1.4.1) – Auftragseinzelkosten (1.4.2)
	1.5 Renditebeitrag	Produkt-DB-Rendite (1.3) x Umsatzanteil (1.5.1)
	1.6 Rabattquote	gewährtes Rabattvolumen (1.6.1) / Brutto-Umsatz (1.6.2)
	1.7 Marketing-kostenanteil	Marketingkosten (1.7.1) / Netto-Umsatz (1.7.2)
	1.8 Distributions-kostenanteil	Distributionskosten (1.8.1) / Netto-Umsatz (1.7.2)
	1.9 Reklamations-kostenanteil	Kosten für Reklamationsbehandlung (1.9.1) / Netto-Umsatz (1.7.2)
	1.10 relativer Preis	Preis für Produkt A (1.10.1) / durchschnittlicher Preis für vergleichbare Wettbewerbsprodukte (1.10.2)
	1.11 Aktions-umsatzanteil	Netto-Aktionsumsatz (1.11.1) / Netto-Umsatz (1.7.2)
	1.12 Yield	durchschnittlicher Erlös pro Leistungseinheit
	1.13 Anteil Außenstände	Außenstände (1.13.1) / Netto-Umsatz (1.7.2)

Quelle: Andreas Preißner: Balanced Scorecard in Vertrieb und Marketing, 2. Auflage, Carl Hanser Verlag, München 2002

Bereich	Kennzahl	Definition
2 Leistung	2.1 Marktanteil	eigener Netto-Umsatz (1.7.2)/Absatz (2.1.1)
		Gesamtumsatz (2.1.2)/-absatz (2.1.3) des Marktes
	2.2 Umsatzanteil	Umsatz des Produkts A (2.2.1)
		Netto-Umsatz gesamt (1.7.2)
	2.3 Umsatz-wachstumsrate	Umsatz A_t (2.2.1) – Umsatz A_{t-1} (2.2.1)
		Umsatz A_{t-1} (2.2.1)
	2.4 relatives Umsatz-wachstum	Umsatz A_t (2.2.1) – Umsatz A_{t-1} (2.2.1)
		Umsatz A_{t-1} (2.2.1)
		Ges.-Umsatz $_t$ (1.7.2)–Ges.-Umsatz $_{t-1}$ (1.7.2)
		Gesamt-Umsatz $_{t-1}$ (1.7.2)
	2.5 Innovationsgrad	Umsatz mit Produkten bis ... Jahre (2.5.1)
		Netto-Umsatz gesamt (1.7.2)
	2.6 Preiselastizität	Menge A_t (2.6.1) – Menge A_{t-1} (2.6.1)
		Menge $_{t-1}$ (2.6.1)
		Preis A_t (2.6.2) – Preis A_{t-1} (2.6.2)
		Preis A_{t-1} (2.6.2)
	2.7 Reklamations-quote	Anzahl (2.7.1)/Umsatz (2.7.2) reklamierter Produkte
		Netto-Umsatz (1.7.2)/ Gesamt-Absatzmenge (2.7.3)
	2.8 Käuferreichweite	Anzahl der Produktkäufer/Kunden (2.8.1)
		Anzahl der potenziellen Käufer/Kunden (2.8.2)
	2.9 Bekanntheits-grad	Anzahl der Personen, die ein Produkt kennen (2.9.1)
		Anzahl der Befragten insgesamt (2.9.2)
	2.10 Wiederho-lungskaufrate	Anzahl der mindestens zum zweiten Mal vom selben Kunden gekauften Produkte (2.10.1)
		Gesamtabsatzmenge dieses Produkts (2.6.1)
	2.11 Präferenzgrad	Stellung des Produkts in der Präferenzrangfolge der Nachfrager

Bereich	Kennzahl	Definition
2 Leistung	2.12 Share of Voice	Anzahl der Zielgruppenkontakte der eigenen Werbung (2.12.1)
		Anzahl der Zielgruppenkontakte des Gesamtmarkts (2.12.2)
	2.13 Markenwert	Wert der Marke
	2.14 Anteil finanzierter Verkäufe	Umsatz der finanzierten Verkäufe (2.14.1)
		Netto-Umsatz (1.7.2)
	2.15 Service-leistungsindex	Umfang eigener Serviceleistungen (2.15.1)
		Umfang der Serviceleistungen des stärksten Wettbewerbers (2.15.2)/ Marktdurchschnitts (2.15.3)
	2.16 Beschwerde-bearbeitungs-zeit	durchschnittliche Bearbeitungszeit für eine Beschwerde
	2.17 Reklamations-erfolgsquote	Anzahl (2.17.1)/Umsatz (2.17.2) der erfolgreich bearbeiteten Reklamationen
		Anzahl (2.7.1)/Umsatz (2.7.2) reklamierter Produkte
	2.18 Flexibilitäts-index	Anzahl der angenommenen Sonderwünsche (2.18.1)
		Anzahl der von Kunden geäußerten Sonderwünsche (2.18.2)
		oder: durchschnittliche Dauer der Bearbeitung von Sonderwünschen (2.18.3)
	2.19 Projekterfolgs-quote	Anzahl (2.19.1)/Umsatz (2.19.2) der erfolgreichen abgeschlossenen Projekte
		Anzahl (2.19.3)/Umsatz (2.19.4) der angenommenen Projekte
	2.20 Produkt-entwicklungs-zeit (Time to Market)	durchschnittliche Zeit vom Beginn der Produktentwicklung bis zur Einführung
	2.21 relatives Wachstum	eigene Umsatzwachstumsrate (2.3)
		Umsatzwachstumsrate des Wettbewerbs (2.21.1)

Bereich	Kennzahl	Definition
	2.22 Verbund-umsatzanteil	Netto-Auftragssummen mit mindestens zwei Sortimentspositionen (2.22.1)
		Netto-Umsatz (1.7.2)
Quelle: Andreas Preißner: Balanced Scorecard in Vertrieb und Marketing, 2. Auflage, Carl Hanser Verlag, München 2002		

Bereich	Kennzahl	Definition
3 Vertrieb	**3.1 Auftragseingang**	kumulierter Auftragsbestand am Stichtag (3.1.1)
		geplanter Umsatz der Periode (3.1.2)
	3.2 Angebots-erfolgsquote	gesamtes akquiriertes Auftragsvolumen (3.2.1)
		angebotenes Auftragsvolumen (3.2.2)
	3.3 Neukundenanteil	Umsatz (3.3.1)/Deckungsbeitrag (3.3.2) der Neukunden
		Netto-Umsatz (1.7.2)/ Gesamtdeckungsbeitrag (3.3.3)
	3.4 Distributions-grad	Anzahl (3.4.1)/Umsatz (3.4.2) der Geschäfte, die ein Produkt führen
		Anzahl (3.4.3)/Umsatz (3.4.4) der Geschäfte, die ein Produkt führen könnten
	3.5 Marktanteil im Vertriebskanal	Umsatz im Vertriebskanal X (3.5.1)
		Gesamtumsatz des Vertriebskanals X (3.5.2)
	3.6 Platzierungs-qualität	Anzahl der 1a-Platzierungen im Handel (3.6.1)
		Anzahl der führenden Händler insgesamt (3.4.1)
		oder: Punktbewertung (3.6.2)
	3.7 Stornoquote	Volumen der stornierten Aufträge (3.7.1)
		Netto-Umsatz (1.7.2)
	3.8 Besuchseffizienz	Anzahl der akquirierten Aufträge (3.8.1)
		Anzahl der Kundenbesuche (3.8.2)

Bereich	Kennzahl	Definition
3 Vertrieb	3.9 Außendienst-Profitabilität	Kosten des Außendienstes (3.9.1)
		Netto-Umsatz (1.7.2)
	3.10 Verkaufszeitanteil	für die Kundenbetreuung aufgewendete Zeit (3.10.1)
		Gesamtarbeitszeit des Außendienstes (3.10.2)
	3.11 Out-of-Stock-Anteil	Anzahl der Geschäfte, in denen ein Produkt nicht vorrätig ist (3.11.1)
		Anzahl der Geschäfte, die ein Produkt führen (3.4.1)
	3.12 Sales Mix	Umsatz Produkt A (2.2.1)
		Umsatz Produkt B (C, D, ...) (2.2.1)
	3.13 Verkaufsgebietsdurchdringung	Anzahl (3.13.1)/Umsatz (3.13.2) der Kunden eines Verkaufsgebiets
		Anzahl (3.13.3)/Umsatz (3.13.4) der potenziellen Kunden eines Verkaufsgebiets
	3.14 Auftragsbearbeitungszeit	durchschnittliche Dauer der Auftragsbearbeitung

Quelle: Andreas Preißner: Balanced Scorecard in Vertrieb und Marketing, 2. Auflage, Carl Hanser Verlag, München 2002

Bereich	Kennzahl	Definition
4 Logistik	**4.1 Termintreue**	Anzahl (4.1.1)/Wert (4.1.2) der termingerechten Lieferungen
		Gesamtzahl (4.1.3)/Gesamtwert (4.1.4) der Lieferungen
		oder: durchschnittliche Abweichung des tatsächlichen vom zugesagten Liefertag (4.1.5)
	4.2 Lieferschnelligkeit	durchschnittlicher Zeitbedarf zwischen Bestellung und Auslieferung
	4.3 Lagerumschlagshäufigkeit	Gesamtkosten der verkauften Waren (4.3.1)
		durchschnittlicher Lagerbestand auf Kostenbasis (4.3.2)
	4.4 Lieferbereitschaftsgrad	Wahrscheinlichkeit, mit der ein Auftrag sofort ausgeführt werden kann
	4.5 Lieferrückstandsquote	Netto-Umsatzvolumen der Aufträge im Rückstand (4.5.1)
		Netto-Planumsatz (4.5.2)
	4.6 E-Business-Quote	via Internet oder EDI abgewickelte Aufträge (4.6.1)
		Anzahl der Aufträge insgesamt (4.6.2)
	4.7 Eigendispositionsquote	Anzahl der selbst disponierten Lieferungen (4.7.1)
		Anzahl der Lieferungen insgesamt (4.7.2)

Quelle: Andreas Preißner: Balanced Scorecard in Vertrieb und Marketing, 2. Auflage, Carl Hanser Verlag, München 2002

Bereich	Kennzahl	Definition
5 Kunden	**5.1 Lieferanteil/ Bedarfs-deckungsquote**	Netto-Umsatz des Kunden A (5.1.1)
		gesamtes Beschaffungsvolumen von Kunde A (5.1.2)
	5.2 Kunden-zufriedenheit	Wert des Kundenzufriedenheitsindex
	5.3 Auftragsgrößen-konzentration	Volumen der Aufträge mit einem Mindestbestellwert von X EUR (5.3.1)
		Netto-Umsatz (1.7.2)
	5.4 Empfehlungs-kundenanteil	Anzahl (5.4.1)/Netto-Umsatz (5.4.2) der Kunden, die auf Empfehlung kaufen
		Gesamtzahl (5.4.3) der Kunden/ Netto-Umsatz (1.7.2)
	5.5 Kunden-Deckungsbeitrag	Netto-Umsatz des Kunden A (5.1.1) – dem Kunden A zurechenbare Kosten (5.5.1)
	5.6 Kunden-DB-Rendite	Kundendeckungsbeitrag A (5.5)
		Netto-Umsatz des Kunden A (5.1.1)
	5.7 Kundenumsatz-(DB-)anteil	Netto-Umsatz (5.1.1)/DB (5.5) des Kunden A
		Netto-Umsatz (1.7.2)/Gesamt-DB (5.7.1)
	5.8 Kundenalter	durchschnittliche Dauer der Kundenbeziehung
	5.9 Kundenwert	Barwert der zu erzielenden Kundendeckungsbeiträge
	5.10 Kunden-wanderung	Anzahl (5.10.1)/Umsatz (5.10.2) der hinzugewonnenen Kunden – Anzahl (5.10.3)/Umsatz (5.10.4) der verlorenen Kunden
	5.11 Churn Rate	Anzahl der Vertragsauflösungen/ Kündigungen (5.11.1)
		Anzahl der Kundenverträge/ auslaufenden Vertragsbindungen (5.11.2)
	5.12 Lost-Order-Rate	Anzahl der verlorenen Aufträge (5.12.1)
		Anzahl der akquirierten Aufträge (5.12.2)
	5.13 Recency	durchschnittliche Zeit, die der letzte Kauf zurückliegt
	5.14 Kauffrequenz	durchschnittliche Kaufhäufigkeit innerhalb einer Periode

Bereich	Kennzahl	Definition
6 Information und Innovation	6.1 **Kundenkenntnis**	Anzahl der erfassten Kriterien pro Kunde (6.1.1)
		Anzahl der verhaltensrelevanten Kriterien (6.1.2)
	6.2 **Innovationsfähigkeit**	Anzahl der Innovationsvorschläge/-projekte
	6.3 **Innovationsstärke**	Anzahl neuer Produkte/Projekte in einer Periode (6.3.1)
		Gesamtzahl der vorhandenen/laufenden Produkte/Projekte (6.3.2)
	6.4 **Umfeldsensibilität**	Zeit/Anzahl der Quellen, die für das Aufspüren von Veränderungen und Trends verwendet wird/werden
	6.5 **Informationsnutzung**	Anzahl genutzter Informationsquellen (6.5.1)
		Anzahl vorhandener Informationsquellen (6.5.2)
	6.6 **Informationsanforderungsintensität**	Anteil der Fälle, in denen vor Entscheidungen Informationen angefordert werden
	6.7 **Kundenkontaktrecency**	Zeit, die der letzte Kundenkontakt zurückliegt
	6.8 **Erfolgsanalyse-Intensität**	Anzahl/Umfang der durchgeführten Erfolgsanalysen

Quelle: Andreas Preißner: Balanced Scorecard in Vertrieb und Marketing, 2. Auflage, Carl Hanser Verlag, München 2002

Bereich	Kennzahl	Definition
7 Vertriebspartner	**7.1 relative Handelsspanne**	Handelsspanne des Händlers (7.1.1)
		durchschnittliche Handelsspanne seiner Branche (7.1.2)
	7.2 Vertriebspartner-bindung	subjektive Einschätzung der Bindung des Vertriebspartners an den Hersteller
	7.3 Volumenanteil der Vertriebs-verträge	Volumen der Vertriebsverträge (7.3.1)
		Netto-Umsatz (1.7.2)
Quelle: Andreas Preißner: Balanced Scorecard in Vertrieb und Marketing, 2. Auflage, Carl Hanser Verlag, München 2002		

Nummer	Bezeichnung	Quelle
1.1.1	Netto-Preis eines Produkts	Vertrieb
1.1.2	variable (Einzel-)Kosten eines Produkts	Kostenrechnung
1.2.1	Netto-Produkt-Umsatz	Buchhaltung
1.2.2	gesamte variable Einzelkosten	Kostenrechnung
1.2.3	fixe Einzelkosten eines Produkts	Kostenrechnung
1.4.1	Netto-Auftragsvolumen	Vertrieb
1.4.2	Auftragseinzelkosten	Kostenrechnung
1.5.1	Umsatzanteil eines Produkts am Gesamtumsatz	Buchhaltung
1.6.1	gewährtes Rabattvolumen	Vertrieb
1.6.2	Brutto-Umsatz	Vertrieb
1.7.1	Marketingkosten	Kostenrechnung
1.7.2	Netto-Umsatz	Buchhaltung
1.8.1	Distributionskosten	Kostenrechnung
1.9.1	Kosten für Reklamationsbehandlung	Kostenrechnung
1.10.1	Preis für Produkt A	Vertrieb
1.10.2	durchschnittlicher Preis für vergleichbare Wett-bewerbsprodukte	Vertrieb/ Marktforschung
1.11.1	Netto-Aktionsumsatz	Vertrieb
1.12	Yield	Vertrieb
1.13.1	Außenstände	Buchhaltung
2.1.1	Netto-Absatzmenge einer Produktgruppe/eines Produkts	Vertrieb
2.1.2	Gesamtumsatz eines Marktes	Marktforschung
2.1.3	Gesamtabsatzmenge eines Marktes	Marktforschung
2.2.1	Umsatz des Produkts A	Buchhaltung
2.5.1	Umsatz mit Produkten bis zum Alter von .. Jahren	Vertrieb
2.6.1	Absatzmenge eines Produkts	Vertrieb
2.6.2	Preis eines Produkts	Vertrieb
2.7.1	Anzahl reklamierter Produkte	Vertrieb/ Kundendienst
2.7.2	Umsatz reklamierter Produkte	
2.7.3	Gesamtabsatzmenge des Unternehmens	Vertrieb
2.8.1	Anzahl der Produktkäufer/Kunden	Vertrieb/ Marktforschung

Nummer	Bezeichnung	Quelle
2.8.2	Anzahl der potenziellen Produktkäufer/Kunden	Marktforschung
2.9.1	Anzahl der Personen, die ein Produkt kennen	Marktforschung
2.9.2	Anzahl der Befragten (im Rahmen einer Stichprobenerhebung zum Bekanntheitsgrad)	Marktforschung
2.10.1	Anzahl der mindestens zwei mal gekauften Produkte	Vertrieb/ Marktforschung
2.11	Stellung des Produkts in der Präferenzrangfolge der Nachfrager	Marktforschung
2.12.1	Anzahl der Zielgruppenkontakte der eigenen Werbung	Marktforschung/ Werbung
2.12.2	Anzahl der Zielgruppenkontakte der Werbung im Gesamtmarkt	
2.13	Wert der Marke	Marketing/ Marktforschung
2.14.1	Umsatz der finanzierten Verkäufe	Vertrieb
2.15.1	Umfang eigener Serviceleistungen	Vertrieb
2.15.2	Umfang der Serviceleistungen des stärksten Wettbewerbers	Vertrieb
2.15.3	Umfang der Serviceleistungen des Marktdurchschnitts	Vertrieb
2.16	durchschnittliche Bearbeitungszeit für eine Beschwerde	Vertrieb/ Kundendienst
2.17.1	Anzahl der erfolgreich bearbeiteten Reklamationen	Vertrieb/ Kundendienst
2.17.2	Umsatz der erfolgreich bearbeiteten Reklamationen	Vertrieb/ Kundendienst
2.18.1	Anzahl der angenommenen Sonderwünsche	Vertrieb
2.18.2	Anzahl der von Kunden geäußerten Sonderwünsche	Vertrieb
2.19.1	Anzahl der erfolgreich abgeschlossenen Projekte	Vertrieb
2.19.2	Umsatz der erfolgreich abgeschlossenen Projekte	Vertrieb
2.19.3	Anzahl der angenommenen Projekte	Vertrieb
2.19.4	Umsatz der angenommenen Projekte	Vertrieb
2.20	Produktentwicklungszeit	Vertrieb/Produktmanagement

Nummer	Bezeichnung	Quelle
2.21.1	Umsatzwachstumsrate des Wettbewerbs	Marktforschung
2.22.1	Netto-Auftragssummen mit mindestens zwei Sortimentspositionen	Vertrieb
3.1.1	kumulierter Auftragsbestand am Stichtag	Vertrieb
3.1.2	geplanter Umsatz einer Periode	Vertrieb
3.2.1	gesamtes akquiriertes Auftragsvolumen	Vertrieb
3.2.2	angebotenes Auftragsvolumen	Vertrieb
3.3.1	Umsatz von Neukunden	Vertrieb
3.3.2	Deckungsbeitrag von Neukunden	Vertrieb/ Kostenrechnung
3.3.3	Gesamtdeckungsbeitrag	Kostenrechnung
3.4.1	Anzahl der Geschäfte, die ein Produkt führen	Vertrieb/ Marktforschung
3.4.2	Umsatz der Geschäfte, die ein Produkt führen	
3.4.3	Anzahl der Geschäfte, die ein Produkt führen könnten	Vertrieb/ Marktforschung
3.4.4	Umsatz der Geschäfte, die ein Produkt führen könnten	
3.5.1	Umsatz im Vertriebskanal X	Vertrieb
3.5.2	Gesamtumsatz des Vertriebskanals X	Marktforschung
3.6.1	Anzahl der 1a-Platzierungen im Handel	Vertrieb
3.6.2	Punktbewertung der Platzierungsqualität	Vertrieb
3.7.1	Volumen der stornierten Aufträge	Vertrieb
3.8.1	Anzahl der akquirierten Aufträge	Vertrieb
3.8.2	Anzahl der Kundenbesuche	Vertrieb
3.9.1	Kosten des Außendienstes	Kostenrechnung
3.10.1	für die Kundenbetreuung aufgewendete Zeit	Vertrieb
3.10.2	Gesamtarbeitszeit des Außendienstes	Vertrieb
3.11.1	Anzahl der Geschäfte, in denen ein Produkt nicht vorrätig ist	Marktforschung/ Vertrieb
3.12	Sales Mix	Vertrieb

Nummer	Bezeichnung	Quelle
3.13.1	Anzahl der Kunden eines Verkaufsgebiets	Vertrieb
3.13.2	Umsatz der Kunden eines Verkaufsgebiets	Vertrieb
3.13.3	Anzahl der potenziellen Kunden eines Verkaufsgebiets	Vertrieb/ Marktforschung
3.13.4	Umsatz der potenziellen Kunden eines Verkaufsgebiets	Vertrieb/ Marktforschung
3.14	durchschnittliche Dauer der Auftragsbearbeitung	Vertrieb
4.1.1	Anzahl der termingerechten Lieferungen	Logistik
4.1.2	Wert der termingerechten Lieferungen	Logistik
4.1.3	Gesamtzahl der Lieferungen	Logistik
4.1.4	Gesamtwert der Lieferungen	Logistik
4.1.5	durchschnittliche Abweichung des tatsächlichen vom zugesagten Liefertermin	Logistik
4.2	durchschnittliche Dauer zwischen Bestellung und Auslieferung	Vertrieb/Logistik
4.3.1	Gesamtkosten der verkauften Waren	Kostenrechnung
4.3.2	durchschnittlicher Lagerbestand auf Kostenbasis	Kostenrechnung
4.4	Wahrscheinlichkeit, mit der ein Auftrag sofort ausgeführt werden kann	Logistik
4.5.1	Netto-Umsatzvolumen der Aufträge im Rückstand	Vertrieb
4.5.2	Netto-Planumsatz	Vertrieb
4.6.1	via Internet oder EDI abgewickelte Aufträge	Vertrieb
4.6.2	Anzahl der Aufträge insgesamt	Vertrieb
4.7.1	Anzahl der selbst disponierten Lieferungen	Vertrieb/Logistik
4.7.2	Anzahl der Lieferungen insgesamt	Vertrieb/Logistik
5.1.1	Netto-Umsatz des Kunden A	Buchhaltung
5.1.2	gesamtes Beschaffungsvolumen von Kunde A	Vertrieb
5.2	Wert des Kundenzufriedenheitsindex	Marktforschung
5.3.1	Volumen der Aufträge mit einem Mindestbestellwert von X EUR	Vertrieb
5.4.1	Anzahl der Kunden, die auf Empfehlung kaufen	Vertrieb
5.4.2	Umsatz der Kunden, die auf Empfehlung kaufen	Vertrieb
5.4.3	Gesamtzahl der Kunden	Vertrieb

Nummer	Bezeichnung	Quelle
5.5.1	einem Kunden zurechenbare Kosten	Kostenrechnung
5.8	durchschnittliche Dauer der Kundenbeziehung	Vertrieb
5.9	Barwert der zu erzielenden Kundendeckungsbeiträge	Vertrieb
5.10.1	Anzahl der hinzugewonnenen Kunden	Vertrieb
5.10.2	Umsatz der hinzugewonnenen Kunden	Vertrieb/ Buchhaltung
5.10.3	Anzahl der verlorenen Kunden	Vertrieb
5.10.4	Umsatz der verlorenen Kunden	Vertrieb/ Buchhaltung
5.11.1	Anzahl der Vertragsauflösungen/Kündigungen	Vertrieb
5.11.2	Anzahl der Kundenverträge/auslaufenden Vertragsbindungen	Vertrieb
5.12.1	Anzahl der verlorenen Aufträge	Vertrieb
5.12.2	Anzahl der erteilten Aufträge	Vertrieb
5.13	durchschnittliche Zeit, die der letzte Kauf zurückliegt	Vertrieb
5.14	durchschnittliche Kaufhäufigkeit innerhalb einer Periode	Vertrieb
6.1.1	Anzahl der erfassten Kriterien pro Kunde	Vertrieb
6.1.2	Anzahl der verhaltensrelevanten Kriterien	Vertrieb
6.2	Anzahl der Innovationsvorschläge/-projekte	Vorschlagswesen
6.3.1	Anzahl neuer Produkte/Projekte in einer Periode	Marketing
6.3.2	Gesamtzahl der vorhandenen/laufenden Produkte/Projekte	Marketing
6.4	Zeit/Anzahl der Quellen, die für das Aufspüren von Veränderungen und Trends verwendet wird/ werden	Marketing/ Marktforschung
6.5.1	Anzahl genutzte Informationsquellen	Marketing
6.5.2	Anzahl vorhandener Informationsquellen	Marketing
6.6	Anteil der Fälle, in denen vor Entscheidungen Informationen angefordert werden	Marketing
6.7	Zeit, die der letzte Kundenkontakt zurückliegt	Vertrieb
6.8	Anzahl/Umfang der durchgeführten Erfolgsanalysen	Marketing

Nummer	Bezeichnung	Quelle
7.1.1	Handelsspanne des Händlers	Vertrieb
7.1.2	durchschnittliche Handelsspanne seiner Branche	Vertrieb
7.2	subjektive Einschätzung der Bindung des Vertriebspartners an den Hersteller	Vertrieb
7.3.1	Volumen der Vertriebsverträge	Vertrieb

<table>
<tr><th colspan="3">1 Kosten/Erlös</th></tr>
<tr><td>Kennzahl</td><td>Stück-Deckungsbeitrag</td><td>Gliederungs-Nr.: 1.1</td></tr>
<tr><td>Definition</td><td colspan="2">Netto-Preis (1.1.1)
– variable (Einzel-)Kosten (1.1.2)

Die Daten beziehen sich auf einzelne Stück. Vom Preis werden die Erlösschmälerungen (Rabatte, Skonto) abgezogen. Die variablen Kosten sollten nur Einzelkosten enthalten, variable Gemeinkosten sind allerdings oft und verfälschend ebenfalls eingeschlossen.

In der Regel ist eine jährliche Berechnung ausreichend, wenn es nicht zu gravierenden Änderungen bei den variablen Kosten kommt.</td></tr>
<tr><td>Einsatz</td><td colspan="2">Die Kennzahl ermittelt die Brutto-Profitabilität eines einzelnen Stücks eines Produkts. Ein positiver Stück-DB ist Voraussetzung dafür, dass sich der Verkauf überhaupt lohnen kann. Negative Stück-DB führen zu einem wachsenden Verlust bei steigender Verkaufsmenge. Der Stück-DB von 0 wird auch als Kriterium für die kurzfristige Preisuntergrenze angesehen.</td></tr>
<tr><td>Erläuterung</td><td colspan="2">Betrachtet werden genau die Werte, die von einer Einzel-Produktions- bzw. Verkaufsentscheidung betroffen sind. Der Preis ist der zusätzliche Umsatz, die variablen Kosten sind die zusätzlichen Kosten.</td></tr>
<tr><td rowspan="2">Beispiel</td><td>Produkt A:

Verkaufspreis 6 EUR
– variable Kosten 4 EUR
= Stück-DB 2 EUR</td><td>Produkt B:

Verkaufspreis 8 EUR
– variable Kosten 9 EUR
= Stück-DB -1 EUR</td></tr>
<tr><td colspan="2">A ist zunächst profitabel. Ob jedoch die erzielten DB insgesamt ausreichen, die Fixkosten und die Gewinnerwartung zu decken, ist nicht zu erkennen. B wird unterhalb der Preisuntergrenze verkauft. Aus Kostensicht ist der Verkauf nicht zu rechtfertigen.</td></tr>
<tr><td>Anmerkungen</td><td colspan="2">Häufige Fehlerquellen sind:
a) Anstelle des Netto-Preises wird der Listenpreis verwendet. Werden Rabatte und Skonto gewährt, wird der Stück-DB zu hoch ausgewiesen. Die Aussagekraft ist stark eingeschränkt.
b) Die variablen Kosten enthalten Einzel- und Gemeinkostenbestandteile. Die Gemeinkosten müssen aber geschlüsselt werden, so dass es sich um keinen exakten Stück-DB mehr handelt.</td></tr>
</table>

<table>
<tr><th colspan="3">1 Kosten/Erlös</th></tr>
<tr><td>Kennzahl</td><td>Produkt-Deckungsbeitrag</td><td>Gliederungs-Nr.: 1.2</td></tr>
<tr><td>Definition</td><td colspan="2">Netto-Produkt-Umsatz (1.2.1) (= Netto-Preis · Menge)
– gesamte variable Einzelkosten (1.2.2)
– fixe Einzelkosten (1.2.3)

Die Daten sind produktbezogen, Kosten und Erlöse werden für alle verkauften Einheiten des Produkts berücksichtigt. Die Berechnung kann, wenn es keine wesentlichen Kostenänderungen gibt, im Jahresrhythmus erfolgen.</td></tr>
<tr><td>Einsatz</td><td colspan="2">Die Kennzahl ermittelt die Brutto-Profitabilität eines Produkts. Sämtliche einem Produkt exakt zurechenbaren Kosten werden berücksichtigt. Der Produkt-Deckungsbeitrag beantwortet die Frage, ob sich die Herstellung dieses Produkts überhaupt lohnt. Er ist eine wesentliche Grundlage der Sortimentsentscheidung.</td></tr>
<tr><td>Erläuterung</td><td colspan="2">Neben den variablen Einzelkosten werden die diesem Produkt zurechenbaren Fixkosten berücksichtigt. Beispiele sind Werbekosten für dieses Produkt, pauschale Lizenzgebühren oder Spezialmaschinen.</td></tr>
<tr><td rowspan="2">Beispiel</td><td>Produkt A:
Netto-Umsatz 8.000 EUR
– variable EK 2.400 EUR
– fixe EK 800 EUR
= Produkt-DB 4.800 EUR</td><td>Produkt B:
Netto-Umsatz 9.600 EUR
– variable EK 4.200 EUR
– fixe EK 7.100 EUR
= Produkt-DB -1.700 EUR</td></tr>
<tr><td colspan="2">Produkt A ist zunächst profitabel. Es deckt seine variablen und fixen Einzelkosten. Ob der DB von 4.800 EUR ausreicht, um auch zur Gewinnerzielung beizutragen, kann nicht gesagt werden.

Produkt B deckt nicht seine fixen Einzelkosten. Sofern diese kurzfristig abbaubar sind, sollte über eine Elimination nachgedacht werden. Es kann sich aber auch um einmalige Unterstützungsmaßnahmen im Rahmen einer Neueinführung handeln.</td></tr>
<tr><td>Anmerkungen</td><td colspan="2">Der Produkt-DB ist die genaueste Profitabilitätskennziffer auf Produktebene. Werden weitere Kosten (fixe Gemeinkosten) berücksichtigt, muss auf Produktlinien- oder Unternehmensebene gewechselt werden. Im System der Teilkostenrechnung sind Produktgewinne nicht zu errechnen. Die Vollkostenrechnung macht dies um den Preis der ungerechten Schlüsselung. Der Produkt-DB ist sozusagen Ersatz für den Produktgewinn.</td></tr>
</table>

<table>
<tr><th colspan="3">1 Kosten/Erlös</th></tr>
<tr><td>Kennzahl</td><td>Deckungsbeitrags-rendite</td><td>Gliederungs-Nr.: 1.3</td></tr>
<tr><td>Definition</td><td colspan="2">Produkt-Deckungsbeitrag (1.2)
―――――――――
Netto-Produkt-Umsatz (1.2.1)</td></tr>
<tr><td>Einsatz</td><td colspan="2">Die Kennzahl ermittelt den Deckungsbeitragsanteil am Umsatz und ist sozusagen das Pendant zur Umsatzrendite (bei Vollkostenrechnung). Sie ermöglicht durch den Bezug auf den Umsatz den Renditevergleich bei Produkten mit unterschiedlichen Umsätzen.

Die Berechnung ist auf allen Ebenen (Produkt, Produktlinie, Sparte usw.) möglich. Auch hier ist eine jährliche Berechnung meist ausreichend.</td></tr>
<tr><td>Erläuterung</td><td colspan="2">Die DB-Rendite darf jedoch nicht mit der Gewinnrendite verwechselt werden. Auf Produktebene ist es nicht möglich, eine „gerechte“ Rendite auszuweisen. Daher muss auf den Deckungsbeitrag anstelle des Gewinns zurückgegriffen werden.</td></tr>
<tr><td rowspan="2">Beispiel</td><td>Produkt A:

Netto-Umsatz 50.000 EUR
– Produkt-DB 20.000 EUR
= DB-Rendite 40 %</td><td>Produkt B:

Netto-Umsatz 70.000 EUR
– Produkt-DB 24.500 EUR
= DB-Rendite 35 %</td></tr>
<tr><td colspan="2">Produkt A erzielt einen geringeren Deckungsbeitrag als Produkt B, allerdings bei geringerem Umsatz. Die Rendite ist dadurch höher. Dies ist Ausgangspunkt für die Steuerung des Sortiments-Abverkaufs. A sollte stärker gefördert werden als B.</td></tr>
<tr><td>Anmerkungen</td><td colspan="2">Die Kennziffer ist leicht interpretierbar, verleitet aber auch zu Fehlinterpretationen. Eine DB-Rendite kann durchaus hoch, aber nicht ausreichend sein, weil noch hohe Fixkostenanteile zu decken sind.

In Unternehmen mit hohen Strukturkosten (Dienstleistungen, Software, Eisen/Stahl u. Ä.) ist eine DB-Rendite nicht aussagekräftig.</td></tr>
</table>

<table>
<tr><th colspan="3">1 Kosten/Erlös</th></tr>
<tr><td>Kennzahl</td><td>Auftrags-
Deckungsbeitrag</td><td>Gliederungs-Nr.: 1.4</td></tr>
<tr><td>Definition</td><td colspan="2">Netto-Auftragsvolumen (1.4.1)
– Auftragseinzelkosten (1.4.2)
Für die Berechnung werden auftragsbezogene Daten verwendet. Vom Auftragsvolumen müssen Erlösschmälerungen abgezogen werden. Die Auftragseinzelkosten beinhalten alle Kosten, die exakt dem Auftrag zuzurechnen sind, beispielsweise Herstellkosten der Waren und Leistungen, Akquisitions- und Abwicklungskosten für den Auftrag. Die Berechnung erfolgt bei Anfrage des Kunden bzw. bei Ausführung des Auftrags.</td></tr>
<tr><td>Einsatz</td><td colspan="2">Die Kennzahl ermittelt die Brutto-Profitabilität eines Auftrags. Ein positiver Deckungsbeitrag ist Voraussetzung dafür, dass sich die Annahme überhaupt lohnt (Ausnahmen ggf.: Neu- oder Referenzkunde). Bei negativem DB sollte der Auftrag abgelehnt werden bzw. sind Zuschläge oder eine Senkung der Abwicklungs- und Akquisitionskosten erforderlich.</td></tr>
<tr><td>Erläuterung</td><td colspan="2">Betrachtet werden genau die Werte, die von der Auftragsannahmeentscheidung betroffen sind. Der Auftrags-DB soll dabei helfen, die Auftragskalkulation zu steuern. Er ist besonders relevant, wenn einzelne Bestandteile noch zu kalkulieren sind (z. B. Transportkosten) oder das Kundenverhalten bewertet werden soll.</td></tr>
<tr><td rowspan="2">Beispiel</td><td>Auftrag A:
Netto-Umsatz 6.000 EUR
– AuftragsEK 5.200 EUR
= Auftrags-DB 800 EUR</td><td>Auftrag B:
Netto-Umsatz 7.000 EUR
– AuftragsEK 4.500 EUR
= Auftrags-DB 2.500 EUR</td></tr>
<tr><td colspan="2">Auftrag A erbringt einen geringeren Deckungsbeitrag als Auftrag B. Es wäre zu überlegen, ob die AuftragsEK bei A abgebaut werden können. Möglicherweise handelt es sich auch um erstmalige Akquisitionskosten (Kataloge, Besuche, Werbebrief). Beim Auftrag A könnte es sich ebenso um Schnäppchenkäufe mit geringer Spanne handeln.</td></tr>
<tr><td>Anmerkungen</td><td colspan="2">Auftrags-DB lassen sich dann sinnvoll zur Steuerung einsetzen, wenn die Kunden bekannt sind und einzeln gesteuert werden können. Sie müssen aber auch immer im Zusammenhang mit anderen Auftrags-DB (z. B. des gleichen Kunden) gesehen werden, bevor eine eindeutige Entscheidung getroffen werden kann.</td></tr>
</table>

1 Kosten/Erlös		
Kennzahl	**Renditebeitrag**	**Gliederungs-Nr.: 1.5**
Definition	**Produkt-DB-Rendite (1.3) · Umsatzanteil (1.5.1)** Anstelle der Produkt-DB-Rendite kann ebenso eine Produktlinien- oder Sparten-DB-Rendite verwendet werden. Der Umsatzanteil bezieht sich immer auf die nächste Hierarchieebene. Hat ein Unternehmen zwei Produkte, so ist der Anteil eines Produktes daran gemeint. Hat ein Unternehmen drei Produktlinien mit jeweils vier Produkten, so wäre hier der Umsatzanteil eines der vier Produkte am Produktlinienumsatz gemeint. Siehe hierzu auch die ausführliche Erläuterung des Konzepts in Kapitel 6.1: Wertorientiertes Renditekennzahlensystem. Die Kennzahl kann auch unterjährig ermittelt werden. Sinnvoll sind beispielsweise quartalsweise Berechnungen, wenn Quartalsabschlüsse erstellt werden.	
Einsatz	Sie ermittelt den Beitrag eines Produkts zur Rendite der Produktlinie bzw. des Gesamtunternehmens. Es lässt sich feststellen, ob und in welchem Maße die Rendite des Unternehmens durch das Produkt bzw. die Produktlinie gesteigert oder verringert wird.	
Erläuterung	Grundgedanke dieser Kennzahl ist die Verfolgung der Renditeerzeugung im Unternehmen über die einzelnen Ebenen, um erkennen zu können, welche Sortimentsteile rentabel genug sind, das Renditeziel zu erreichen. Basis kann aber aus Zurechnungsgründen nur der jeweils erzielte Deckungsbeitrag sein. Der Renditebeitrag der Produkte muss daher ausreichen, um neben der Renditeforderung des Unternehmens auch die anteiligen Fixkosten decken zu können. Der Renditebeitrag berücksichtigt weiterhin die Umsatzbedeutung des Produkts/der Produktlinie. Hochprofitable Produkte, die aber nur geringe Umsätze erzielen, erzielen nominal zwar eine hohe (Deckungsbeitrags-)Rendite, sind real aber für das Gesamtunternehmen weniger bedeutend.	

Beispiel

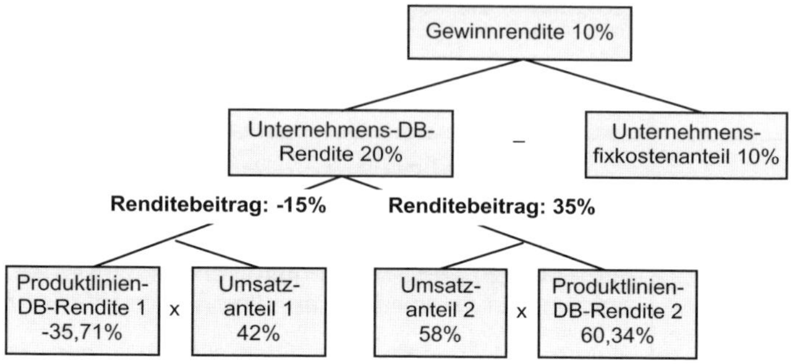

Die Summe der Renditebeiträge muss immer größer sein als die angestrebte Gesamtrendite, weil in aller Regel noch Fixkosten zu decken sind.

Der Beitrag der Produktlinie 1 zur Unternehmens-DB-Rendite liegt bei -15%. Dies ergibt sich aus der Multiplikation der Produktlinien-DB-Rendite mit dem Umsatzanteil: -35,71% · 42% = -15%. Diese Produktlinie vermindert somit die Unternehmensrendite um 15%.

Die sehr hohe Rendite der Produktlinie 2 kann dies jedoch ausgleichen. Zu fragen ist natürlich, ob die Produktlinie 1 längerfristig im Sortiment gehalten werden kann.

Anmerkungen

Der Renditebeitrag ist die zentrale Größe der Erfolgssteuerung innerhalb des Sortiments, wenn das Unternehmensziel eine bestimmte Mindestrendite ist. Diese Mindestrendite lässt sich auf die einzelnen Sortimentsebenen herunterbrechen, so dass sich der tatsächliche und der erforderliche Renditebeitrag gegenüberstellen lassen.

Damit entsteht jedoch eine nicht unerhebliche Komplexität, so dass eine separate Renditekennzahlenrechnung erforderlich ist.

Einschränkend muss jedoch gesagt werden, dass der Renditebeitrag immer auch in Verbindung mit den zu deckenden Fixkosten gesehen werden muss. Er basiert stets auf einer Berechnung von Deckungsbeiträgen, die eben noch anteilig Fixkosten zu tragen sind.

1 Kosten/Erlös		
Kennzahl	**Rabattquote**	**Gliederungs-Nr.: 1.6**
Definition	$\frac{\text{gewährtes Rabattvolumen (1.6.1)}}{\text{Brutto-Umsatz (1.6.2)}}$ Die Rabattquote kann bzw. sollte alternativ auf Produkte, Perioden, Außendienstmitarbeiter oder Kunden bezogen werden. Die Berechnung sollte regelmäßig erfolgen, so dass eine laufende Kontrolle möglich ist, in der Regel monatlich.	
Einsatz	Die Kennzahl ermittelt den Rabattanteil (auch: Erlösschmälerungsanteil) am Umsatz, damit den Verlust von Einnahmen durch Zugeständnisse an Kunden. Sie eignet sich als Früherkennungsindikator für zu erwartende Problemsituationen auf dem Markt.	
Erläuterung	a) Die Rabattquote, für das Gesamtunternehmen in einzelnen Perioden berechnet, gibt an, in welchem Umfang durch Zugeständnisse auf Gewinn verzichtet werden muss. (Rabatte sind stets gewinnmindernd!) Nähere Informationen darüber, wo die Probleme liegen, lassen sich durch produkt-, perioden-, vertriebs- und kundenspezifische Rabattquoten gewinnen. b) Produktbezogene Rabattquoten machen auf Produkte aufmerksam, die sich schlecht am Markt durchsetzen lassen (Hinweis auf Wettbewerbsnachteile, zu hohen Preis). c) Kundenbezogene Rabattquoten deuten auf Problemkunden hin (abwanderungswillige Kunden, Kunden mit schlechter Bonität, Kunden mit schlechter Ertragslage). d) Periodenbezogene Rabattquoten geben Hinweise auf saisonale Absatzprobleme bzw. Aktionen von Wettbewerbern. e) Vertriebs-, das heißt in erster Linie außendienstmitarbeiterbezogene Rabattquoten legen Besonderheiten des Beratungsverhaltens offen. Durch die Gewährung von Rabatten können beispielsweise Abschlüsse erkauft werden.	

<table>
<tr>
<td rowspan="2">Beispiel</td>
<td>
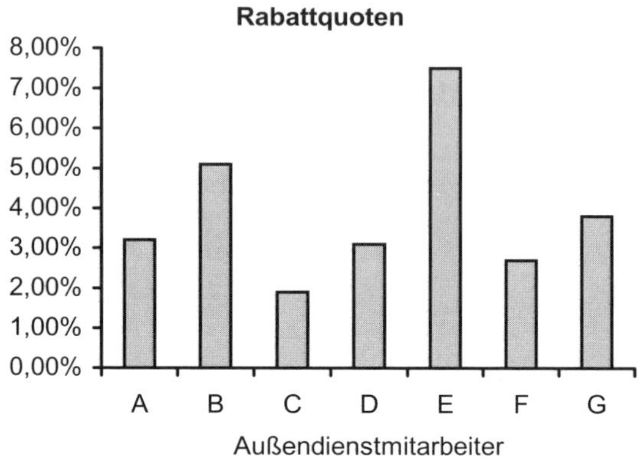

</td>
</tr>
<tr>
<td>Für die einzelnen ADM eines Unternehmens wurden hier die Rabattquoten berechnet. Während die meisten um 3 % Nachlass liegen, kommt B auf fünf und E auf über 7 %.

Bei solchen Unterschieden liegt es nahe, das Verkaufsverhalten näher zu analysieren. Fehler können aber auch im Marketing liegen, wenn die Produktvorteile nicht in geeigneter Form kommuniziert werden.</td>
</tr>
<tr>
<td>Anmerkungen</td>
<td>Da Rabatte als ständiges Ärgernis angesehen werden, werden Rabattquoten regelmäßig berechnet. Technisch einfach und von der Interpretation her sinnvoll ist es, die Quoten gleichzeitig nach allen Kriterien aufzugliedern.

Hohe Rabattgewährungen durch einen Verkäufer werden nicht selten als Grundlage für Maßregelungen angesehen. Die Ursache könnte aber auch in nicht mehr marktgerechten Produkten liegen, die vielleicht zufälligerweise von den Kunden eines Verkäufers nachgefragt werden.</td>
</tr>
</table>

1 Kosten/Erlös		
Kennzahl	**Marketingkosten-anteil**	**Gliederungs-Nr.: 1.7**
Definition	$\frac{\textbf{Marketingkosten (1.7.1)}}{\textbf{Netto-Umsatz (1.7.2)}}$ Die Kennziffer kann auf das Gesamtunternehmen, Produkte, Produktlinien, Kunden, Regionen und Zeitabschnitte (Saison) bezogen werden. Dabei ist jedoch die Definition der Marketingkosten enger zu fassen, es entsteht ein Abgrenzungsproblem. Zu den Marketingkosten werden die Gemeinkosten der Marketingabteilungen, Werbung, Verkaufsförderung u. Ä. gezählt. Es lassen sich wiederum Detailkennziffern (Verkaufsförderungskostenanteil usw.) berechnen. Die Kennzahl lässt sich meist nur im Jahresrhythmus berechnen.	
Einsatz	Dient der Steuerung der Marketingausgaben. Ausgabenanteile können über Produkte, Kunden usw. hinweg verglichen werden, so dass Angaben über die Produktivität möglich sind. Ziel ist letztlich die Beantwortung der Frage, wie profitabel der Einsatz des Marketing ist. Die Kennzahl ist sehr controllingorientiert.	
Erläuterung	Die Kennzahl ist ein rein quantitatives Steuerungsinstrument. Die Sinnhaftigkeit des Mitteleinsatzes (In welchem Medium wird geworben? Welche VKF-Maßnahme wird durchgeführt?) kann nicht berücksichtigt werden. Es besteht aber die Möglichkeit, das Marketingbudget flexibel zu definieren. Maßgebend ist dann nicht mehr ein fester Betrag, sondern der prozentuale Anteil am Umsatz.	
Beispiel	**Marketingkostenanteile** 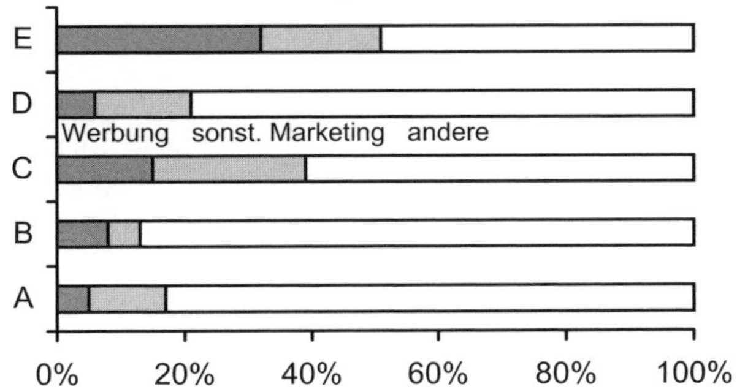	

Beispiel (Fortsetzung)	Für die Produkte A bis E wurden die Ausgaben für Werbung und sonstiges Marketing in Relation zu den Gesamtkosten dargestellt. Insbesondere Produkt E wurde relativ stark beworben. Insgesamt liegen E und C auf einem überdurchschnittlichen Marketingausgabenniveau. Hier sind genauere Analysen des Zwecks der Ausgaben erforderlich. Bei Produkt B könnte es sich um ein „vergessenes" Produkt handeln, für das mehr Marketing betrieben werden müsste. Möglicherweise wird das Marktpotenzial nicht ausgeschöpft, weil nicht die optimale Bekanntheit erreicht wurde. Die Kennzahlenanalyse sollte daher nicht einseitig in die Richtung einer Überwachung von *Über*schreitungen durchgeführt werden
Anmerkungen	*Der* optimale Ausgabenanteil ist nicht vernünftig zu bestimmen. In der Regel orientiert man sich an Quoten, die von Wettbewerbern oder aus branchenweiten Auswertungen bekannt sind. Diese bieten aber kaum mehr als einen Anhaltspunkt. Auch erfolgreiche Wettbewerber können zu viel oder zu wenig in Marketing investieren. Zudem ist die qualitative Komponente zu berücksichtigen. Eine kleine Anzeige in der richtigen Zeitschrift ist effektiver als eine groß angelegte Kampagne in der falschen Zeitschrift. Die Aussagekraft muss vor diesem Hintergrund kritisch eingestuft werden. Es handelt sich vielmehr um Indikatoren, die auf weitergehende Überlegungen hinweisen.

1 Kosten/Erlös		
Kennzahl	**Distributionskosten-anteil**	**Gliederungs-Nr.: 1.8**
Definition	$$\frac{\textbf{Distributionskosten (1.8.1)}}{\textbf{Netto-Umsatz (1.7.2)}}$$ Die Kennziffer kann auf das Gesamtunternehmen, mit Einschränkungen auch auf Produkte, Produktlinien, Kunden, Regionen und Zeitabschnitte (Saison) bezogen werden. Das Problem ist dann die Abgrenzung der Distributionskosten. Sie sind nur eingeschränkt auf einzelne Produkte usw. aufteilbar. Die Distributionskosten umfassen Kosten für – Transport/Logistik, – Warenlager, – Händlergewinnung und -unterstützung, – eigene Vertriebsmannschaft, – Verkaufsbüros usw. Da viele unterschiedliche Komponenten zu berücksichtigen sind, kann die Kennzahl meist nur im Jahresrhythmus berechnet werden.	
Einsatz	Distributionskosten sind als Ergänzung zu den Marketingkosten anzusehen, werden teilweise auch zu diesen gezählt. Ihr Anteil am Umsatz gibt Aufschluss über den relativen Aufwand für den Vertrieb. Er soll darüber informieren, welcher Vertriebsweg der günstigere und ob gegebenenfalls ein Wechsel des Vertriebswegs sinnvoll ist.	
Erläuterung	Im Gegensatz zu den Marketingkosten lassen sich bei den Distributionskosten relativ klare Zuordnungen von Kosten und Leistungen vornehmen. Die Zielsetzung der Distribution ist nicht auf Größen wie Image oder Bekanntheit ausgerichtet, sondern auf Profitabilität, Menge oder Schnelligkeit. Um hier den geeigneten Distributionsweg zu finden, sind genaue Kostenindizes erforderlich.	

Beispiel

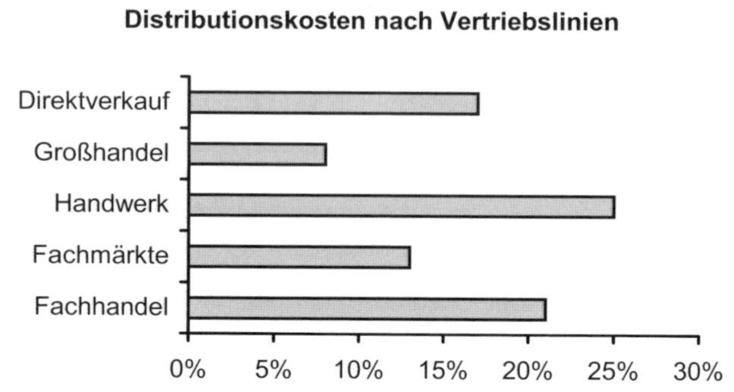
Distributionskosten nach Vertriebslinien
Direktverkauf
Großhandel
Handwerk
Fachmärkte
Fachhandel
0%
5%
10%
15%
20%
25%
30%

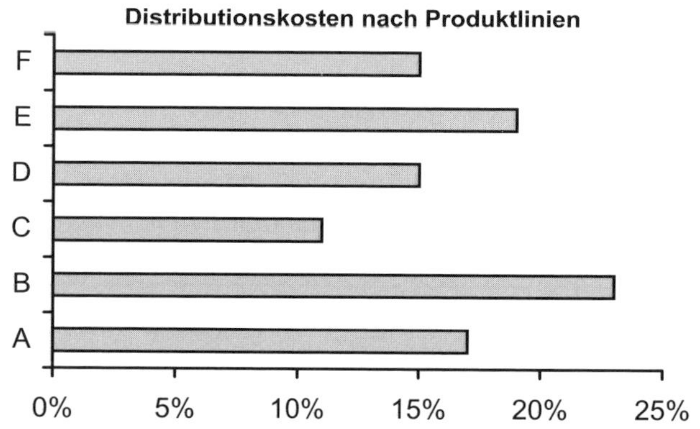
Distributionskosten nach Produktlinien
F
E
D
C
B
A
0%
5%
10%
15%
20%
25%

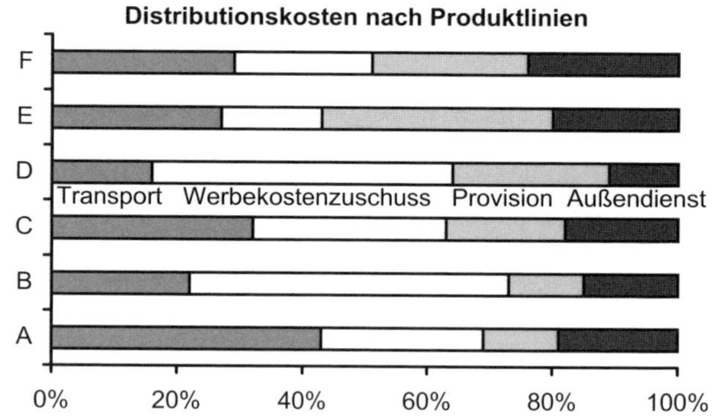
Distributionskosten nach Produktlinien
F
E
D
Transport
Werbekostenzuschuss
Provision
Außendienst
C
B
A
0%
20%
40%
60%
80%
100%

Beispiel	Die drei Grafiken zeigen unterschiedliche Möglichkeiten der Auswertung der Distributionskosten-Kennzahl. a) Zunächst wurden die Distributionskostenanteile der einzelnen Vertriebslinien ermittelt. Das Handwerk stellt sich als der relativ teuerste Vertriebsweg dar. Hiermit ist allerdings keine Aussage über die Qualität des Vertriebswegs verbunden. Diese Erkenntnis könnte jedoch Ausgangspunkt für eine Neuorganisation in diesem Bereich sein. b) Bei den Produktlinien stellt sich der Distributionskostenanteil von B doppelt so hoch dar wie bei C. Hier ist Ursachenforschung zu betreiben: Ist B vielleicht an einen teuren Vertriebsweg gebunden? Verkauft sich C ohne umfangreiche Werbekostenzuschüsse, Provisionen usw.? c) Die Antwort auf solche Detailfragen kann eine genauere Aufschlüsselung der Distributionskostenanteile für die einzelnen Produkte/-linien erbringen. Es zeigt sich, dass B mit hohen Werbekostenzuschüssen unterstützt wird. Bei C ist das Verhältnis ausgeglichener.
Anmerkungen	Die Kennziffer ist prinzipiell ein geeignetes Instrument, um den Vertrieb optimal zu steuern und zu strukturieren. Dabei tritt allerdings das Problem der verursachungsgerechten Kostenzuordnung auf. Die einzelnen Kostenpositionen müssen frühzeitig erfasst werden. Sinnvoll ist hier der Einsatz einer Grundrechnung mit genauer Zuordnung von Kosten zu Kostenträgern. Ebenso ist eine Prozesskostenrechnung hilfreich, um Kosten zuordnen zu können.

<table>
<tr><th colspan="3">1 Kosten/Erlös</th></tr>
<tr><td>Kennzahl</td><td>Reklamations-
kostenanteil</td><td>Gliederungs-Nr.: 1.9</td></tr>
<tr><td>Defini-
tion</td><td colspan="2">$$\frac{\textbf{Kosten für Reklamationsbehandlung (1.9.1)}}{\textbf{Netto-Umsatz (1.7.2)}}$$
Die Kennziffer kann auf das Gesamtunternehmen, auf Produkte, Produktlinien und Kunden bezogen werden. Problem ist dann die Abgrenzung der Reklamationskosten. Sie sind nur eingeschränkt auf einzelne Produkte usw. aufteilbar, weil meist eine oder wenige zentrale Abteilungen (Kundendienst, Außendienst) für die Leistung zuständig sind.

Die Reklamationskosten umfassen Kosten für Nacharbeit an ausgelieferten Waren, kostenfrei gelieferte Zubehör- und Ersatzteile, kostenfreie Schulungsmaßnahmen u. Ä.

Die Berechnung erfolgt jährlich. Da zwischen Verkauf der Ware und Reklamation mitunter längere Zeit vergeht, sind kürzere Berechnungszeiträume wenig praktikabel.</td></tr>
<tr><td>Einsatz</td><td colspan="2">Der Reklamationskostenanteil ermittelt den Anteil von Kosten, die nicht vorhersehbar waren und dazu dienen, eigene Fehler auszugleichen und/oder den Kunden zu halten. Sie sind nicht nur gewinnmindernd, sondern auch ein Indikator für Probleme im Bereich der Leistungserstellung. Hohe Reklamationskostenanteile deuten auf große Unterschiede zwischen erbrachter Leistung und Kundenerwartung hin.</td></tr>
<tr><td>Erläute-
rung</td><td colspan="2">Neben der Einnahmenwirkung sind die Reklamationskostenanteile ein Marketingindikator. Einerseits sind niedrige Reklamationskosten auch ein Zeichen realistischen Marketings, das heißt die Erwartungen der Kunden wurden so gesteuert, dass sie erfüllt werden können.

Andererseits sind zumindest freiwillige Kulanzleistungen auch Marketinginvestitionen. Von einer erbrachten Kulanzleistung wird erwartet, dass sie den Kunden bindet und sich durch die weitere Geschäftsbeziehung amortisiert. Insofern ist es sinnvoll, von vornherein Budgets für solche Aufwendungen bereitzustellen. Interessant ist auch der Vergleich von Kulanz- und Reklamationskostenanteilen und Kundenzufriedenheitswerten.</td></tr>
<tr><td>Anmer-
kungen</td><td colspan="2">Das Problem dieser Kennzahl ist die zwiespältige Doppelfunktion als Kostenfaktor und Kundeninvestition. Die Interpretation darf daher nicht allein auf Kostenbasis vorgenommen werden.</td></tr>
</table>

1 Kosten/Erlös		
Kennzahl	**relativer Preis**	**Gliederungs-Nr.: 1.10**
Defini-tion	**Preis für Produkt A (1.10.1)** / **durchschnittlicher Preis für vergleichbare Wettbewerbsprodukte (1.10.2)** Die Ermittlung der Kennzahl setzt eine gewisse Vergleichbarkeit der Produkte auf dem Markt voraus. Dabei muss es sich aber keineswegs um identische Produkte handeln, zumal qualitative Merkmale auch über andere Kennzahlen abgedeckt werden. Entscheidend hierbei ist die Simulation der Wahrnehmung durch die Nachfrager. Relevant sind die Preise der Produkte, die in der Auswahl der Nachfrager stehen. Die Kennzahl wird laufend ermittelt, so dass eine Anpassung in Abhängigkeit eigener oder von Wettbewerbs-Preisänderungen erfolgt.	
Einsatz	Der relative Preis dient der Steuerung der Positionierung am Markt. Die Wahrnehmung als teurer oder billiger Anbieter ist entscheidend für die Unterscheidung von Wettbewerbern und für weitere Marketingmaßnahmen. Bestehen beispielsweise technologische Nachteile gegenüber Wettbewerbern, dann ist auf einen relativen Preis unter 1 zu achten, weil sonst ein wesentliches Verkaufsargument verloren geht. Wird dagegen die Positionierung als Technologieführer verfolgt, führt ein relativer Preis unter 1 eher zu einer Verwirrung auf Nachfragerseite, außerdem gehen möglicherweise Erlöspotenziale verloren.	
Erläute-rung	Wichtig ist eine laufende und objektive Beobachtung der Marktentwicklung. Nach Möglichkeit sollte auf unabhängige Preisvergleiche und Testberichte zurückgegriffen werden. Die verwendeten Preisdaten dürfen nicht durch Korrekturfaktoren für spezifische Vor- und Nachteile beeinflusst werden. Bei der Ermittlung und den zu ziehenden Konsequenzen sind unterschiedliche Distributionsformen zu berücksichtigen. Während beim Direktvertrieb eine exakte Preisbestimmung bis zum Endkunden möglich ist, kommt beim indirekten Vertrieb der Einfluss des Handels hinzu. Dann können mehrere relative Preise bestimmt werden, einmal bezogen auf den Handel als Abnehmer und weiter auf den Endabnehmer bezogen.	

Beispiel

Ein Hersteller von Funkweckern möchte seinen relativen Preis berechnen. Er hat einen Wecker im Angebot, der neben der Uhrzeit auch die Raumtemperatur anzeigt. Es handelt sich um ein ca. 10 cm hohes Gerät für den Nachttisch. Er vergleicht sein Gerät mit ähnlichen Geräten, die auch über eine Temperaturanzeige verfügen. Da die Geräte ausschließlich im Einzelhandel verkauft werden, ermittelt er bei vier bedeutenden Handelsketten die Preise für sein Gerät (A) und die vier Wettbewerbsprodukte B – E.

Wecker	Händler A	Händler B	Händler C	Händler D	∅ Preis	relativer Preis
A	39	39	35	42	38,75	1,02
B	35	39	44	38	39,00	1,03
C	26	29	29	29	28,25	0,70
D	42	45	43	45	43,75	1,19
E	44	39	42	38	40,75	1,09

Die einzelnen Händler sowie die konkurrierenden Produkte werden nicht mit ihren Umsatzanteilen gewichtet, weil dies für die Nachfrager irrelevant und auch meist nicht erkennbar ist. Die Kaufentscheidung fällt durch den Vergleich der im Laden vorhandenen Produkte, gleich, wie umsatzstark sie sind. Abweichungen von dieser Vorgehensweise können sinnvoll sein, wenn beispielsweise ein Händler ein repräsentatives Fachgeschäft ist, während es sich bei einem anderen um eine bundesweit vertretene Handelskette handelt.

Der relative Preis ergibt sich durch Division des eigenen Durchschnittspreises mit dem Durchschnitt der Wettbewerbspreise. In diesem Beispiel erreicht nur ein Produkt einen relativen Preis unter 1, weil sein Preis weit von denen der Wettbewerber entfernt ist, während die anderen eng beieinander liegen.

Anmerkungen

Der relative Preis darf nicht mit einem Index für das Preis-Leistungs-Verhältnis verwechselt werden. Ein überdurchschnittlich hoher Preis kann durchaus mit geringer Qualität einhergehen. Dies würde von dieser Kennzahl jedoch nicht erkannt und ist auch nicht beabsichtigt. Daher muss die Kennzahl immer auch Bestandteil weiter gehender Analysen sein.

1 Kosten/Erlös

Kennzahl: **Aktionsumsatzanteil**

Gliederungs-Nr.: **1.11**

Definition

$$\frac{\textbf{Netto-Aktionsumsatz (1.11.1)}}{\textbf{Netto-Umsatz (1.7.2)}}$$

Die Kennzahl kann sowohl auf einzelne Produkte als auch auf das Unternehmen insgesamt bezogen werden. Die Aktionsumsätze sind solche, die nicht auf „normalem“ Wege entstanden sind, sondern durch den Einsatz verkaufsfördernder Instrumente, insbesondere aber Preisnachlässe. Sie sind grundsätzlich weniger profitable Umsätze, weil ihnen besondere Kosten oder Schmälerungen zugerechnet werden müssen.

Einsatz

Unternehmen, die sich stark an Umsatzzielen orientieren, provozieren auch hohe Aktionsumsatzanteile. Um negative Auswirkungen auf das Betriebsergebnis unter Kontrolle zu behalten, müssen diese Anteile berechnet werden. Prinzipiell sollen Aktionen aber auch nicht ausgeschlossen werden, weil bestimmte Maßnahmen aus Wettbewerbsgründen notwendig sein könnten.

Erläuterung

Es muss im Vorfeld definiert werden, was zu normalen und zu Aktionsumsätzen gehört. Rabatte, die zum normalen Instrumentarium des Vertriebs gehören, führen nicht zu Aktionsumsätzen. Sie sind (hoffentlich) in der Ergebnisplanung berücksichtigt und führen nicht zu einer Schieflage des Unternehmens. Eine Aktion liegt vielmehr vor, wenn ein außerplanmäßiger Umsatzverzicht oder Zusatzkosten entschieden werden, um marktbezogene Ziele zu erreichen.

Beispiel

Ein Unternehmen stellt Konsumgüter her, die über den Einzelhandel vertrieben werden. Um den Marktanteil zu steigern, werden Aktionen durchgeführt, zum Teil preisbezogene, zum Teil aber auch Präsentationen, Gewinnspiele usw. Für die letzten zwölf Monate ergeben sich die folgenden Werte (oben: Gesamtumsatz, unten: davon Aktionsumsatz):

500	640	730	820	950	840	550	700	610	580	620	640
30	40	210	380	490	400	280	360	200	50	30	20

Es zeigt sich, dass der Umsatzanstieg ab dem dritten Monat durch Aktionen „erkauft“ war. Mit Rücknahme der Aktionen sinkt er wieder auf das alte Niveau, die Maßnahme ist daher ineffizient.

1 Kosten/Erlös		
Kennzahl	**Yield**	**Gliederungs-Nr.: 1.12**
Definition	**durchschnittlicher Erlös pro Leistungseinheit** Die Kennziffer wird auf eine definierte Basis-Leistungseinheit bezogen. In der Regel wird sie bei Dienstleistungen eingesetzt. Diese Leistungseinheit ist bei Fluggesellschaften der angebotene Sitzplatzkilometer, bei Hotels das Zimmer pro Nacht. Aus den Erlösen unterschiedlicher Höhe (je nach Nachfragesituation) sowie nicht verkauften Einheiten ergibt sich der Durchschnittserlös oder Yield. Er kann kontinuierlich berechnet werden.	
Einsatz	Die Größe wird eingesetzt, wenn der Erlös (realisierter Preis) für eine Leistung variabel ist, das heißt regelmäßig in Abhängigkeit von der Marktsituation beeinflusst wird. Ein fester Preis erweist sich meist nicht als optimal, weil er aufgrund schwankender Nachfrageverhältnisse bei konstanten Kapazitäten zu hoch oder zu niedrig ist. Durch Yield Management, also die regelmäßige Anpassung des Preises, lässt sich der Gesamterlös steigern. Minimalziel ist es dabei, den Yield über die Kosten der Leistungseinheit zu heben.	
Erläuterung	Yield Management setzt eine zweifelsfreie Definition der Basis-Leistungseinheit voraus. Alle Angebote sind dann auf diese zu beziehen. Folglich ist der Yield immer nur für ein einzelnes Angebot zu berechnen.	
Beispiel	Ein Theater definiert als Basis-Leistungseinheit den Sitzplatz pro Vorstellung. Da mit einem festen Ensemble gearbeitet wird und die laufenden Kosten praktisch konstant sind, ist dies unproblematisch. Pro Woche gibt es 8 Vorstellungen bei insgesamt 40 Betriebswochen im Jahr. Nach der Rechnung Gesamtkosten : Anzahl Sitzplätze : Anzahl Vorstellungen ergeben sich Sitzplatzkosten pro Vorstellung von 16 EUR. Werden beispielsweise 20 EUR pro Zuschauer bei 80 % Auslastung erlöst, dann beträgt der Yield 16 EUR und reicht „gerade so“. Durch eine variable Preispolitik und die Vergabe bzw. Nicht-Vergabe verbilligter Karten lässt sich der Yield beeinflussen.	
Anmerkungen	Yield Management hat sich im Bereich der Touristik in den neunziger Jahren durchgesetzt und auch gute Erfolge erbracht. Es setzt jedoch eine laufende Kontrolle und Betreuung voraus, zumal Softwarelösungen überaus aufwändig sind.	

1 Kosten/Erlös		
Kennzahl	**Anteil Außenstände**	**Gliederungs-Nr.: 1.13**
Definition	$$\frac{\textbf{Außenstände (1.13.1)}}{\textbf{Netto-Umsatz (1.7.2)}}$$ Die Kennzahl gibt das Volumen der ausstehenden Zahlungen zum Netto-Umsatz an. Problematisch ist dabei die zeitliche Abgrenzung. Um zyklische und zufällige Schwankungen auszuschalten, bieten sich meist nur längere Zeiträume für die Berechnung an, etwa ein halbes oder ganzes Jahr (aus Sicht der Liquiditätsplanung sind auch tageweise Analysen sinnvoll). Dann ist beispielsweise das durchschnittliche Außenstandsvolumen eines Jahres zum Jahresumsatz in Beziehung zu setzen. Bei automatischer Ermittlung sind rollierende Ausweise (für die letzten 90, 180, 365 Tage) sinnvoll.	
Einsatz	Außenstände sind ein wesentlicher Kostenfaktor. Muss der ausstehende Betrag zwischenfinanziert werden, wird schnell die Gewinnspanne aufgefressen. Andererseits werden Zahlungsziele auch oft als Marketinginstrument eingesetzt, um einen an sich nicht zahlungsfähigen Kunden doch zu gewinnen. Die Außenstandsquote hilft hier zu regulieren.	
Erläuterung	Das Forderungsmanagement wird oftmals als Aufgabe der Buchhaltung angesehen, die den besten Überblick hat. Außenstände haben aber Ursachen, die im Vertrieb besser kontrolliert werden können. Im Zweifel hilft der persönliche Kontakt mehr als ein formelles Mahnschreiben.	
Beispiel	Das Controlling eines mittelständischen Unternehmens stellt eine starke Steigerung des Anteils der Außenstände fest. Waren es früher kontinuierlich um 7 %, weil die Kunden im Schnitt nach drei bis vier Wochen zahlten, kommt es im laufenden Jahr zu Werten von über 10 %. Eine genauere Analyse nach Regionen kommt zu dem Ergebnis, dass der Bereich Nordwest die höchsten Außenstandsquoten hat. Das Problem wird der Vertriebsleitung mitgeteilt, die über eine sehr ambitionierte Zielvorgabe in dieser Region berichtet. Die Außenstände stiegen, als nach den neuen Zielen gearbeitet wurde. Schließlich stellt sich heraus, dass zahlreiche Neukunden ohne eingehende Bonitätsprüfung angeworben wurden und Vereinbarungen „unter der Hand" getroffen wurden, doch einfach erst dann zu zahlen, wenn man wieder „mehr Luft" habe.	

2 Leistung		
Kennzahl	**Marktanteil**	**Gliederungs-Nr.: 2.1**
Defini-tion	**eigener (Netto-)Umsatz (1.7.2)/Absatz (2.1.1)** / **Gesamtumsatz (2.1.2)/-absatz (2.1.3) des Marktes** Der Marktanteil kann auf unterschiedliche Weise berechnet werden. Beim mengenmäßigen Marktanteil werden die Absatzmengen eines Unternehmens, einer Produktlinie oder eines Produkts herangezogen, um sie durch die Menge des Gesamtmarktes zu teilen. Parallel kann der wertmäßige Marktanteil berechnet werden. Hierfür wird der Umsatz verwendet. Dadurch hat das Preisniveau der jeweiligen Produkte einen Einfluss auf den Marktanteil. Eine Erweiterung der Kennziffer stellt der relative Marktanteil dar. Er setzt den Marktanteil eines Unternehmens/Produkts zu dem des stärksten Wettbewerbers in Beziehung. Aussage ist: Wie hoch ist die tatsächliche Bedeutung auf dem Markt, wie groß ist der Abstand zum stärksten Wettbewerber? Die Ermittlung sollte in so kurzen Abständen wie möglich erfolgen. Sofern Paneldaten zur Verfügung stehen, sind dies meist Zeitabstände von zwei Wochen bis zwei Monaten.	
Einsatz	Der Marktanteil kann als die zentrale Erfolgskennziffer im Marketing bezeichnet werden. Vielfach richten sich Erfolgsbeurteilungen und Tantiemenzahlungen nach dem erreichten Marktanteil. Er umgeht das Problem des Umsatzes als Kennziffer, weil dieser durchaus steigen kann, obwohl das Unternehmen an Wettbewerbsstärke verliert. Steigt der Umsatz beispielsweise um 2 %, während der Markt um 5 % wächst, ist die Umsatzsteigerung keineswegs eine Erfolgsmeldung.	
Erläute-rung	In empirischen Untersuchungen hat sich immer wieder ergeben, dass der Marktanteil mit der Rendite korreliert. Hohe Marktanteile führen zu hoher Unternehmensrendite. Ein Grund ist die Tatsache, dass Marktführer in der Regel über die höchste Produktionserfahrung verfügen und dadurch potenziell die geringsten Kosten haben. Weiterhin verfügen Marktführer über Macht und können die Verhältnisse auf einem Markt bestimmen. Sie werden von den kleineren Unternehmen imitiert und können so die Marktentwicklung in eine bestimmte Richtung lenken.	

Beispiel

a) Das Produkt A, ein Orangensaft in Flaschen, erzielt bei einer Verkaufsmenge von 5 Mio. Liter einen Umsatz von 4 Mio. EUR. Bezogen auf den Gesamtmarkt der Säfte (40 Mio. Liter und 25 Mio. EUR Umsatz) erzielt das Produkt einen Marktanteil von 12,5 % Menge und 16 % Wert.

Bezogen auf den Orangensaftmarkt, der auf 15 Mio. Liter bei 8 Mio. EUR Umsatz kommt, ergeben sich 33,3 % mengenmäßiger und 50 % wertmäßiger Marktanteil. Die Bezugsbasis spielt hier eine wesentliche Rolle.

b) Für Produkt B werden im Wettbewerbsvergleich folgende Marktanteile ermittelt:

Marktanteile in %	B Menge	B Wert	X Menge	X Wert	Y Menge	Y Wert
Fachhandel	4,8	3,2	12,1	10,5	7,6	9,7
Verbrauchermarkt	6,2	5,1	12,7	11,2	4,6	6,3
SB-Warenhaus	22,1	18,9	7,8	6,4	2,2	2,9
Fachmarkt	16,2	14,7	18,5	17,1	3,5	5,1
Discount	13,7	12,9	16,8	16,2	1,8	2,6

Solche Auswertungen entstehen beispielsweise im Rahmen von Handelspanels, die für die meisten Konsumgütermärkte angeboten werden. Die Marktanteile werden getrennt für unterschiedliche Handelskanäle ausgewiesen, da sich oftmals sehr unterschiedliche Werte ergeben.

In diesem Beispiel zeigt sich, dass B in den SB-Warenhäusern stark vertreten ist und vor X liegt, während es im Fachhandel umgekehrt ist. Solch hohe Unterschiede können auf Listungsentscheidungen des Handels oder das relative Preisniveau zurückzuführen sein. Durch die Aufspaltung können die Ursachen für hohe oder niedrige Marktanteile eher gefunden werden.

c) Auf einem Markt gibt es die vier Wettbewerber A–D:

Unternehmen	Umsatz	Marktanteil	relativer MA
A	2.500.000	10%	0,25
B	4.000.000	16%	0,40
C	10.000.000	40%	1,18
D	8.500.000	34%	0,85

Beispiel (Fortsetzung)	In diesem Markt gibt es zwei große und zwei kleinere Anbieter. Der Marktanteil von 34 % hört sich zunächst sehr gut an, reicht hier aber nur für den zweiten Platz. Der relative Marktanteil liegt beim 0,85-fachen des Marktanteils von C. Dagegen hat C den 1,18-fachen Marktanteil seines stärksten Wettbewerbers, in diesem Fall D. Erst der relative Marktanteil legt die tatsächlichen Verhältnisse offen.
Anmerkungen	Die Verwendung des Marktanteils als Erfolgskennzahl ist höchst problematisch, aber gerade deswegen wahrscheinlich auch häufig anzutreffen. a) Die Verwendung von wert- oder mengenmäßigem Marktanteil kann manipulativ genutzt werden. Soll eine Aussage über vergleichsweise teuere Produkte gemacht werden, ist der wertmäßige Marktanteil höher, bei billigeren Produkten der mengenmäßige. Dadurch gibt es auf den meisten Märkten schon zwei Marktführer. b) Weiteres Problem ist die Definition des relevanten Marktes. Je enger der Markt definiert wird, auf den sich die Rechnung bezieht, desto höher ist der Marktanteil. Es entsteht eine Tendenz, durch eine Verkleinerung des relevanten Marktes den Marktanteil künstlich zu steigern. Im Extremfall ist jeder Anbieter Marktführer. c) In vielen Märkten ist die Ermittlung des Marktanteils zudem kaum möglich. Während in Konsumgütermärkten Marktforschungsinstitute über ihre Panels solche Daten zur Verfügung stellen, bestehen in Investitionsgütermärkten nicht selten Schwierigkeiten schon bei der Ermittlung des gesamten Marktvolumens. d) Der Marktanteil lässt sich durch kurzfristige Maßnahmen beeinflussen, ohne dass damit eine besondere Marktleistung verbunden wäre. So können die Verkaufszahlen durch Preiszugeständnisse, Werbemaßnahmen, Verkaufsförderung usw. gesteigert werden, wodurch Käufe der Kunden vorgezogen werden und gleichzeitig die Profitabilität verringert wird. Andere Kennzahlen werden dadurch mit Zeitverzögerung negativ beeinflusst. In solchen Fällen ist ein Marktanteilswachstum nicht positiv zu beurteilen.

<table>
<tr><th colspan="3">2 Leistung</th></tr>
<tr><td>Kennzahl</td><td>Umsatzanteil</td><td>Gliederungs-Nr.: 2.2</td></tr>
<tr><td>Definition</td><td colspan="2">

$$\frac{\textbf{Umsatz des Produkts A (2.2.1)}}{\textbf{Netto-Umsatz gesamt (1.7.2)}}$$

Die Kennzahl setzt die Netto-Umsätze einzelner Produkte zum Gesamt-Netto-Umsatz in Beziehung. Daraus ergibt sich die prozentuale Umsatzbedeutung eines Produkts für das Segment. Die Berechnung sollte monatlich erfolgen.</td></tr>
<tr><td>Einsatz</td><td colspan="2">Der Umsatzanteil ist eine Risikokennzahl, die auf Abhängigkeiten vom Erfolg eines oder weniger Produkte aufmerksam machen soll. Eine starke Abhängigkeit wird als riskant betrachtet, weil beispielsweise durch Wettbewerbseinflüsse oder Qualitätsmängel die Finanzierung des Unternehmens auf dem Spiel steht.</td></tr>
<tr><td>Erläuterung</td><td colspan="2">Die Sortimentsbestandteile werden in eine Rangfolge der Umsatzbedeutung gebracht. Daraus entsteht eine Kurve der Umsatzkonzentration. Im Allgemeinen werden die (stärksten) Produkte mit insgesamt 70 % Umsatzanteil als A-Produkte bezeichnet. Die nächsten 20 % Umsatzanteil machen die B-Produkte aus, die restlichen 10 % die C-Produkte. In vielen Unternehmen sind nur rund 10 % der Produkte der A-Kategorie zuzuordnen, rund 30 % der B- und 60 % der C-Kategorie. Sofern diese Konzentration nicht abgebaut werden kann, müssen die A-Produkte besonders sorgfältig beobachtet werden, um Abweichungen frühzeitig zu erkennen.

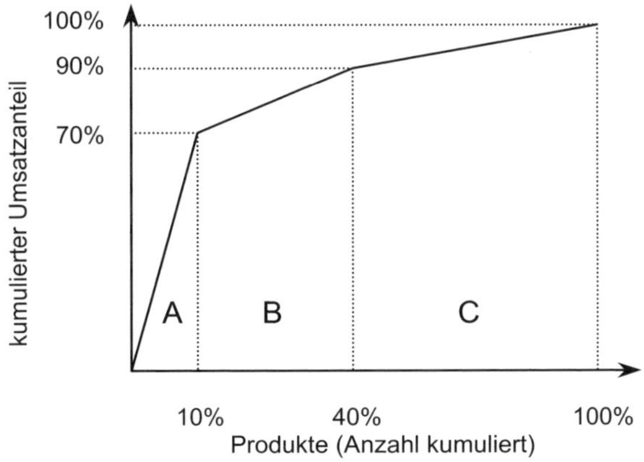

</td></tr>
</table>

Beispiel

In einem Unternehmen verteilen sich die Umsätze wie folgt auf die einzelnen Produkte:

A:	250.000	F:	870.000	K:	530.000
B:	2.300.000	G:	6.500.000	L:	26.000
C:	650.000	H:	32.000	M:	8.000
D:	80.000	I:	54.000	N:	44.000
E:	120.000	J:	17.000	O:	590.000

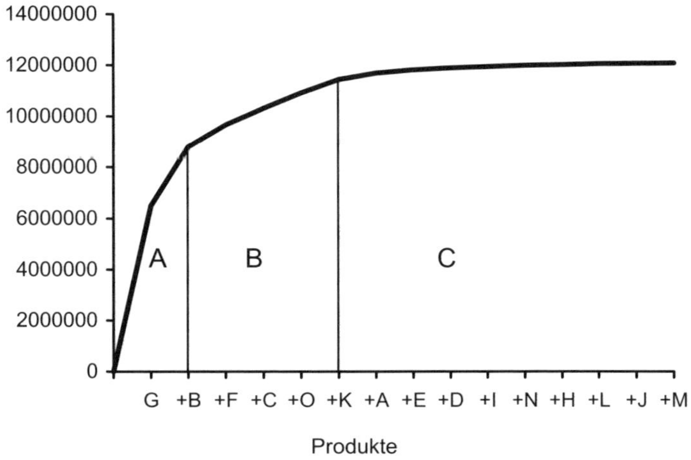

Die A-Kategorie besteht hier aus G und B, die B-Kategorie aus F, C, O und K, die restlichen neun Produkte gehören in die Gruppe C. Die A-Kategorie hat einen Umsatzanteil von 73 %, mit der B-Kategorie zusammen sind es 95 %.

A-Kategorie: 13 % der Produkte, 73 % des Umsatzes

B-Kategorie: 27 % der Produkte, 22 % des Umsatzes

C-Kategorie: 60 % der Produkte, 5 % des Umsatzes

Dieses Unternehmen hat mit einer hohen Umsatzkonzentration zu tun, die sich in einer nach Umsatzbedeutung differenzierten Marketingpolitik äußern muss.

2 Leistung		
Kennzahl	**Umsatz-wachstumsrate**	**Gliederungs-Nr.: 2.3**
Defini-tion	$$\frac{\textbf{Umsatz A}_t\ \textbf{(2.2.1)} - \textbf{Umsatz A}_{t-1}\ \textbf{(2.2.1)}}{\textbf{Umsatz A}_{t-1}\ \textbf{(2.2.1)}}$$ Die Umsatzwachstumsrate gibt die prozentuale Veränderung des Umsatzes gegenüber der Vorperiode an. Sie kann auf das Gesamtunternehmen, Produktlinien, Produkte, Kunden und Regionen bezogen werden. Die Ermittlung kann auf der Basis der laufenden Umsatzstatistik erfolgen. Je nach Produktart kommen auch Wochendaten in Frage, sonst monatliche oder quartalsweise. Während Netto-Werte stets genauer und vor allem ergebniswirksam sind, kann hier auch mit Brutto-Werten gearbeitet werden. t ist der Periodenindex.	
Einsatz	Die Umsatzwachstumsrate ist eine zusätzliche Information zum Umsatz und macht auf Veränderungen aufmerksam. Sie kann einfach aus vorhandenen Daten ermittelt werden. Die Berechnung für einzelne Produkte und Kunden macht auf besondere Entwicklungen aufmerksam, die sonst verborgen blieben.	
Beispiel	Gesamtumsatz: t: 10.000.000, t-1: 9.500.000, ΔU: 5,26 %	

Kunde	A	B	C	D
Umsatz $_t$	2.000.000	1.400.000	4.300.000	2.300.000
Umsatz $_{t-1}$	2.100.000	1.500.000	3.300.000	2.600.000
Δ Umsatz	-0,48 %	-0,67 %	+30,30 %	-11,54 %

Der Umsatzanstieg ist einzig auf den umsatzstärksten Kunden zurückzuführen. Die Entwicklung der einzelnen Kunden ist stark unterschiedlich. Für das Unternehmen ist die Entwicklung sehr zwiespältig, zumal sich die Umsatzkonzentration verstärkt.

Für ein Produkt sind in der Vergangenheit die folgenden Umsätze ermittelt worden. Daraus lassen sich dann die Wachstumsraten sowie die durchschnittliche Wachstumsrate ermitteln.

	1995	1996	1997	1998	1999
Umsatz	62.500	71.630	69.880	75.910	72.700
Δ Umsatz		14,61%	-2,44%	8,63%	-4,23%
Ø U.wachstum		14,61%	5,74%	6,70%	3,85%

2 Leistung

Kennzahl	relatives Umsatzwachstum	Gliederungs-Nr.: 2.4

Definition

$$\frac{\frac{\text{Umsatz A}_t\ (2.2.1) - \text{Umsatz A}_{t-1}\ (2.2.1)}{\text{Umsatz A}_{t-1}\ (2.2.1)}}{\frac{\text{Gesamt-Umsatz}_t\ (1.7.2) - \text{Gesamt-Umsatz}_{t-1}\ (1.7.2)}{\text{Gesamt-Umsatz}_{t-1}\ (1.7.2)}}$$

Die Kennzahl kann für das Gesamtunternehmen, Produkte, Produktlinien, Kunden und Regionen berechnet werden. Sie gibt an, wie sich das jeweilige Umsatzwachstum (oder auch der -rückgang) zur Gesamtentwicklung verhält. Die Wachstumsraten können aber auch auf bestimmte Segmente bezogen werden, z. B.: Umsatzwachstum eines Produkts zu Umsatzwachstum der Produktlinie.

Die Ermittlung kann wieder ab einem wöchentlichen Rhythmus erfolgen.

Einsatz

Mit Hilfe des relativen Umsatzwachstums lässt sich eine Art Renner-Penner-Liste erstellen, was vor allem in solchen Unternehmen relevant ist, die auf hohe Wachstumsraten ausgerichtet sind. Renner sind diejenigen Produkte/Kunden, deren Wachstum über der durchschnittlichen Wachstumsrate liegt. Penner liegen entsprechend darunter.

Beispiel

Für ein Unternehmen mit fünf Produkten werden folgende Umsatzdaten ermittelt:

Produkt	Umsatzanteil	Umsatz-wachstum	relatives Umsatzwachstum
A	10 %	-3 %	-0,43
B	35 %	+12 %	+1,74
C	15 %	+4 %	+0,58
D	5 %	-20 %	-2,90
E	20 %	+8 %	+1,16
F	15 %	+6 %	+0,87

Das durchschnittliche Umsatzwachstum dieser Produkte ist 6,9 % (gewichtet). Darauf werden nun die einzelnen Umsatzwachstumsraten bezogen. Renner ist B, Penner ist D.

2 Leistung		
Kennzahl	**Innovationsgrad**	**Gliederungs-Nr.: 2.5**
Definition	$\frac{\textbf{Umsatz mit Produkten bis ... Jahre (2.5.1)}}{\textbf{Netto-Umsatz (1.7.2)}}$ Als Innovationskriterium wird hier der Umsatz mit Produkten bis zu einem bestimmten Höchstalter angenommen. Welches Alter als Grenze festgelegt wird, hängt auch von der Branche ab. Bei Lebensmitteln werden meist ein oder zwei Jahre verwendet, bei Flugzeugen sind auch fünfjährige Modelle noch „neu auf dem Markt". Wegen der Abgrenzung der Innovativität der Produkte ist die Ermittlung praktisch nur im Jahresrhythmus möglich.	
Einsatz	Der Innovationsgrad eines Sortiments gilt als Symbol für die Wandlungsfähigkeit und Zukunftsorientierung eines Unternehmens, vor allem auch der Entwicklungsabteilung.	
Erläuterung	In Branchen mit schnellen Marktänderungen wird ein bestimmter Innovationsgrad zwischenzeitlich als Überlebenskriterium angesehen. Daher wird versucht, z. B. 30 % des Umsatzes mit Produkten zu erzielen, die nicht älter als zwei Jahre sind. Welcher Grenzwert tatsächlich optimal ist, kann jedoch nicht gesagt werden. Prinzipiell ist zu berücksichtigen, dass Innovationen Geld kosten und neue Produkte daher unterdurchschnittlich profitabel sind. Sinnvoll ist es daher, eine möglichst harmonische Verteilung der Umsätze auf die Altersklassen zu erzielen. Ganz nebenbei werden dadurch die Möglichkeiten der Manipulation verringert.	
Beispiel	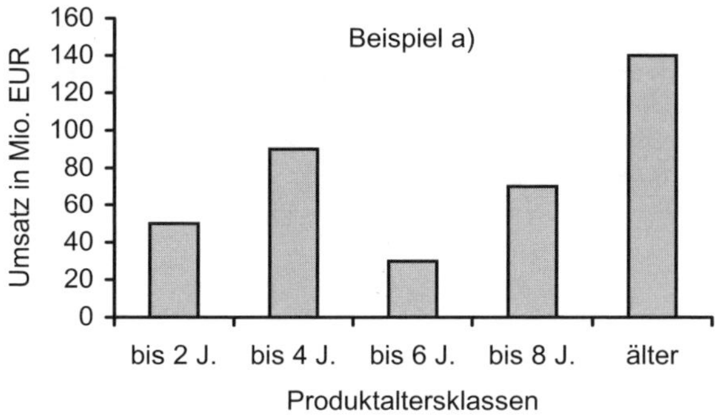	

<table>
<tr><td rowspan="2">Beispiel
(Fortsetzung)</td><td>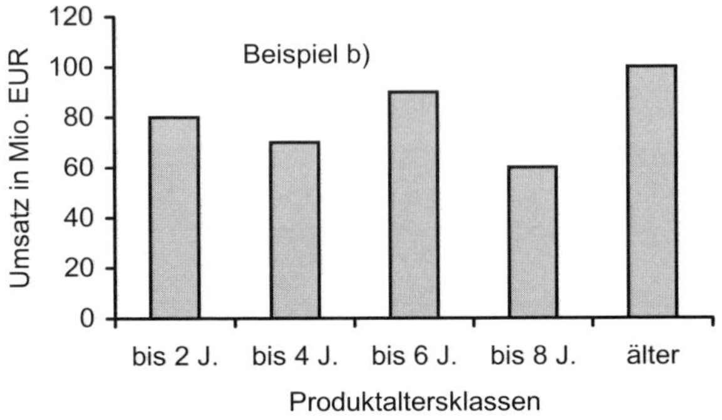
</td></tr>
<tr><td>Beispiel a) zeigt ein Unternehmen, das in Sachen Innovation eingeschlafen ist. Ein Großteil der Produkte ist älter als acht Jahre. Vor drei bis vier Jahren gab es noch einmal eine Innovationsphase. Vermutlich reagiert das Unternehmen eher auf Marktentwicklungen, als dass es selbst agiert. Die finanzielle Situation kann aber durchaus positiv sein.

Beispiel b) zeigt ein Unternehmen mit ausgeglichener Innovationstätigkeit. Offensichtlich hatten die Innovationen auch einen konstanten Erfolg. Das Unternehmen dürfte weniger risikoabhängig sein als das erste.</td></tr>
<tr><td>Anmerkungen</td><td>Innovationskennzahlen lassen sich stets in mehrere Richtungen interpretieren.

Ein hoher Innovationsgrad steht zwar für ein zukunftsfähiges Produktprogramm, aber auch oft für eine schlechte Ertragssituation und fehlende dauerhafte Wettbewerbsvorteile. Je besser sich ein Unternehmen gegenüber seinen Wettbewerbern profilieren kann, desto größer ist die Wahrscheinlichkeit, auch ältere Produkte noch erfolgreich verkaufen zu können.

Geht ein hohes Produktalter mit hohem Marktanteil einher, dann dürfte es sich um den wünschenswerten Fall handeln, dass das Unternehmen die Produktvorteile dauerhaft erhalten konnte (beispielsweise durch Patente).</td></tr>
</table>

<table>
<tr><th colspan="3">2 Leistung</th></tr>
<tr><td rowspan="2">Kennzahl</td><td rowspan="2">Preiselastizität</td><td>Gliederungs-Nr.: 2.6</td></tr>
<tr><td></td></tr>
<tr><td>Definition</td><td colspan="2">$$\frac{\frac{\text{Menge A}_t\ (2.6.1) - \text{Menge A}_{t-1}\ (2.6.1)}{\text{Menge A}_{t-1}\ (2.6.1)}}{\frac{\text{Preis A}_t\ (2.6.2) - \text{Preis A}_{t-1}\ (2.6.2)}{\text{Preis A}_{t-1}\ (2.6.2)}}$$
Preiselastizitäten können theoretisch zwar auf allen Ebenen berechnet, aber sinnvoll nur auf der Produktebene interpretiert werden. Dazu sind stets Daten aus zwei Perioden erforderlich: die Absatzmenge und der Preis.
Die Preiselastizität ist definiert als relative Änderung der Nachfrage geteilt durch die relative Änderung des Preises, und zwar von Periode t-1 zu Periode t. Ergebnis ist eine dimensionslose Verhältniszahl.
Die Ermittlung erfolgt wieder in Abhängigkeit des Berichtszyklus der Umsatzstatistik. Bei kurzen Berechnungszeiträumen besteht jedoch das Problem der stärkeren Abhängigkeit von zufälligen Schwankungen.</td></tr>
<tr><td>Einsatz</td><td colspan="2">Preiselastizitäten geben darüber Auskunft, wie stark sich die Absatzmenge im Vergleich zum Preis ändert. Es soll damit möglich sein, eine Entscheidungsgrundlage für Preisänderungen zu erhalten. Die entscheidende Frage ist dabei, ob die Nachfrage so stark reagiert, dass der Preiseffekt überkompensiert wird, oder ob sie eher träge reagiert, was Preiserhöhungen erleichtert.</td></tr>
<tr><td>Erläuterung</td><td colspan="2">Preiselastizitäten stammen eigentlich aus der Monopoltheorie der Volkswirtschaftslehre, werden aber auch unter normalen Wettbewerbsbedingungen wegen der einfachen Ermittlung und Interpretation häufig eingesetzt. Elastizitäten von $-\infty$ bis unter -1 stehen für elastische Nachfrage, von -1 bis 0 für unelastische Nachfrage. Positive Elastizitäten kommen selten vor und beschreiben meist Sonderfälle etwa von prestigeorientiertem Kaufverhalten.</td></tr>
</table>

<table>
<tr><td rowspan="4">Beispiel</td><td>Preis
t</td><td>Preis
t-1</td><td>Menge
t</td><td>Menge
t-1</td><td>Preis
t</td><td>Preis
t-1</td><td>Menge
t</td><td>Menge
t-1</td></tr>
<tr><td>15</td><td>17</td><td>4.800</td><td>3.950</td><td>244</td><td>229</td><td>16.500</td><td>16.800</td></tr>
<tr><td colspan="4">ε = -1,83</td><td colspan="4">ε = -0,27</td></tr>
<tr><td colspan="4">Hier ist die Preissenkung sinnvoll. Die Nachfrage hat darauf so stark reagiert, dass der Umsatzverlust durch den geringeren Preis mehr als ausgeglichen werden konnte.</td><td colspan="4">Hier wurde der Preis angehoben. Da die Nachfrage nur sehr träge reagiert, kommt es auch hier zu einem Umsatzanstieg.</td></tr>
<tr><td>Anmer-
kungen</td><td colspan="8">Die Preiselastizität ist zwar eine der zentralen Entscheidungsgrundlagen der Preispolitik, aber nur unter restriktiven Bedingungen zu ermitteln. Aussagekräftig ist sie nur dann, wenn andere Einflüsse auf die Nachfragemenge ausgeschlossen werden können.

Beispiel:

Der Preis für ein Produkt ist um 10 % angehoben worden, die Nachfrage ist um 5 % gesunken. Prinzipiell war die Preisanhebung umsatzsteigernd. Stellt sich aber heraus, dass gleichzeitig ein Wettbewerbsprodukt vom Markt genommen worden ist, dann muss von einer stärkeren Auswirkung auf die Menge ausgegangen werden. Diese ist aber unbekannt.

Eine relativ zuverlässige Methode zur Ermittlung von Preiselastizitäten ist die Durchführung eines kontrollierten Experiments, bei dem zwei Gruppen von Personen getrennt voneinander beobachtet werden. Beide Gruppen werden zwei Mal gemessen, vor und nach der Preisänderung. Eine Gruppe wird der Preisänderung ausgesetzt (Experimentgruppe), die andere kauft zum alten Preis (Kontrollgruppe).

Nun kann festgestellt werden, welche Nachfrageänderung die Preisänderung bewirkt hat. Die Nachfrageänderung der Kontrollgruppe gibt den Umwelteinfluss an (Preisänderungen beim Wettbewerb, Werbemaßnahmen usw.). Dieser kann bei der Experimentgruppe herausgerechnet werden, so dass sich dann der reine Preiseinfluss errechnen lässt.

In der Marktforschung wird von einem EBA-CBA-Experiment gesprochen. Wegen der häufigen Messungen kann es allerdings in dieser Form nur selten durchgeführt werden, etwa im Handel.</td></tr>
</table>

2 Leistung		
Kennzahl	**Reklamationsquote**	**Gliederungs-Nr.: 2.7**
Definition	**Anzahl (2.7.1)/Umsatz (2.7.2) reklamierter Produkte** / **Netto-Umsatz (1.7.2)/Gesamt-Absatzmenge (2.7.3)** Die Reklamationsquote kann sowohl auf Stück- als auch auf Wertbasis ermittelt werden. Da es bei unterschiedlichen Preisniveaus der Produkte jeweils zu Verfälschungen kommen kann, sind im Zweifel beide Berechnungen durchzuführen. Liegt die wertmäßige Reklamationsquote über der mengenmäßigen, dann sind die reklamierten Produkte überdurchschnittlich teuer. Die Kennzahl kann auf Produkt- und Unternehmensebene berechnet werden. Weiterhin lassen sich bei hohen Kundenumsatzvolumina auch kundenspezifische Reklamationsquoten berechnen. Sie geben Auskunft über die Reklamationsbereitschaft einzelner Kunden. Wegen des zeitlichen Auseinanderfallens von Kauf und Reklamation ist meist nur eine jährliche Berechnung der Kennzahl möglich.	
Einsatz	Die Reklamationsquote ist ein Instrument der Qualitätskontrolle und damit Bestandteil der Kundenzufriedenheitsmessung. Sie ermöglicht es, Produkte mit überdurchschnittlicher Fehlerquote oder Kundenunzufriedenheit herauszufinden. Weiterhin gibt sie Anhaltspunkte dafür, in welchem Umfang Kundendienstkosten in der Kalkulation zu berücksichtigen sind. In kundenorientierter Hinsicht kann die Reklamationsquote als Instrument der Kundenbewertung eingesetzt werden. Hohe Reklamationsraten mindern die Profitabilität des Kunden, können sogar zur Nichtbearbeitung führen.	
Erläuterung	Reklamationsquoten sind nur eingeschränkt aussagefähig, weil nicht alle unzufriedenen Kunden sich auch beschweren. Sie erfasst weiterhin nicht, inwieweit die Reklamation berechtigt ist bzw. welche zusätzlichen Kosten sie verursacht.	

Beispiel

Kunde	Umsatz	reklamierter Umsatz	Reklamationsquote	Konsequenz
A	65.000	2.850	4,4%	noch akzeptable Quote, zufriedenstellende Nachbesserung wichtig
B	72.000	18.600	25,8%	Ursachen klären, Kundenzufriedenheitsmanagement erforderlich
C	13.800	2.090	15,1%	ggf. Fehlerquote senken, falls Ursache beim Kunden: Trennung
D	29.400	-	0%	o.k.
E	32.000	2.100	6,6%	kontinuierliche Quotensenkung, zufriedenstellende Nachbesserung wichtig
Gesamt	212.200	25.640	12,1%	insgesamt hohe Reklamationsquote im Unternehmen, besseres Qualitätsmanagement sinnvoll.

Das Beispiel zeigt eine Anwendung der Reklamationsquoten zur Kundenbewertung. Insgesamt ist sie im Unternehmen mit 12,1 % recht hoch. Bei Kunde B ist aufgrund seiner Umsatzbedeutung Handeln dringend erforderlich. Es besteht die Gefahr der Abwanderung. Beim Kunden C könnte ggf. eine Trennung in Frage kommen, wenn sein Umsatz nicht ausgebaut werden kann und die Quote zu einer negativen Profitabilität führt. Bei A und E kann an einer kontinuierlichen Verbesserung gearbeitet werden.

Anmerkungen

Reklamationsquoten dürfen nicht einseitig als Negativmerkmal interpretiert werden. So ist bekannt, dass Kunden, die reklamieren und dann zufriedengestellt werden, letztlich eine höhere Zufriedenheit und Wiederkaufbereitschaft aufweisen.

2 Leistung		
Kennzahl	**Käuferreichweite**	**Gliederungs-Nr.: 2.8**
Definition	**Zahl der Produktkäufer/Kunden (2.8.1)** / **Zahl der potenziellen Käufer/Kunden (2.8.2)** Die Käuferreichweite ist die Zahl der Käufer/Kunden im Verhältnis zur Gesamtzahl der Käufer/Kunden in einem bestimmten Markt. Die Ermittlung dieser Kennzahl ist allerdings nur möglich, wenn Daten eines Haushaltspanels (in Konsumgütermärkten) oder Auswertungen geeigneter Markterhebungen und Kundenstatistiken (in Investitionsgütermärkten) vorliegen. Sie kann nur auf Produkte bezogen werden. Im Konsumgüterbereich erfolgt die Ermittlung in Abhängigkeit der Panelberichtszeiträume, das heißt alle zwei Wochen bis zwei Monate. Im Investitionsgüterbereich ist sie abhängig von eigenen Studien, die unregelmäßig durchgeführt werden.	
Einsatz	Die Käuferreichweite ist ein Maß der Ausschöpfung der Zielgruppe. Sie ist damit eine Leistungs- und Potenzialkennziffer. Je höher die Käuferreichweite eines Produkts ist, desto besser ist es gelungen, die Personen einer Zielgruppe mindestens einmal als Käufer zu gewinnen. Damit verbunden ist ein nur noch geringes Potenzial für eine Absatzmengenausweitung.	
Erläuterung	Die Käuferreichweite zeigt, in welche Richtung sich das Marketing für ein Produkt entwickeln muss. • Eine vergleichsweise geringe Käuferreichweite sollte die Ansprache neuer Zielpersonen nach sich ziehen. Hier gilt es, zumindest Erstkäufe zu erzielen. • Bei einer hohen Käuferreichweite können Absatzmengensteigerungen nur noch durch eine Erhöhung der Verwendungsintensität erzielt werden. Das Ziel ist dann die Steigerung der Wiederkaufrate.	

Beispiel

Ein Industrieunternehmen bearbeitet den Markt der Unternehmen der Eisen-, Blech- und Metallwarenindustrie, die mindestens zehn Beschäftigte haben. Insgesamt existieren ca. 13.000 Unternehmen. Die Kundenkartei enthält 2.100 Unternehmen dieser Branche. Die Kundenreichweite ist 15 %.	Ein Hersteller von Joghurt hat zwei Varianten im Sortiment: einen Frucht- und einen probiotischen Joghurt. Die Auswertung des Haushaltspanels ergibt bei 6.000 Teilnehmern für den Fruchtjoghurt 1.140 und für den probiotischen 350 Käufer (mindestens einmal gekauft). Die Käuferreichweiten sind damit 19 und 5,8 %.

Je nach Verfügbarkeit von Daten besteht die Möglichkeit, die Käuferreichweiten weiter zu präzisieren und damit Vertrieb und Kommunikation gezielter zu steuern. Für das Industrieunternehmen ist beispielsweise die Frage relevant, inwieweit es den regionalen Vertriebsorganisationen gelungen ist, das regionale Marktpotenzial auszuschöpfen. Für den Joghurtproduzenten ist die Frage interessant, inwieweit er die einzelnen Zielgruppen erreicht. Genauere Daten führen beispielsweise zu folgenden Ergebnissen:

Kundenreichweite nach Regionen			**Käuferreichweite für probiotischen Joghurt nach Altersgruppen und Empfehlungen**		
Region	**Kundenreichw.**	**Konsequenz**	**Altersgruppe**	**Käuferreichw.**	**Konsequenz**
Nord	12 %	intensivieren	7–18-Jährige	4 %	zusätzliche Werbung
West	22 %	o.k.	19–34-Jährige	23 %	o.k.
Ost	9 %	zusätzlicher ADM	35–49-Jährige	2 %	zusätzliche Variante
Süd	13 %	o.k.	über 50-Jährige	0 %	o.k.

Anmerkungen

Die Käuferreichweite ist nicht mit dem Marktanteil gleichzusetzen. Sie sagt nichts darüber aus, wie hoch die tatsächlichen Umsätze sind. Sie ist jedoch manchmal einfacher zu berechnen, vor allem in industriellen Märkten. Die Käuferreichweite ist damit auch eine Vertriebserfolgsgröße. Konsumgüterhersteller, die über den Handel absetzen, können sie zur Steuerung der Zielgruppenkommunikation einsetzen.

<table>
<tr><th colspan="3">2 Leistung</th></tr>
<tr><td>Kennzahl</td><td>Bekanntheitsgrad</td><td>Gliederungs-Nr.: 2.9</td></tr>
<tr><td>Defini-
tion</td><td colspan="2">

$$\frac{\textbf{Zahl der Personen, die ein Produkt kennen (2.9.1)}}{\textbf{Zahl der Befragten insgesamt (2.9.2)}}$$

Bekanntheitsgrade werden auf der Basis von Befragungen in der Zielgruppe ermittelt. Sie können sich auf Produkte und das Gesamtunternehmen beziehen. Zwei Arten der Bekanntheit sind zu unterscheiden: die spontane Erinnerung (Recall) und das Wiedererkennen (Recognition).

Meist wird die Kennzahl nur sporadisch ermittelt. Ein jährlicher Rhythmus sollte jedoch mindestens eingehalten werden.</td></tr>
<tr><td>Einsatz</td><td colspan="2">Der Bekanntheitsgrad kontrolliert in erster Linie den Erfolg der Kommunikation. Er ist relativ zuverlässig Werbemaßnahmen zuzurechnen. Gleichzeitig ist er Voraussetzung für Kaufentscheidungen bzw. den Aufbau einer Geschäftsbeziehung.</td></tr>
<tr><td>Beispiel</td><td colspan="2">Die Grafik zeigt den Verlauf des spontanen Bekanntheitsgrads des Telekom-Sponsorings bei der Tour de France 1997 (Quelle: werben & verkaufen).

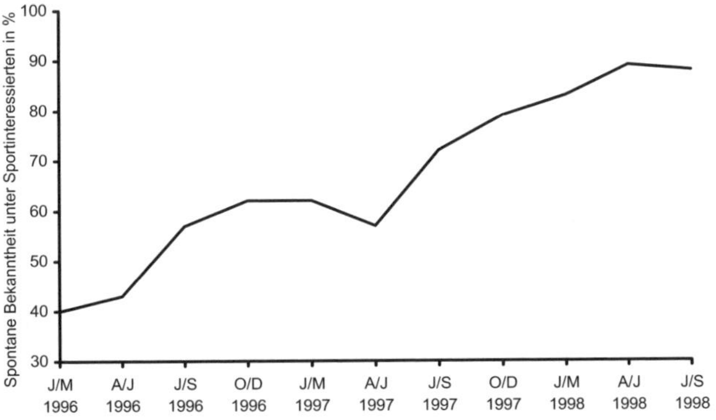

Der Bekanntheitsgrad ist hier das geeignete Instrument, um eine kontinuierliche Erfolgskontrolle durchzuführen.</td></tr>
<tr><td>Anmer-
kungen</td><td colspan="2">Der Bekanntheitsgrad gibt nur Auskunft darüber, ob ein Produkt oder Unternehmen überhaupt bekannt ist. Ob sie mit positiven oder negativen Assoziationen verbunden ist, wird nicht geklärt.</td></tr>
</table>

2 Leistung		
Kennzahl	**Wiederholungs-kaufrate**	**Gliederungs-Nr.: 2.10**
Definition	**Anzahl der mindestens zum zweiten Mal vom selben Kunden gekauften Produkte (2.10.1)** / **Gesamtabsatzmenge dieses Produkts (2.6.1)** Wiederholungskäufe liegen dann vor, wenn derselbe Käufer ein Produkt mindestens zum zweiten Mal kauft. Da es um eine Aussage über die Qualität und Beliebtheit eines Produkts geht, ist die Kennzahl nur auf dieser Ebene zu ermitteln. Für Konsumgüter lässt sich die Kennzahl wieder aus Panelanalysen ersehen, die regelmäßig durchgeführt werden. Bei Investitionsgütern sind in der Regel eigene Statistiken im Vertrieb erforderlich. Auch hier sollte versucht werden, diese Daten kontinuierlich zu erfassen und mindestens im Quartalsabstand bekannt zu geben.	
Einsatz	Wiederholungskaufanteile sind ein Indikator der Kundenzufriedenheit. Dies gilt zumindest, wenn die Käufer die Möglichkeit haben, ein anderes Produkt zu kaufen.	
Erläuterung	Die Ermittlung des Wiederholungskäufe ist ein wesentliches Hindernis beim Einsatz dieser Kennzahl. Sie setzt voraus, dass die Kunden entweder persönlich erfasst werden oder Möglichkeiten bestehen, dies im Rahmen repräsentativer Umfragen festzustellen. Mit vertretbarem Aufwand ist dies jedoch nur bei weit verbreiteten Produkten möglich, etwa Lebens- und Waschmitteln. In diesem Fall müssen beispielsweise Passantenbefragungen oder Telefoninterviews durchgeführt werden. Problematisch sind das Erinnerungsvermögen der Konsumenten und mögliche Verzerrungen durch das Erhebungsverfahren. Weiterhin müssen die unterschiedlichen Kaufzyklen der Produkte berücksichtigt werden. Bei Verbrauchsgütern ist dies weniger ein Problem, bei Gebrauchsgütern liegen zwischen Kauf und Wiederholungskauf oft mehrere Jahre.	
Anmerkungen	Bei der Ermittlung der Wiederholungskaufrate kann es zu Fehlinterpretationen kommen. So ist nicht im Voraus zu bestimmen, wann nach einem Kauf der Wiederholungskauf fällig wäre. Kommt es zu keinem Wiederholungskauf, könnte es auch an der überaus langen Haltbarkeit des Produkts liegen. Ggf. wären hier Käufe anderer Produkte durch den Kunden mit einzubeziehen.	

2 Leistung		
Kenn-zahl	**Präferenzgrad**	**Gliederungs-Nr.: 2.11**
Defini-tion	**Stellung des Produkts in der Präferenzrangfolge der Nachfrager** Der Präferenzgrad zeigt, mit welcher Priorität ein Produkt (oder Unternehmen) bei der Kaufentscheidung betrachtet, wo zuerst angefragt wird. Er ist ein subjektives Kriterium. Die Ermittlung erfolgt im Rahmen eigener Marktforschungsprojekte. Eine mindestens jährliche Berücksichtigung sollte gewährleistet sein.	
Einsatz	Präferenzgrade sind Indikatoren des Images. Sie ermitteln nicht, welche Imagekomponenten entscheidend sind, sondern die Imagerangfolge in einem Markt.	
Erläute-rung	Die Verwendung der Präferenz als Erfolgskriterium ist verbunden mit der Überzeugung, dass ein Entscheidungsträger (Privatperson ebenso wie Buying Center eines Unternehmens) seine Kaufentscheidung nach einer eigenen Präferenzrangfolge fällt. Es gibt also eine Vorstellung davon, welches Produkt oder Unternehmen „besser“ ist als andere. Für rein impulsive Kaufentscheidungen gibt es entsprechend keine bewusste Präferenzrangfolge. Die Präferenz muss allerdings nicht tatsächlich ausschlaggebend sein. Im konkreten Fall mag es K.o.-Kriterien geben, die einer Zustimmung entgegenstehen, etwa der Preis oder die Verfügbarkeit von Waren. Die Präferenz misst damit das, was im Vorfeld der Kaufentscheidung geschieht, in erster Linie die Kommunikationsleistung des Unternehmens.	
Beispiel	Die Präferenzrangfolge kann im Rahmen von Marktforschungsprojekten erhoben oder getestet werden. Häufig wird mit Kartenspielen gearbeitet, bei denen Personen aus der Zielgruppe die Karten mit Produktbeschreibungen in die Reihenfolge der Kaufpräferenz bringen müssen. Faktoren wie die Verfügbarkeit im Handel werden dabei ausgeschlossen. Alternativ kann im Rahmen von simulierten Testmärkten das Auswahlverhalten am Regal beobachtet werden.	

2 Leistung		
Kennzahl	**Share of Voice**	**Gliederungs-Nr.: 2.12**
Definition	**Zahl der Zielgruppenkontakte der eigenen Werbung (2.12.1)** / **Zahl der Zielgruppenkontakte des Gesamtmarkts (2.12.2)** Der Share of Voice entspricht dem Werbeanteil des eigenen Unternehmens am Gesamtmarkt. Zur Ermittlung wird die Zahl der Zielgruppenkontakte zugrunde gelegt, die ein Werbeplan erreicht. Diese Kontaktzahlen lassen sich nicht empirisch prüfen, sondern basieren auf Planungen und insbesondere Angaben der Werbeträger. Für den Gesamtmarkt können Daten von einzelnen Marktforschungsinstituten bezogen werden, die sie kontinuierlich ermitteln.	
Einsatz	Der Share of Voice ist ein Maß zur Berechnung des Werbedrucks. Er gibt an, welchen Anteil an der gesamten Kommunikationsleistung einer Branche/eines Marktes ein Unternehmen (für ein Produkt oder insgesamt) hat. Er ist vor allem dann interessant, wenn über die Werbung ein Einfluss auf die Marktposition ausgeübt werden soll. Er wird weiterhin als Grundlage für Budgetierungsentscheidungen verwendet.	
Erläuterung	Die Kennzahl muss prinzipiell als Planzahl angesehen werden, weil die tatsächliche Zahl der erzielten Kontakte praktisch nicht zu ermitteln ist. Fehler bei der Verbreitungsanalyse der Werbeträger (Zeitungen, Zeitschriften, Fernsehsender usw.) dringen zu der Kennzahl durch. Neben dem Share of Voice gibt es ähnliche Kennzahlen, die sich mit der Kommunikationsleistung befassen: • Der **Share of Advertising** bezieht sich auf den Anteil der Werbeaufwendungen an denen des Gesamtmarktes. Er ist leichter zu berechnen, hat aber wegen des fehlenden Leistungsbezugs geringere Aussagekraft. • Der **Share of Mind** bezieht sich auf die Kontakte mit einer einzelnen Person der Zielgruppe. Er stellt die erreichten Kontakte der eigenen Werbung bei einer Zielperson zu denen des Gesamtmarktes in Beziehung. Damit wird der relative Werbedruck auf eine Person gemessen. Die Ermittlung ist hier noch schwieriger, zumal zuverlässige Informationen über die Überschneidung der Werbeträger benötigt werden.	

Beispiel	Ein Investitionsgüterunternehmen plant als Werbemaßnahmen für sein Produkt im Laufe eines Jahres: 4 Schaltungen in der Zeitschrift A 6 Schaltungen in der Zeitschrift B 10 Schaltungen in der Zeitschrift C Die Zielgruppe besteht aus qualifizierten Fachleuten. Insgesamt fünf Zeitschriften wenden sich an diese Zielgruppe. Dem Unternehmen ist bekannt, dass in der Branche inklusive der eigenen Anzeigen in folgendem Umfang geworben wird: 18 Schaltungen in der Zeitschrift A 28 Schaltungen in der Zeitschrift B 44 Schaltungen in der Zeitschrift C 35 Schaltungen in der Zeitschrift D 54 Schaltungen in der Zeitschrift E Aus den Verbreitungsstudien der Verlage ergeben sich die Kontaktzahlen pro Exemplar innerhalb der angesprochenen Zielgruppe: Zeitschrift A: 68.300 Zeitschrift B: 18.400 Zeitschrift C: 32.100 Zeitschrift D: 55.000 Zeitschrift E: 41.700 Für das Unternehmen ergeben sich damit 704.600, für die Branche insgesamt 7.333.800 Kontakte brutto, das heißt inklusive Mehrfachkontakten bei einer Person. Der Share of Voice liegt damit bei 9,6 %.
Anmerkungen	Der Share of Voice ist ein rein quantitatives Maß. Er misst nicht die qualitative Leistung eines Werbeplans, das heißt beispielsweise auch Erinnerung an Inhalte, Vermittlung von Images usw. Auch ein hoher Share of Voice kann sinnlos sein, wenn die Werbeträger als nicht kompetent wahrgenommen werden oder die Gestaltung der Werbung nicht zur Zielerreichung beiträgt. Daher ist es sinnvoll, parallel leistungsorientierte Kennzahlen zu analysieren.

2 Leistung		
Kennzahl	**Markenwert**	**Gliederungs-Nr.: 2.13**
Defini-tion	**Wert der Marke** Der Markenwert kann entweder als der finanzielle Wert dessen, was die Unterscheidungskraft des Produkts über die Lebensdauer ausmacht, oder als Indikator für die Kaufbereitschaft der Konsumenten für das Produkt definiert werden. Er soll den Wert der Marketingleistung darstellen, nicht etwa den technischen Gebrauchswert eines Produkts. Es existieren keine allgemein anerkannten Prinzipien der Markenbewertung, sondern konkurrierende Ansätze, die je nach Möglichkeit der Datenbeschaffung sinnvoll erscheinen können.	
Einsatz	Aufgrund der Ermittlungsprobleme werden Markenwerte nur zu bestimmten Anlässen berechnet. Dazu gehört insbesondere der Verkauf von Markenrechten oder Unternehmen/Unternehmensteilen. Immer häufiger steht der Markenwert bei einem Unternehmensverkauf im Vordergrund.	
Erläute-rung	Der Markenwert setzt sich aus einer Reihe unterschiedlicher Kriterien zusammen. Eine exakte finanzielle Ermittlung ist nicht möglich, außer im Nachhinein bei einem Unternehmensverkauf. Zwei Ansätze scheinen zumindest praktikabel zu sein: • Die Ermittlung mit Hilfe des multivariaten Verfahrens des Conjoint Measurement. Basis dafür sind Präferenzurteile von Konsumenten, aus denen sich der Anteil des Markennamens extrahieren lässt. • Der Einsatz von Punktbewertungsverfahren. Hierfür lassen sich beliebige Faktoren einsetzen, die von Unternehmensvertretern oder Externen bewertet werden.	

Beispiel	Insgesamt können beispielsweise folgende Kriterien einbezogen werden: • Summe der Nettogewinne seit Markteinführung • Summe der gezahlten Preisaufschläge gegenüber Konkurrenzprodukten • Schätzung des Anteils am Preis, den Verbraucher für die Marke zahlen, z. B. mit Hilfe des Conjoint Measurement oder der hedonischen Preisfunktion (Basis: Regressionsanalyse) • Summe der Kosten, die seit Einführung für Aufbau und Entwicklung der Marke aufgewendet wurden • Beobachtung der Gewinnveränderungen, die im Zusammenhang mit Maßnahmen auftreten, die den Markenwert beeinflussen • Beurteilung des Markenwerts anhand einer Vielzahl von Faktoren durch Experten, Verarbeitung durch Scoring-Modell • eigene Befragungen von Konsumenten • Untersuchung der Nähe zu Ideal- und Konkurrenzprodukten • Abdeckung der Distributionsmöglichkeiten • Anteil der Wiederkäufe/Wiederkaufbereitschaft • Experteneinschätzungen/Testergebnisse von Produkten • Wahrnehmung des Produkts durch die Verbraucher im Vergleich zur Konkurrenz • Vorhandensein im Relevant Set der Verbraucher, das heißt wahrgenommene Relevanz der Marke für die Kaufentscheidung • Grad der Zufriedenheit der Käufer mit der Marke • vorhandene gewerbliche Schutzrechte, auch: Verbreitungsgebiet der Marke
Anmerkungen	Die Möglichkeiten zur Ermittlung des Markenwertes dürfen nicht überschätzt werden. Nicht nur bei den einzelnen wertbestimmenden Kriterien existieren Ermessensspielräume, auch die Auswahl eines Verfahrens ist letztlich eine subjektive Entscheidung. Markenwerte können daher meist nicht über mehrere Firmen hinweg verglichen werden. Zudem ist der Aufwand überaus hoch, so dass bislang eher Analysen für ganze Unternehmen durchgeführt werden als für einzelne Produkte.

<table>
<tr><th colspan="3">2 Leistung</th></tr>
<tr><td>**Kennzahl**</td><td>**Anteil finanzierter Verkäufe**</td><td>**Gliederungs-Nr.: 2.14**</td></tr>
<tr><td>**Definition**</td><td colspan="2">

$$\frac{\textbf{Umsatz der finanzierten Verkäufe (2.14.1)}}{\textbf{Netto-Umsatz (1.7.2)}}$$

Die Kennziffer kann auf das Gesamtunternehmen, auf Produkte, Produktlinien, Kunden und Regionen bezogen werden.

Finanzierte Verkäufe verursachen Kosten für Finanzdienstleistungen, das heißt Maßnahmen, den Kunden ausreichende Liquidität zur Verfügung zu stellen. Dazu gehören
- Lieferantenkredite, wenn sie nicht kostendeckend sind bzw. Opportunitätskosten entstehen,
- verlängerte Zahlungsziele (Zinsverluste bzw. Kosten der Zwischenfinanzierung),
- subventionierte Kreditangebote,
- Kosten für Finanzierung und Abwicklung von Leasinggeschäften.

Die Kennzahl sollte mindestens quartalsweise, besser monatlich, ermittelt werden, um als Früherkennungsinstrument eingesetzt werden zu können.
</td></tr>
<tr><td>**Einsatz**</td><td colspan="2">

Der Anteil finanzierter Verkäufe ist einerseits ein Indikator für Zusatzkosten durch Finanzierungsangebote. Vor allem in schwierigen Märkten, in denen die Nachfrager über wenig Liquidität verfügen, gewinnen Finanzierungen an Bedeutung. Während dadurch zwar Umsatz erzielt werden kann, entstehen „unbemerkt“ Verluste, weil an anderer Stelle Kosten entstehen.

Andererseits ist die Kennzahl aber auch ein Indikator für die Güte der Kundenstruktur. Ein hoher Anteil von Kunden mit geringer Liquidität lässt auf ein geringes Potenzial für die Entwicklung dieser Kunden und der Geschäftsbeziehung schließen.

Die Zielvorgabe der Verringerung des Anteils finanzierter Verkäufe operationalisiert damit den Wunsch nach einer „gesünderen“ Kundenstruktur.
</td></tr>
<tr><td>**Erläuterung**</td><td colspan="2">

Finanzierungen treten in Form von Ausgaben und entgangenen Einnahmen auf. Ein verlängertes Zahlungsziel ist mit der entgangenen Zinseinnahme bei alternativer Anlage des Geldes zu bewerten. Da Außenstände für kleine und mittlere Unternehmen gefährlich werden können, kommt der Kennzahl eine Risikowarnfunktion zu.
</td></tr>
</table>

Beispiel

Auftrag A:

Ein Kunde bestellt Waren im Wert von 50.000 EUR Listenpreis. Er erhält 5 % Rabatt und vereinbart ein Zahlungsziel von 60 Tagen netto. Legt der Anbieter einen Geldmarktzins von 4 % zugrunde, hat er Finanzierungskosten von rund 317 EUR. Bei 15 % angestrebter Unternehmensrendite sind es bereits 1.188 EUR. Die Finanzierungskostenanteile belaufen sich somit auf 0,67 bzw. 2,50 %.

Auftrag B:

Ein Kunde bestellt eine Maschine zum Nettopreis von 400.000 EUR. Der Anbieter gewährt ihm ein Lieferantendarlehen mit einer Laufzeit von zwei Jahren und einem Zins von 5 %. Er refinanziert sich über ein Darlehen seiner Hausbank, die für den gleichen Zeitraum 11,5 % Zinsen verlangt. Der Finanzierungskostenanteil liegt damit bei 6,5 % am Zahlungszeitpunkt.

In folgendem Beispiel sind die Finanzierungskostenanteile für unterschiedliche Abnehmersegmente und vier aufeinanderfolgende Jahre dargestellt. Der Bereich Handel stellt sich als Problemfeld heraus, zumal hier auch der stärkste Anstieg zu verzeichnen ist. Gründe können in der schlechten Finanzierungssituation des Handels und sich verschlechternden Rahmenbedingungen liegen. Konsequenzen können eine differenzierte Preispolitik oder die Zusammenarbeit mit externen Dienstleistern sein (Factor, Bank).

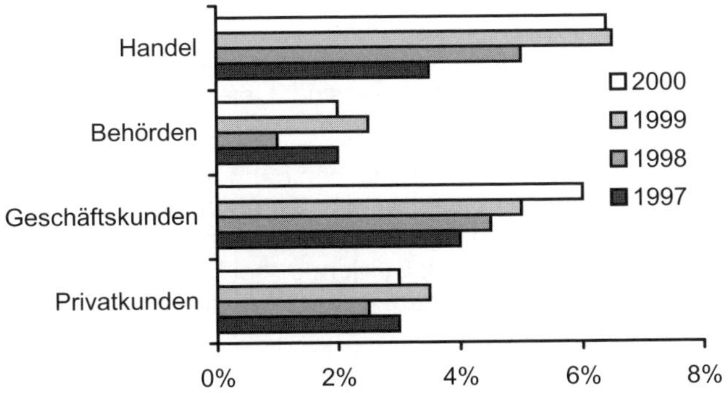

Anmerkungen

Probleme der Anwendung liegen vor allem in der Kalkulation von Finanzierungskosten. Prinzipiell können Finanzierungsangebote auch profitabel sein, wenn sie nicht nur als reine Subvention betrachtet werden.

2 Leistung		
Kennzahl	**Serviceleistungsindex**	Gliederungs-Nr.: 2.15
Definition	**Umfang eigener Serviceleistungen (2.15.1)** ――― **Umfang der Serviceleistungen des stärksten Wettbewerbers (2.15.2)/Marktdurchschnitts (2.15.3)** Die Definition wirft eine Reihe von Problemen auf. So ist vorab festzulegen, welche Angebote zu den Serviceleistungen gezählt werden. Dann muss bestimmt werden, wie diese gemessen werden. Dies kann über den Wert bzw. Preis der Leistungen geschehen (einfach, aber unsicher) oder die Art der Leistungen (schwierig, aber genauer und unabhängig von der Preispolitik). Sofern Serviceleistungen nicht kurzfristigen Schwankungen unterliegen, ist eine jährliche Ermittlung der Kennzahl ausreichend.	
Einsatz	Der Serviceleistungsindex ist eine komplexe Kennzahl, mit der der Umfang der eigenen Serviceleistungen im Vergleich zum Wettbewerb ermittelt wird. Auf Märkten, die durch einheitliche Produkte und starken Preiswettbewerb gekennzeichnet sind, ist der Umfang der Serviceleistungen oft der entscheidende Erfolgsfaktor. Durch den Wettbewerbsvergleich erfolgt eine Operationalisierung und besteht die Möglichkeit, die eigene Wettbewerbsposition kontinuierlich zu steuern.	
Erläuterung	Die zu erfassenden Serviceleistungen müssen in einem ersten Schritt definiert werden. Dazu ist eine Bestandsaufnahme der aktuell angebotenen und denkbaren Leistungen auf dem Markt erforderlich. Beispiele sind: Lieferung, Schulung, Wartung, Finanzierung, Recycling, Ausbau. Diese Leistungen müssen dann operationalisiert werden. Werden sie standardisiert angeboten (in der Regel in Konsumgütermärkten der Fall), können die Kosten bzw. veröffentlichten Preise zugrunde gelegt werden. Dabei kann auch die eigene Kalkulation verwendet werden. (Wieviel würde es uns kosten, diese Leistung anzubieten?) Je individueller die Serviceleistungen sind (zum Beispiel im Anlagenbau), desto eher kommen Punktbewertungsverfahren zur Anwendung. Das Problem besteht dann meist in der Beschaffung von Informationen über die Serviceleistung. Um subjektive Verzerrungen zu vermeiden, sollte die Bewertungsskala nicht nur von eigenen Mitarbeitern aufgestellt werden.	

Beispiel

Ein Unternehmen stellt eine Reihe unterschiedlicher Serviceangebote seiner Wettbewerber fest. Es operationalisiert sie in Form einer Punktbewertungstabelle. Je nach Angebot und konkreter Ausgestaltung werden Punkte vergeben und für die einzelnen Unternehmen addiert.

Service-leistung	Ge-wicht	1 Punkt	2 Punkte	3 Punkte
Lieferung	4	innerhalb 2–7 Tagen	am nächsten Tag	am selben Tag
Zahlungs-ziel	1	4 Wochen	bis 8 Wochen	bis 12 Wochen
Repara-turdienst	3	normal	1-Tages-Service	Rund-um-die-Uhr-Dienst
Schulung	2	auf besonderen Wunsch	Kurzschulung inbegriffen	Preis inkl. Schulungstagen
Wartung	4	gegen Gebühr	jährlich, kostenfrei	quartalsweise, kostenfrei
Finanzie-rung	3	verzinsliches Darlehen	zinsgünstiges Darlehen	Darlehen, Leasing und Miete mit Wechseloption
Verwer-tung	2	kostenfreies Recycling	Rücknahme zum Restwert	Vermittlung von Abnehmer
Kommu-nikation	1	Außen-dienst-kontakt	Kundenzeit-schrift	Anwenderclub

Nun werden die Leistungen der einzelnen Wettbewerber unter Berücksichtigung des Leistungsgewichts bewertet, wobei keine oder eine schlechtere Leistung als dargestellt 0 Punkten entspricht:

A: 25 Punkte B: 32 Punkte C: 14 Punkte

D: 42 Punkte E: 24 Punkte F: 22 Punkte

Für die einzelnen Anbieter ergeben sich nun die Serviceindizes durch Division der eigenen Punkte durch den Durchschnitt der Wettbewerber:

A: 0,93 B: 1,26 C: 0,48

D: 1,79 E: 0,90 F: 0,80

Unternehmen D ist in diesem Markt der Serviceführer, C ist praktisch als abstinent zu bezeichnen.

2 Leistung		
Kennzahl	**Beschwerde-bearbeitungszeit**	**Gliederungs-Nr.: 2.16**
Definition	**durchschnittliche Bearbeitungszeit für eine Beschwerde** Basis der Kennzahlenermittlung ist die Erfassung der Bearbeitungszeit von Beschwerden vom Eingang im Unternehmen bis zur endgültigen Bearbeitung (Stellungnahme, Reparatur, Ersatzlieferung usw.). Die Erfassung kann nur sinnvoll erfolgen, wenn es eine entsprechende Zuständigkeit im Vertrieb oder Kundendienst gibt. Die Ermittlung der Kennzahl kann aufgrund unterschiedlich langer Bearbeitungszeiten meist nur in entsprechenden Zeitabständen erfolgen, das heißt monatlich oder quartalsweise.	
Einsatz	Beschwerden gelten inzwischen als Schlüssel zu einer dauerhaften Kundenbeziehung. Kunden, die sich beschweren, sind zufriedener und weisen eine hohe Bereitschaft zu weiteren Aufträgen auf, wenn sie zufrieden gestellt wurden. Eine zügige Bearbeitung ist ein wesentlicher Baustein dazu.	
Erläuterung	Die Zeiterfassung sollte formalisiert werden, weil mitunter zahlreiche Einzelschritte zur Bearbeitung gehören. Dabei können neben dem Vertrieb und Kundendienst auch Logistik, Produktion, Geschäftsführung und Marketing einbezogen werden. Diese Abteilungen und Aktivitäten sollten entweder durch einen Beschwerdebeauftragten oder zumindest durch Beschwerdelaufzettel kontrolliert werden. Nur dann ist anschließend eine Ursachenbeseitigung möglich.	
Beispiel	Ein Unternehmen hat für alle Beschwerden ein Bearbeitungsverfahren eingeführt. Alle Beschwerden werden an den Kundendienst geleitet und dort erfasst. Er legt fest, wie weiter verfahren wird und kontrolliert die Abläufe in den einzelnen Abteilungen, die die Beschwerde durchläuft. Dabei werden auch die Bearbeitungszeiten protokolliert. Am Ende wird die Gesamtzeit der Bearbeitung ermittelt. Nun kann, je nach Beschwerdefrequenz, monats- bzw. quartalsweise die Bearbeitungszeit ermittelt werden.	

2 Leistung		
Kennzahl	**Reklamationserfolgs-quote**	**Gliederungs-Nr.: 2.17**
Definition	**Anzahl (2.17.1)/Umsatz (2.17.2) der erfolgreich bearbeiteten Reklamationen** / **Anzahl (2.7.1)/Umsatz (2.7.2) reklamierter Produkte** Die Kennzahl erfasst den Anteil erfolgreich bearbeiteter Reklamationen, also letztlich besonders zufrieden gestellte Kunden. Als erfolgreiche Reklamationsbearbeitung ist dabei die Abnahme des Kunden nach Prüfung oder eine verbale Zufriedenheits-/Einverständniserklärung zu werten. Anhängige Bearbeitungsverfahren oder gar Rechtsstreitigkeiten sind entsprechend abzuziehen. Die Ermittlung erfolgt etwa quartalsweise.	
Einsatz	Unternehmen, die komplexe und individuelle Leistungen anbieten, werden immer mit Reklamationen konfrontiert. Die Bearbeitung dieser Reklamationen ist weniger als Notfall denn als planmäßige Leistung anzusehen. Aufgrund des sehr individuellen Charakters ergibt sich ein hoher Beitrag zur Kundenzufriedenheit.	
Erläuterung	Grundsätzlich sollte parallel der Reklamationsanteil beobachtet werden. Reklamationsbearbeitung, insbesondere auch die erfolgreiche, ist kostenintensiv, so dass nicht etwa hohe Reklamationsquoten bei hohen Erfolgsraten akzeptiert werden sollten, sondern niedrige Raten anzustreben sind. Diese Kennzahl gibt aber zur Reklamationshäufigkeit keine Auskunft, so dass eine hohe Erfolgsrate den Blick von umfangreichen Problemen weg lenken könnte. Des Weiteren ist der Reklamationskostenanteil zu berechnen, über den ein Ausufern der Kosten mit dem Ziel einer hohen Erfolgsquote verhindert werden kann.	

<table>
<tr><th colspan="3">2 Leistung</th></tr>
<tr><td>Kennzahl</td><td>Flexibilitätsindex</td><td>Gliederungs-Nr.: 2.18</td></tr>
<tr><td>Definition</td><td colspan="2">Anzahl der angenommenen Sonderwünsche (2.18.1)
―――――――――――――――――
Anzahl der von Kunden geäußerten Sonderwünsche (2.18.2)

oder: durchschnittliche Dauer der Bearbeitung von Sonderwünschen (2.18.3)

Als Basis sind die von Kunden geäußerten Sonderwünsche zu erfassen. Dazu gehören alle Produkt- und Leistungsanforderungen, die nicht zu den standardmäßig angebotenen, z. B. in einer Preisliste aufgeführten, gehören. Beispiele sind Sondergrößen, abgewandelte Produktvarianten, Spezialanfertigungen, Zusatzleistungen. Entscheidet sich das Unternehmen, den Sonderwunsch als Auftrag anzunehmen, ist dies ein Ausdruck seiner Flexibilität. Prinzipiell werden alle Aufträge gleich gewichtet, was durchaus verzerrend wirkt, weil Kleinstaufträge die Kennzahl beeinflussen können. Andererseits ist aber die Bewertung abgelehnter Aufträge höchst problematisch.

Die Berechnung kann sinnvoll nur in größeren Abständen, mindestens quartalsweise, erfolgen.</td></tr>
<tr><td>Einsatz</td><td colspan="2">Flexibilität ist ein wichtiger Wettbewerbsfaktor, auch in Krisenzeiten. Die Kennzahl stellt einen Indikator dafür dar, wie gut ein Unternehmen auf besondere Kundenwünsche eingehen kann. Ein geringer Flexibilitätsindex spricht für eine gewisse Sturheit und ist am ehesten im Bereich der kostenorientierten Massenfertigung zu vertreten. Ein zu hoher Wert kann aber auch aus wirtschaftlicher Sicht als hinderlich angesehen werden, weil die Bearbeitung der Sonderwünsche Zeit erfordert und nicht selten unkontrollierte Kosten verursacht.</td></tr>
<tr><td>Erläuterung</td><td colspan="2">Die Kennzahl kann nur durch eine genaue Erfassung ermittelt werden. Im Vertrieb müssen Sonderwünsche genauso wie Listenaufträge erfasst und bearbeitet werden. Über die Entscheidung sowie Lieferung und Konditionen sind geeignete Unterlagen erforderlich. Die Erfolgsrechnung benötigt eine entsprechende Position zur Erfassung der Kosten und Erlöse.</td></tr>
</table>

2 Leistung		
Kennzahl	**Projekterfolgsquote**	**Gliederungs-Nr.: 2.19**
Defini-tion	**Anzahl (2.19.1)/Umsatz (2.19.2) der erfolgreich abgeschlossenen Projekte** / **Anzahl (2.19.3)/Umsatz (2.19.4) der angenommenen Projekte** Projekte sind individuell mit einem Kunden vereinbarte Leistungen, die gewissen Risiken unterliegen. Dabei kann es sich um Produkt- und Software-Entwicklungsprojekte handeln, aber auch um noch nicht genau spezifizierte Produktionsanlagen oder Beratungsprojekte allgemein. Der erfolgreiche Abschluss wird über die Abnahme des Kunden bzw. die Erbringung der vertragsmäßig geschuldeten Leistung definiert. Die Ermittlung der Kennzahl erfolgt in Abhängigkeit der Zahl der Projektaufträge insgesamt, oft nur jährlich.	
Einsatz	Projektaufträge sind für ein Unternehmen meist gleichzeitig risikobehaftet und lukrativ. Bei der Akquisition der Projekte muss daher stark auf die Erfolgswahrscheinlichkeit geachtet werden. Ein Rückgang der Erfolgsquote zieht das Erfordernis nach sich, wieder etwas konservativer zu planen bzw. genauer die Gründe des Scheiterns zu analysieren. Da das Projektgeschäft individuell strukturiert ist, lassen sich dafür in der Regel keine weiteren Kennzahlen einsetzen. Daher ist die Projekterfolgsquote der Ausgangspunkt für individuelle Analysen.	
Erläute-rung	Meist ist es sinnvoll, neben der offiziellen Erfolgsdefinition (Kunde ist zufrieden) auch eine inoffizielle zu verwenden (Anbieter ist mit sich zufrieden). Dem Kunden muss das wahre Ergebnis nicht unbedingt klar werden, zumindest dann nicht, wenn keine genauen Spezifikationen vereinbart wurden. Die interne Projekterfolgsquote ist dann ein Maß zur Steuerung der Qualität und zur Beurteilung der Mitarbeiter.	

2 Leistung		
Kennzahl	**Produktentwicklungszeit (Time to Market)**	**Gliederungs-Nr.: 2.20**
Defini-tion	**durchschnittliche Zeit vom Beginn der Produktentwicklung bis zur Einführung** Die Produktentwicklungszeit beschreibt den Zeitbedarf für einen vollständigen Innovationsprozess. Sie ist damit ein Indikator für die Anpassungsfähigkeit des Unternehmens an den Markt. Der Zeitrahmen sollte von der ersten Anregung (vor allem von Kundenseite) bis zur Verfügbarkeit am Markt gehen. Damit sind auch administrative Prozesse wie Genehmigungsverfahren oder logistische Aktivitäten wie die Auslieferung enthalten. Da es sich jeweils um Einzelaktivitäten handelt, kann die Kennzahl mit jedem Entwicklungsprojekt neu berechnet werden.	
Einsatz	Mit dem Schlagwort „Time to Market" wird eine grundlegende strategische Ausrichtung des Unternehmens beschrieben. Es geht um die Anpassungsfähigkeit an Umfeldveränderungen und die Schlagfähigkeit der internen Strukturen. Ziel ist es, einen Wettbewerbsvorsprung durch die Innovationsführerschaft zu erreichen. Die Kennzahl ist global ausgerichtet und bewertet auch das Zusammenspiel unterschiedlicher Abteilungen. Ein positives oder negatives Ergebnis sagt daher nichts Konkretes über eine Person oder Abteilung aus, sondern über Strukturen im Unternehmen.	
Erläute-rung	Die Time-to-Market-Kennzahl sollte durch eine weitergehende Analyse der einzelnen Prozesse ergänzt werden, die zum Entwicklungsprojekt gehören. So schließt sich an die Bekanntgabe des Ergebnisses die Frage an, wo es zu Verbesserungen oder Verschlechterungen gekommen ist. Grundlage hierfür kann eine genaue Aufzeichnung der einzelnen Teilprojekt-Laufzeiten sein. Verantwortlich hierfür wäre die jeweilige Projektleitung.	

2 Leistung		
Kennzahl	**Relatives Wachstum**	**Gliederungs-Nr.: 2.21**
Definition	**eigene Umsatzwachstumsrate (2.3) / Umsatzwachstumsrate des Wettbewerbs (2.21.1)** Die eigene Umsatzwachstumsrate wird über die Umsätze zweier aufeinanderfolgender Perioden oder als Durchschnitt mehrerer Perioden ermittelt. Die Wettbewerbs-Wachstumsraten lassen sich aus branchenweiten Statistiken oder Marktforschungsdaten (Panels) ermitteln. Da die Erfassungs- und Berichtszeiträume meist an das Kalenderjahr gebunden sind, kann die Kennzahl auch nur in diesen Zyklen ermittelt werden.	
Einsatz	Die Kennzahl wird eingesetzt, um die Marktdynamik zu beschreiben. Die Umsatzwachstumsrate des eigenen Unternehmen ist wenig aussagefähig, weil der Wettbewerb sich anders verhalten kann und somit aus einem Wachstum ein relatives Schrumpfen wird. Die Wirkung ist ähnlich dem Marktanteil/relativen Marktanteil. Über das relative Wachstum kann erkannt werden, ob das Unternehmen seine Wettbewerbsposition verbessert oder verschlechtert.	
Beispiel	Ein Unternehmen hat die folgenden Umsatzzahlen ermittelt:	

Branche	500	600	650	730	750
Unternehmen	40	70	80	85	90

Als Wachstumsraten ergeben sich:

Branche		+20,00%	+8,33%	+12,31%	+2,74%
Unternehmen		+75,00%	+14,29%	+6,25%	+5,88%

Damit sind die relativen Wachstumsraten jeweils:

Unternehmen		3,75	1,72	0,51	2,15

Das Unternehmen wächst in drei Perioden wesentlich stärker als der Markt. Nur in einer Periode gibt es einen „Durchhänger“, auch wenn der eigene Umsatz gestiegen ist. Vor dem Hintergrund der Branchenentwicklung ist dies jedoch negativ zu werten. Insgesamt steigt der Marktanteil des Unternehmens.

2 Leistung		
Kennzahl	**Verbundumsatzanteil**	**Gliederungs-Nr.: 2.22** **abhängig von:**
Defini-tion	**Netto-Auftragssummen mit mindestens zwei Sortimentspositionen (2.22.1)** ――― **Netto-Umsatz (1.7.2)** Maßgröße für Verbundumsätze sind die Volumina der Aufträge mit mehreren Positionen aus dem eigenen (oder einem entsprechend zu definierenden) Sortiment. Prinzipiell können die gesamten Netto-Auftragssummen für die Kennzahlenbildung herangezogen werden, aber auch die zusätzlichen Umsätze durch das zweite, dritte usw. Produkt. Die Kennzahl kann laufend, das heißt mit der aktuellen Umsatzberichterstattung, ausgewiesen werden.	
Einsatz	Ein wesentliches Element der Sortimentsqualität ist das Auslösen von Verbundkäufen. Da sich der Akquisitions- und Administrationsaufwand nicht wesentlich erhöhen, sind zusätzliche Erlöse profitabler. Der Verbundumsatzanteil ist damit eine Kennzahl zur Überwachung der Sortimentszusammenstellung. Je höher er ist, desto häufiger werden Produkte zusammen gekauft, desto größer ist auch die Wahrscheinlichkeit, dass mit billigeren und attraktiven Produkten auch solche mit einer hohen Spanne gekauft werden.	
Erläute-rung/ Beispiel	Die genaue Definition des Verbundumsatzes muss auf die Branche bzw. Unternehmensart abgestimmt werden. Für einen Lebensmitteleinzelhändler ist es wenig interessant, zusätzlich zu einem Fruchtjoghurt auch eine Packung Kekse zu verkaufen. Hier geht es mehr um die Frage, ob ein Sonderposten im Non-Food-Segment mehr und profitablere Verbundkäufe nach sich zieht als ein anderer. Hier werden ganze Kassenbons analysiert, die erst bei 10, 20 und mehr Positionen interessant werden. Ein mittelständischer Anlagenbauer möchte dagegen aufgrund eingeschränkter Möglichkeiten der Akquisition (Personal- und Zeitaufwand) möglichst zu einem Produkt auch ergänzende Leistungen (Betrieb, Beratung, Entsorgung usw.) verkaufen. Deswegen hat er ein Interesse daran, seinen Vertrieb dahingehend zu schulen und die Vertriebsaktivitäten, aber auch die Sortimentszusammenstellung, auf Verbundbeziehungen auszurichten. Für ihn ist es profitabler, eine Anlagenentsorgung zusammen mit einer neuen Anlage zu verkaufen als für beide separat zu akquirieren.	

<table>
<tr><th colspan="3">3 Vertrieb</th></tr>
<tr><td>Kennzahl</td><td>Auftragseingang</td><td>Gliederungs-Nr.: 3.1</td></tr>
<tr><td>Definition</td><td colspan="2">$$\frac{\textbf{kumulierter Auftragsbestand am Stichtag (3.1.1)}}{\textbf{geplanter Umsatz der Periode (3.1.2)}}$$
Die Kennzahl gibt an, in welchem Maße das Umsatzziel bereits erreicht ist. Sie sollte kontinuierlich, das heißt mindestens wöchentlich, ermittelt werden.</td></tr>
<tr><td>Einsatz</td><td colspan="2">Der Auftragseingang ist ein Maßstab für das Erreichen des Umsatzziels. Kommt es zu signifikanten Abweichungen von der Ziellinie, ist ein Eingreifen erforderlich.</td></tr>
<tr><td>Erläuterung</td><td colspan="2">Während die Definition und Ermittlung des Auftragseingangs recht einfach ist, stellt die Interpretation jedoch ein Problem dar. So ist einerseits mit Zufallsschwankungen beim Verlauf des Auftragseingangs zu rechnen, andererseits spielen auch saisonale Faktoren eine Rolle. Um zu einer zuverlässigen Interpretation zu kommen, ist ein Zielkorridor zu definieren, der die Faktoren Zufall und Saison berücksichtigt.</td></tr>
<tr><td rowspan="2">Beispiel</td><td>Nebenstehendes Beispiel zeigt einen Zielkorridor für kumulierte Umsätze, der auf der Basis von aus der Vergangenheit bekannten Schwankungen gebildet wurde.</td><td>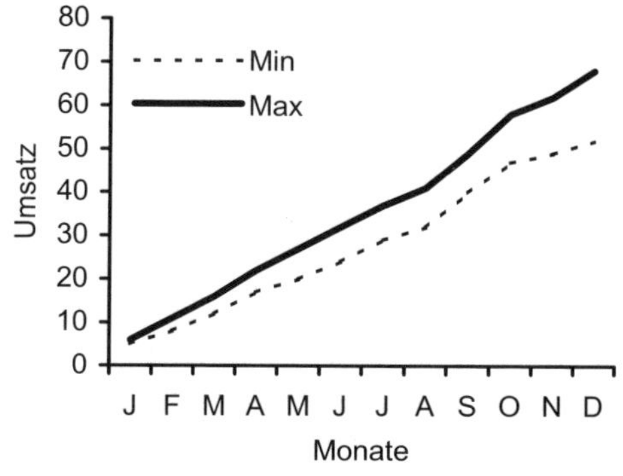
</td></tr>
<tr><td colspan="2">Abweichungen innerhalb des Zielkorridors werden als nicht signifikant erachtet. Seine Breite wird in Abhängigkeit von den üblichen Schwankungen bestimmt.</td></tr>
<tr><td>Anmerkungen</td><td colspan="2">Die Anwendung ist nur bei relativ konstanten Marktsituationen sinnvoll. Märkte mit starken Schwankungen oder hohen Steigerungsraten lassen schon eine sinnvolle Umsatzplanung nicht zu.</td></tr>
</table>

<table>
<tr><th colspan="3">3 Vertrieb</th></tr>
<tr><td rowspan="2">Kennzahl</td><td rowspan="2">Angebots-
erfolgsquote</td><td>Gliederungs-Nr.: 3.2</td></tr>
<tr><td></td></tr>
<tr><td>Defini-
tion</td><td colspan="2">gesamtes akquiriertes Auftragsvolumen (3.2.1)
―――――――――――――――――――
angebotenes Auftragsvolumen (3.2.2)

Prinzipiell kann die Kennzahl auch über die Zahl der Aufträge definiert werden, es ergeben sich jedoch möglicherweise starke Verzerrungen durch unbedeutende Aufträge. Das akquirierte Auftragsvolumen kann sich nur auf solche Aufträge beziehen, für die tatsächlich Angebote abgegeben wurden.

Langfristige Geschäftsbeziehungen auf der Basis unbefristeter Verträge können nicht als Indikator für den aktuellen Erfolg verwendet werden. Hier liegen mitunter auch andere Zielsetzungen zugrunde als bei Einzelaufträgen (beispielsweise Grundauslastung der Kapazität). Die Kennzahl kann sowohl auf das Gesamtunternehmen als auch auf einzelne Verkäufer/Verkaufsbüros bezogen werden. Sie sollte monats- bzw. quartalsweise berechnet werden.</td></tr>
<tr><td>Einsatz</td><td colspan="2">Die Angebotserfolgsquote dient der laufenden Kontrolle der relativen Attraktivität der Produkte und Leistungen, des Preisniveaus sowie der Leistungskontrolle einzelner Verkaufsmitarbeiter.</td></tr>
<tr><td>Erläute-
rung</td><td colspan="2">Der tatsächliche Erfolg eines Angebots ist abhängig von operativen Entscheidungen wie dem konkreten Angebotspreis, den gewährten Rabatten, dem Verhandlungsgeschick der Verkaufsmitarbeiter, der Schnelligkeit der Reaktion u. ä. Faktoren. Strategische Merkmale wie Produkt- und Unternehmensimage oder Bekanntheit bewirken, dass überhaupt erst ein Angebot angefordert wird. Ob die darauf folgenden Maßnahmen erfolgreich sind, kann über die Angebotserfolgsquote kontrolliert werden.</td></tr>
<tr><td>Beispiel</td><td colspan="2">Welche Werte bei dieser Kennzahl zufrieden stellend sind, hängt von der Zielgruppe ab. Ist grundsätzlich davon auszugehen, dass die Nachfrager drei Angebote anfordern müssen, dann ist ein Angebotserfolg von 60 % verdächtig. Dann ist möglicherweise auch der Preis zu niedrig. Ob dies der Fall ist, kann nur ein konkreter Wettbewerbsvergleich zeigen.

Ob eine Preisänderung zur Steigerung des erzielten Deckungsbeitrags sinnvoll ist, lässt sich an der Elastizität der Angebotserfolgsquote erkennen. Dazu muss der Preis variiert werden, um die Reaktion der Nachfrager festzustellen.</td></tr>
</table>

Beispiel	Angenommen, ein Unternehmen verkauft ein Produkt zum Preis von 1.000 EUR bei einheitlich 50 Stück pro Auftrag. Die Deckungsbeitragsspanne liegt bei 30 %. So ergeben sich ein Umsatz von 50.000 EUR und ein Deckungsbeitrag von 15.000 EUR pro Auftrag. Der Gesamtdeckungsbeitrag einer Periode lässt sich dann wie folgt berechnen: Angebotserfolgsquote · Preis · Angebotszahl · Auftragsgröße · DB-Spanne = Deckungsbeitrag. Oder: 0,6 · 1.000 · 200 · 50 · 0,3 = 1.800.000. Der Deckungsbeitrag ändert sich nicht, solange das Produkt aus Angebotserfolgsquote und Preis konstant ist. Dann ist die Elastizität (genau: die Angebotserfolgselastizität des Preises) = -1. Die Elastizität ist definiert als relative Änderung der Angebotserfolgsquote geteilt durch die relative Preisänderung: $$\frac{\text{relative Änderung der Angebotserfolgsquote}}{\text{relative Änderung des Preises}} = \varepsilon$$ Wenn eine Preissteigerung um 10 % zu einer Verringerung der Angebotserfolgsquote um 10 % führt, passiert beim Deckungsbeitrag nichts. Reagiert die Angebotserfolgsquote stärker als der Preis (in der anderen Richtung), dann ist die Elastizität < -1 und eine Preisanhebung ist nicht sinnvoll.
Anmerkungen	Das fachliche Fundament der Angebotserfolgsquote ist vielschichtig. Der Preis ist nur ein Faktor, so dass eine Reduktion auf den Preis möglicherweise andere Ursachen verdeckt. Aufgrund der zentralen Bedeutung der Kennzahl gerade in den Investitionsgüterbranchen bietet es sich an, durch gezielte Steuerung Elastizitätsmessungen durchzuführen. Dazu müssen die Einflussfaktoren bei einzelnen Personen bzw. Regionen systematisch variiert werden, um den jeweiligen Einfluss zu ermitteln. Aufgrund der Dynamik der Märkte muss dies als Prozess der kontinuierlichen Anpassung verstanden werden. Eine endgültige Lösung, das heißt einen optimalen Preis bei optimalem Verkaufsverhalten, kann es nicht auf Dauer geben. Das Unternehmen erhält aber die Möglichkeit, die kontinuierliche Anpassung an den Markt zu steuern. Die Angebotserfolgsquote ist dabei ein auch kurzfristig einsetzbares Kontrollinstrument.

3 Vertrieb		
Kennzahl	**Neukundenanteil**	**Gliederungs-Nr.:** 3.3
Definition	**Umsatz der Neukunden (3.3.1)** / **Netto-Umsatz (1.7.2)** Der Umsatz der Kunden, die zum ersten Mal oder beispielsweise innerhalb des ersten Jahres kaufen, wird zum Gesamtumsatz in Beziehung gesetzt. Bei rollierendem Einsatz kann die Kennzahl kontinuierlich errechnet werden.	**Deckungsbeitrag der Neukunden (3.3.2)** / **Gesamtdeckungsbeitrag (3.3.3)** Hier wird nicht der Umsatz, sondern der Deckungsbeitrag angesetzt. Dadurch wird die Profitabilität der Kunden stärker berücksichtigt. Damit nicht der Kostenfaktor Kundengewinnung zu stark ins Gewicht fällt, sollte der DB I verwendet werden.
Einsatz	Neukundenanteile sind ein Indikator für die Attraktivität des Unternehmens insgesamt. Ein hoher Anteil besagt, dass nicht nur die alteingesessenen Kunden aus Gewohnheit kaufen. Darüber hinaus sind sie ein Maß für die Risikostreuung. In der Regel befinden sich Neukunden auf zukunftsträchtigen Märkten und tragen somit zur Zukunftssicherung des Unternehmens bei.	
Erläuterung	Der Neukundenanteil wird gerne als Erfolgsindikator des Vertriebs verwendet. Er spricht für die Fähigkeit der Vertriebsmitarbeiter, neue Kunden zu akquirieren. Aus Unternehmenssicht geht es um die gesamte Unternehmensattraktivität. Er kann aber auch zu Fehlinterpretationen verleiten. Neue Kunden sind meist auch teure Kunden, weil sie Akquisitionsaufwand verursachen. In vielen Branchen werden Kunden erst nach einem oder mehreren Jahren wirklich profitabel. Eine Maximierung dieser Kennzahl ist daher nicht anzustreben. Zudem ist auch ein hoher Altkundenanteil als positives Signal zu verstehen. Er spricht für die Fähigkeit zu einer langfristigen Kundenbindung. Der Sinn dieser Kennzahl sollte vielmehr darin gesehen werden, einen meist kontinuierlichen Kundenverlust durch eine ausreichende Neukundengewinnung auszugleichen. Je nach Attraktivität der Altkunden kann mit verstärkter Neukundengewinnung als Zielsetzung auch eine Risikostreuung angestrebt werden.	

Beispiel

In einem Unternehmen werden von den vier Verkaufsbüros die folgenden Umsätze in einer Periode gemeldet:

	Büro A	**Büro B**	**Büro C**	**Büro D**	**gesamt**
Umsatz gesamt	658	772	1.349	886	3.665
Umsatz Neukunden	45	28	97	137	307
Umsatz Altkunden	613	744	1.252	749	3.358
Neukunden-anteil	**6,8%**	**3,8%**	**7,2%**	**15,5%**	**8,4%**
DB gesamt	247	332	481	345	1.405
DB Neukunden	18	31	32	20	101
DB Altkunden	229	301	449	325	1.304
Neukunden-anteil	**7,3%**	**9,3%**	**6,7%**	**5,8%**	**7,2%**

Bei Betrachtung der Neukundenanteile nach Umsätzen stellt sich heraus, dass Verkaufsbüro B recht träge bei der Akquisition ist, während D hohe Neukundenanteile aufweist. Im Prinzip ist damit das Urteil klar.

Bei Betrachtung der deckungsbeitragsbezogenen Anteile zeigt sich jedoch ein anderes Bild. B hat die profitableren Kunden an Land gezogen, die sogar die Deckungsbeiträge der Neukunden von D übertreffen. D hat dagegen wenig zum Profit beigetragen.

Ursache für dieses Missverhältnis könnte ein Ködern neuer Kunden mit besonders preisgünstigen und wenig profitablen Produkten sein bzw. sogar eine erhebliche Bereitschaft zu Preisnachlässen. Insofern ist das Ergebnis leicht, aber nur durch die Deckungsbeitragsbetrachtung zu erklären.

Anmer-kungen

Dem Vertrieb müssen im Sinne einer erfolgsorientierten Vertriebssteuerung ausreichende Informationen gegeben werden, so dass die Deckungsbeiträge maximiert werden können. Die Bekanntgabe von Deckungsbeiträgen ist jedoch stets problematisch, weil sie mitunter als Ermutigung für Preisnachlässe angesehen werden.

Sinnvoll erscheint vor allem eine Verknüpfung mit entgeltbezogenen Anreizen.

3 Vertrieb		
Kennzahl	**Distributionsgrad**	**Gliederungs-Nr.: 3.4**
Defini-tion	**Anzahl (3.4.1)/Umsatz (3.4.2) der Geschäfte, die ein Produkt führen** / **Anzahl (3.4.3)/Umsatz (3.4.4) der Geschäfte, die ein Produkt führen könnten** Die Definition über die Zahl der Geschäfte entspricht dem **numerischen** Distributionsgrad, über den Umsatz dem **gewichteten**. Grund für diese Unterscheidung ist die Tatsache, dass kleine Geschäfte beim numerischen Distributionsgrad den gleichen Einfluss haben wie große. Letztlich ist aber die Verfügbarkeit in großen Geschäften lukrativer, so dass die numerische Distribution wenig aussagekräftig ist. Der Nenner enthält die Anzahl der maximal erreichbaren Geschäfte. Dies sind die Geschäfte, die als Verkaufsstelle in Frage kommen, etwa alle Lebensmittelgeschäfte oder Fotogeschäfte (inkl. Fachabteilungen in Kaufhäusern und Märkten). In Konsumgütermärkten werden Distributionsgrade über Handelspanels erhoben. Die Berichtszeiträume sind zwei Wochen bis zwei Monate.	
Einsatz	Der Distributionsgrad ist meist das herausragende Kriterium zur Kontrolle des Vertriebserfolgs beim Verkauf über den Handel. Er misst, wie erfolgreich der Vertrieb bei der Erschließung der Distributionsquellen war.	
Erläute-rung	Der Distributionsgrad misst nicht, wie viel überhaupt verkauft wurde. Ein Produkt kann zwar einen hohen Distributionsgrad aufweisen, aber nur einen geringen Marktanteil. Dann steht das Produkt zwar im Regal, wird aber kaum gekauft. Distribution ist aber grundsätzlich eine Voraussetzung für die Erzielung hoher Marktanteile. Der Vergleich von numerischem und gewichtetem Distributionsgrad kann Aufschluss über Schwerpunkte des Vertriebs geben. Starke Markenartikel verfügen meist über eine hohe gewichtete Distribution bei teilweise geringerer numerischer, während es bei weniger starken Marken oft anders herum ist. Der Grund liegt darin, dass große Handelsbetriebe von Herstellern großer Marken stark bearbeitet werden und sich den Verzicht auf einen Marktführer nicht erlauben können. Hersteller kleinerer Marken sind auch auf kleine Läden angewiesen und sind für diese aufgrund der Konditionsgestaltung oft auch attraktiver.	

Beispiel

Anhand der Distributionsgrade lässt sich beispielsweise der Erfolg einer Produktneueinführung im Handel kontrollieren. Der Distributionsgrad ist durch die eigene Vertriebstätigkeit und Zusammenarbeit mit dem Handel zu beeinflussen. Inwieweit sich daraus ein hoher Marktanteil erzielen lässt, ist Sache weiterer Kommunikationsmaßnahmen und der Produkteigenschaften sowie des Preises.

in %	J/F	M/A	M/J	J/A	S/O	N/D
DIS num	5	18	34	58	63	69
DIS gew	2	13	27	49	61	70
MA	0,4	1,6	2,8	4,2	5,7	6,8

DIS num = numerischer Distributionsgrad, DIS gew = gewichteter Distributionsgrad, MA = Marktanteil, J/F = Januar/Februar, M/A = März/April usw.

Die Distribution wird hier langsam aufgebaut, bis ab Herbst kaum noch Steigerungen erfolgen. Der gewichtete Distributionsgrad zieht noch etwas nach, was vermutlich mit der gezielten Bearbeitung einzelner Großkunden zu tun hat. Der Marktanteil hat sich trotz stagnierender Distribution positiv weiterentwickelt. Dies zeigt noch einmal die Unabhängigkeit beider Größen voneinander.

Anmerkungen

Zur Erhebung des Distributionsgrads sind in aller Regel Paneldaten erforderlich, die von Marktforschungsinstituten für die meisten Konsumgütermärkte erhoben werden. Der Bezug dieser Daten ist jedoch mit hohen Kosten verbunden.

Zudem bestehen bei der Ermittlung stets statistische Unsicherheiten. Panels basieren auf Erhebungen bei repräsentativ ausgewählten Stichproben von Handelsbetrieben. Hier können Ungenauigkeiten bei der Hochrechnung entstehen.

3 Vertrieb		
Kennzahl	**Marktanteil im Vertriebskanal**	**Gliederungs-Nr.: 3.5**
Defini-tion	**Umsatz im Vertriebskanal X (3.5.1)** / **Gesamtumsatz des Vertriebskanals X (3.5.2)** Die Erhebung dieser Kennzahl setzt voraus, dass die Umsatzzahlen für unterschiedliche Vertriebskanäle ermittelt werden können. Dazu ist die Existenz eines Panels mit entsprechenden Kategorien erforderlich. Der Marktanteil kann auf das Unternehmen insgesamt und auf einzelne Produkte bezogen werden. Die Erhebung erfolgt wiederum in Abhängigkeit der Berichtszyklen des Panels. Stehen keine Panels zur Verfügung, kann meist nur eine jährliche Ermittlung erfolgen.	
Einsatz	Die Kennzahl dient der vertriebskanalspezifischen Erfolgskontrolle. Sie soll Probleme mit einzelnen Betriebstypen des Handels aufdecken. So passiert es beispielsweise häufig, dass ein Unternehmen/Produkt in Fachgeschäften sehr erfolgreich ist, in Fachmärkten jedoch nicht. Der Marktanteil nach Vertriebskanälen deckt solche Schwächen auf und ermöglicht es, gezielt einzugreifen.	
Erläute-rung	Prinzipiell gelten die gleichen Erläuterungen wie für den Marktanteil allgemein. Es lassen sich mengen- und wertmäßige ermitteln. Die Aussage dieser Marktanteile ist jedoch detaillierter. Sie sind nun auch aussagefähig für differenzierte Vertriebsanstrengungen.	
Beispiel	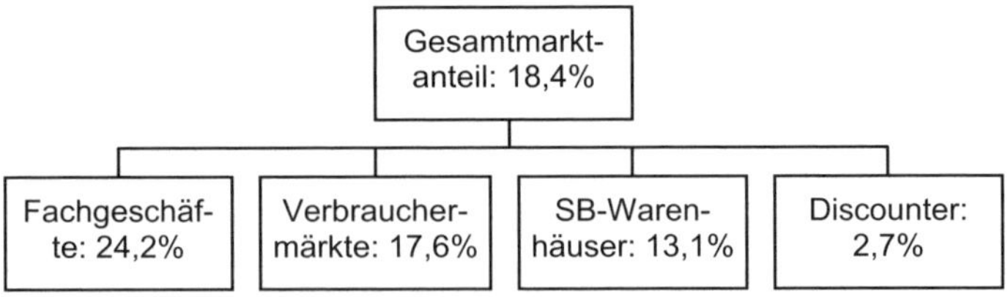 Ein Produkt erreicht in diesem Beispiel einen Marktanteil von insgesamt 18,4 %. Der Schwerpunkt liegt jedoch bei den Fachgeschäften. Preisorientierte Handelstypen verkaufen dieses Produkt seltener.	

<table>
<tr><th colspan="3">3 Vertrieb</th></tr>
<tr><td rowspan="2">Kennzahl</td><td rowspan="2">Platzierungsqualität</td><td>Gliederungs-Nr.: 3.6</td></tr>
<tr><td></td></tr>
<tr><td>Definition</td><td colspan="2">Anzahl der 1a-Platzierungen im Handel (3.6.1) / Anzahl der führenden Händler insges. (3.4.1) oder: Punktbewertung

Die Platzierungsqualität ist zwar wichtig für den Verkaufserfolg im Handel, jedoch schwer zu operationalisieren. Daher sind Umwege erforderlich. Hier wird vorgeschlagen, als Indikator die Häufigkeit einer herausragenden Platzierung zu verwenden und diese in Beziehung zur Gesamtzahl der Platzierungen zu setzen.

Alternativ kann auch die Platzierung im Einzelfall mit einem Punktwert versehen werden, um dann einen Durchschnitt zu errechnen. In diesem Fall müsste jede einzelne Platzierung körperlich erfasst werden. Die Erfassung erfolgt daher eher unregelmäßig.</td></tr>
<tr><td>Einsatz</td><td colspan="2">Die Kennzahl bewertet die Verkaufschancen innerhalb des Handels, soweit sie vom Vertrieb beeinflussbar ist. Aufgabe des Vertriebs ist es auch, für eine optimale Platzierung der Ware in den Regalen zu sorgen. Dies geschieht häufig durch Mieten eines bestimmten Platzes. Bessere Regalplätze (zum Beispiel in Brust- und Augenhöhe) steigern die Verkaufschancen.</td></tr>
<tr><td>Erläuterung</td><td colspan="2">Die Kennzahl geht noch einen Schritt weiter als der Distributionsgrad und ergänzt diesen. Hier geht es insbesondere um die Verhandlungsposition mit dem Handel, was die Platzierungen angeht. Problematisch ist jedoch, dass die Platzierungsqualität einerseits durch Entgeltzahlung und andererseits aufgrund der Marktposition beeinflusst werden kann.</td></tr>
<tr><td>Beispiel</td><td colspan="2">Die Platzierungsqualität in einem Geschäft kann beispielsweise durch eine Punktbewertung erfasst werden:</td></tr>
</table>

1 = sehr gut ... 5 = schlecht	1	2	3	4	5
Standort des Regals		x			
Beleuchtung			x		
Höhe	x				
Präsentationsbreite		x			
Wettbewerberzahl				x	

Summe: 12 Punkte, das heißt relativ gute Qualität
(5 = beste ... 25 = schlechteste Platzierungsqualität)

3 Vertrieb		
Kennzahl	**Stornoquote**	**Gliederungs-Nr.: 3.7**
Definition	**Volumen der stornierten Aufträge (3.7.1)** / **Netto-Umsatz (1.7.2)** Die Stornoquote kann auf das gesamte Unternehmen, Produkte oder Produktlinien sowie einzelne Verkäufer oder Verkaufsbüros bezogen werden. Um die stornierten Aufträge sinnvoll erfassen zu können, muss die Stornierung eindeutig definiert und müssen die Geschäftsbedingungen in diesem Punkt einheitlich sein. Unterschiedliche Rücktrittsbedingungen, angedrohte Vertragsstrafen usw. führen zu unterschiedlicher Stornierungsbereitschaft. Weiterhin muss ein Zeitrahmen definiert werden, um die Kennzahl aktuell berechnen zu können. Beispiel: Stornierung innerhalb eines Monats. Die Erhebung dieser Kennzahl sollte quartalsweise bzw. jährlich erfolgen, da zwischen Vertragsabschluss und Stornierung unterschiedliche Zeitspannen vergehen.	
Einsatz	Die Stornoquote soll diejenigen Fälle erfassen, in denen ein Kunde vom Kaufvertrag vollständig zurücktritt. Die Bereitschaft dazu hängt oft mit dem Verhalten einzelner Vertriebsmitarbeiter zusammen. Ziel der Kennzahl ist es, Anhaltspunkte für Verkaufsmethoden zu gewinnen, die eher als Überrumpelung bezeichnet werden müssen. Sie ist besonders dann aussagekräftig, wenn es sich um ein Standardprodukt/eine Standardleistung handelt. Dann können Abweichungen von den Spezifikationen bzw. der erwarteten Qualität als Stornierungsgrund weitgehend ausgeschlossen werden.	
Anmerkungen	Die Stornoquote setzt konstante Betreuungsverhältnisse im Vertrieb voraus. Sie ist für einzelne Mitarbeiter nur dann aussagefähig, wenn diese alleine einen Kunden betreuen. Sie bietet sich auch als Bestandteil eines Entgeltsystems an. So kann die Provisionierung dahingehend beeinflusst werden, dass etwa eine Stornierung zum Verlust der doppelten Provision führt. Die oben genannte Voraussetzung muss allerdings gegeben sein.	

3 Vertrieb		
Kennzahl	**Besuchseffizienz**	**Gliederungs-Nr.: 3.8**
Definition	**Anzahl der akquirierten Aufträge (3.8.1)** / **Anzahl der Kundenbesuche (3.8.2)** Die Kennzahl kann auf alle Arten des Kundenkontakts bezogen werden, neben dem Besuch auch auf telefonischen oder schriftlichen Kontakt. Die Ermittlung sollte wegen des teilweisen zeitlichen Auseinanderfallens von Besuch und Auftragserteilung ca. quartalsweise erfolgen.	
Einsatz	Die Besuchseffizienz gibt an, wie viele Besuche pro Auftrag erforderlich sind bzw. wie viele Aufträge sich durchschnittlich pro Besuch ergeben. Die Kennzahl dient der Kontrolle des Akquisitionserfolgs und der Kosten.	
Erläuterung	Unterschiedlich hohe Erfolgsquoten lassen auf unterschiedliches Akquisitionsvermögen der Vertriebsmitarbeiter schließen. Dies soll mit dieser Kennzahl aufgedeckt werden. Sie ist allerdings stets in Verbindung mit einer Qualitätskennziffer zu sehen, etwa der Stornoquote. Durch aggressives Verkaufen lässt sich zwar zunächst die Besuchseffizienz steigern, letztlich steigt aber wahrscheinlich die Stornoquote. Ein weiterer Anwendungsbereich ist die Kostenkontrolle. Kundenbesuche lohnen sich nur, wenn ein bestimmter Mindesterfolg gegeben ist. Je nach Auftrags-Deckungsbeitrag und Besuchskosten lassen sich Mindesterfolgsquoten definieren, die einen Besuch rechtfertigen. Liegt der Erfolg darunter, sollte eine andere Form des Kundenkontakts gewählt werden.	
Beispiel	Auf der Basis einer Kundenerfolgsrechnung kann ein Unternehmen festlegen, dass sich Kundenbesuche nur lohnen, wenn eine Mindest-Besuchseffizienz erreicht wird. Besuchseffizienz größer als 0,4 → weiter besuchen Besuchseffizienz zwischen 0,1 und 0,4 → Telefonkontakt Besuchseffizienz geringer als 0,1 → Mailing	

3 Vertrieb		
Kennzahl	**Außendienst-Profitabilität**	**Gliederungs-Nr.: 3.9**
Definition	**Kosten des Außendienstes (3.9.1)** / **Netto-Umsatz (1.7.2)** Die Kosten des Außendienstes beziehen sich auf Personalkosten, Fahrt- und sonstige Besuchskosten, anteilige Verwaltungskosten im Unternehmen (Leitung, Abrechnung usw.), Ausgaben für Kunden im Rahmen des Kontakts mit dem Außendienst. Die Kennzahl kann für das gesamte Unternehmen oder einzelne Regionen ermittelt werden. Eine laufende Kontrolle mit mindestens monatlicher Berechnung ist möglich.	
Einsatz	Die Kennzahl dient der laufenden Kostenkontrolle. Sofern eine regionale Abgrenzung durchgeführt wird, ist auch der Querschnittsvergleich innerhalb des Unternehmens möglich.	
Beispiel	Zur Ermittlung der Außendienstkosten eines Unternehmens sind in der Regel die folgenden Positionen zu berücksichtigen: • Gehälter der ADM, der Leitung, des Sekretariats ... • Kosten der Verkaufsbüros (z. B. Miete, Telefon, Ausstattung) • Fahrzeug- und sonstige Reisekosten • Werbematerialien • Einladungen, Geschenke für Kunden • anteilige Verwaltungskosten (z. B. Personalabteilung) • Provisionen, Schulungen für ADM	

3 Vertrieb		
Kennzahl	**Verkaufszeitanteil**	**Gliederungs-Nr.: 3.10**
Definition	**für die Kundenbetreuung aufgewendete Zeit (3.10.1)** / **Gesamtarbeitszeit des Außendienstes (3.10.2)** Die Kennziffer kann auf das gesamte Unternehmen und auf einzelne Verkaufsmitarbeiter bezogen werden. Dazu ist eine Zeiterfassung bei den Mitarbeitern erforderlich, bei der gewisse Manipulationsanreize zu berücksichtigen sind. Der Verkaufszeitanteil kann auf Wochen- und Monatsbasis ermittelt werden.	
Einsatz	Die Kennzahl dient der Effizienzkontrolle im Vertrieb. Sie soll dazu anregen, die zur Verfügung stehende Zeit besonders auf die Kundenbetreuung zu konzentrieren.	
Erläuterung	Untersuchungen über die Zeitverwendung im Vertrieb kommen immer wieder zu dem Schluss, dass für die zentrale Tätigkeit, das Verkaufen, zu wenig bzw. am wenigsten Zeit zur Verfügung steht. Die Belastung mit Fahrtzeiten und administrativen Tätigkeiten vermindert die Möglichkeit zum Kundenkontakt. Dieser Umstand lässt sich über Kostenkennziffern in der Regel nicht ermitteln. Der Verkaufszeitanteil soll das Management der Arbeitszeit verbessern. Er ist nicht nur eine Information für die Leitung, sondern auch für die einzelnen Mitarbeiter.	
Beispiel	Ein Vertriebsmitarbeiter führt eine wochenweise Abrechnung seiner Arbeitszeit durch. Für eine Woche ermittelt er folgende Zeiten: Stunden : Minuten Fahrtzeiten: 13:27 Wartezeiten: 5:22 Gesprächszeiten bei Kunden: 7:46 Besuchsberichte schreiben: 2:33 Kontakt zur Zentrale: 2:11 Administration (z. B. Abrechnungen): 4:17 Terminvereinbarungen: 6:52 Insgesamt ergibt sich eine erfasste Gesamtzeit von rund 42,5 Stunden. Die eigentlich relevante Zeit (Kundenbesuch) hat einen Anteil von rund 18 %.	
Anmerkungen	Hauptproblem ist die exakte Aufzeichnung der Zeiten. Da gerne etwas geschummelt wird, um sich als fleißig zu zeigen, ist eine genaue Kontrolle erforderlich.	

3 Vertrieb

Kennzahl	Out-of-Stock-Anteil	Gliederungs-Nr.: 3.11

Definition

Anzahl der führenden Geschäfte, in denen ein Produkt nicht vorrätig ist (3.11.1)

―――――――――――――――――――――――――

Anzahl der Geschäfte, die ein Produkt führen (3.4.1)

Die Kennziffer kontrolliert bei indirektem Vertrieb, in welchem Maße ein Produkt im Handel tatsächlich vorrätig ist. Dazu ist eine körperliche Bestandsaufnahme bzw. eine Berechnung aufgrund von Ein- und Verkaufsdaten des Handels erforderlich.

Die Daten werden im Rahmen von Handelspanels zur Verfügung gestellt. So ergeben sich Berichtszeiträume zwischen zwei Wochen und zwei Monaten. Ohne Paneldaten ist eine körperliche Bestandsaufnahme erforderlich. Aufgrund der Bedeutung der Verfügbarkeit wäre eine mindestens monatliche Aufnahme sinnvoll.

Einsatz

Out-of-Stock-Situationen, das heißt nicht verfügbare Produkte, führen zu Umsatzverlusten und möglicherweise dauerhaftem Abwandern von Käufern. Die Kennzahl gibt dem Vertrieb Hinweise darauf, in welchen Bereichen höhere Bestandsmengen zur Sicherung der Verfügbarkeit erforderlich sind.

Beispiel

Ein Hersteller untersucht die Out-of-Stock-Situation seiner Produkte bei seinen vier Händlern. Seine ADM berichten täglich, ob die Produkte vorhanden sind oder nicht:

Händler	∅ Absatzmenge pro Tag	Tage on stock	Tage out of stock	verlorene Menge
A	14,4	287	13	187,2
B	20,1	262	38	763,8
C	4,0	292	8	32,0
D	9,6	239	61	585,6
Summe	12.861			1.568,6

Der Hersteller hat insgesamt 12.681 Stück verkaufen können. Durch Nicht-Verfügbarkeit gingen ihm wahrscheinlich 1.569 Stück verloren, wenn unterstellt wird, dass dann Wettbewerbsprodukte gekauft wurden. Daraus ergibt sich eine Out-of-Stock-Quote von 12,2 %. Bei Händler D ist die Quote am höchsten, bei B entsteht dem Unternehmen der größte Schaden.

<table>
<tr><th colspan="3">3 Vertrieb</th></tr>
<tr><td rowspan="2">Kennzahl</td><td rowspan="2">Sales Mix</td><td>Gliederungs-Nr.: 3.12</td></tr>
<tr><td></td></tr>
<tr><td>Definition</td><td colspan="2">Umsatz Produkt A (2.2.1) / Umsatz Produkt B (C, D, ...) (2.2.1)

Der Umsatz eines Produkts wird zum Umsatz eines anderen in Beziehung gesetzt. Gleichermaßen kann auf der Ebene der Produktlinien, der Verkaufsmitarbeiter oder der Kunden vorgegangen werden. Der Sales Mix kann prinzipiell für alle Produkte berechnet werden, jedoch sind hier nur solche Relationen gemeint, die besonders interpretierbar sind.

Die Kennzahl kann laufend aus den Umsatzzahlen ermittelt werden.</td></tr>
<tr><td>Einsatz</td><td colspan="2">Der Sales Mix ist ein Indikator für eine sich verschiebende Nachfrage- oder Angebotsstruktur: Zum einen lässt sich beispielsweise feststellen, ob die Nachfrager von einem teureren auf ein billigeres Produkt wechseln (von einem profitableren auf ein weniger profitables), zum anderen, ob die Verkäufer stärker ein Produkt gegenüber einem anderen forcieren.

Dies könnte auf Schulungsdefizite hinweisen (die Vorteile des einen Produkts sind nicht bekannt oder können nicht vermittelt werden) oder auf eine problematische Anreizstruktur (Provisionsanreize führen zur einseitigen Bevorzugung eines Produkts).</td></tr>
<tr><td>Erläuterung</td><td colspan="2">Wichtig ist bei dieser Kennzahl die Auswahl der zu vergleichenden Produkte/Kunden. Besonders interessant ist das Ergebnis, wenn zwei Produkte verglichen werden, zwischen denen eine Austauschbeziehung besteht. Die Ursache kann dann schnell eingegrenzt werden.

So deutet beispielsweise das Ausweichen der Kunden eines Büroartikelhändlers von einer Papiersorte auf eine andere auf Qualitätsprobleme hin. Werden im Textilhandel anstelle von Chemiefasern verstärkt Naturfasern nachgefragt, so ist dies Ausdruck eines verstärkten Gesundheits- oder Wellness-Bewusstseins.

Verkauft ein Anlagenbauer verstärkt Serviceleistungen anstelle neuer Anlagen, kann dies auf eine Marktsättigung schließen lassen, aber auch auf eine gesunkene Wettbewerbsfähigkeit im Bereich Anlagenbau.</td></tr>
</table>

Beispiel

Die Vertriebsleitung eines EDV-Unternehmens möchte kontrollieren, inwieweit eine ausgewogene Beratung durch die einzelnen Außendienstler stattfindet. Man weiß, dass die Mitarbeiter einen unterschiedlichen fachlichen Hintergrund haben.

Dieser hat Auswirkungen auf die Mengenanteile der verkauften Software. Das Unternehmen bietet einerseits Standardsoftware an, die leicht zu verkaufen ist, aber wenig Spanne liefert, andererseits auch beratungsintensive und profitable Spezialanwendungen.

ADM	Umsatz Standard	Umsatz Spezial	Standard/ Spezial	Kommentar
A	200.000	340.000	0,59	o.k., sehr profitabel
B	350.000	290.000	1,21	Know-how-Defizit
C	260.000	170.000	1,53	Eingreifen erforderl.
D	140.000	220.000	0,64	o.k., sehr profitabel
E	270.000	310.000	0,87	etwa durchschnittlich
gesamt	1.220.000	1.330.000	0,92	

Verkäufer C erweist sich als Problemfall. Sein hoher Anteil an Standardsoftware bringt dem Unternehmen nur geringe Profitabilität. Hier wäre zu prüfen, ob seine Qualifikation ausreichend ist bzw. Schulungsmaßnahmen durchgeführt werden sollten. Verkäufer A dagegen hat einen hohen Anteil an Spezialsoftware.

3 Vertrieb

Kennzahl: **Verkaufsgebiets-durchdringung**

Gliederungs-Nr.: 3.13

Definition

$$\frac{\textbf{Anzahl (3.13.1)/Umsatz (3.13.2) der Kunden eines Verkaufsgebiets}}{\textbf{Anzahl (3.13.3)/Umsatz (3.13.4) der potenziellen Kunden eines Verkaufsgebiets}}$$

Die Kennziffer ist ein Maß der Potenzialausschöpfung, und zwar auf Kunden bezogen. Sie wird für Regionen, ggf. auch Kundengruppen, berechnet. Die Verwendung potenzieller Kunden als Bezugsbasis setzt eine entsprechende Qualifizierung voraus. Dabei wird es sich oft um Einschätzungen des Vertriebs handeln. Die Verwendung der Kundenzahl statt des -umsatzes ist dann erforderlich, wenn keine Umsatzzahlen verfügbar sind. Da die Durchdringung eines Verkaufsgebiets ein eher langwieriger Prozess ist, wird die Kennzahl halbjährlich oder jährlich berechnet.

Einsatz

Die Kennzahl kann als Ersatz für den Marktanteil verwendet werden, der mangels geeigneter Daten in vielen Branchen nicht berechenbar ist. Sie dient vor allem in den Industriebranchen als Maßgröße zur Steuerung des Vertriebsaufwands. So ist es wenig sinnvoll, sich in Bereichen zu engagieren, in denen das Potenzial weitgehend ausgeschöpft ist, während man woanders noch am Anfang steht.

Beispiel

Ein Unternehmen setzt seine elektronischen Bauelemente an bestimmte Unternehmen der Elektroindustrie ab. Es verfügt über Informationen, in welchem Postleitgebiet sich wie viele Unternehmen der Branche befinden. Diese Postleitgebiete ordnet es seinen vier Vertriebsgebieten zu und berechnet damit sein Kundenpotenzial. Dieses Potenzial (nur „Stückzahlen", weil es keine Umsatzdaten gibt) wird der aktuellen Kundenzahl gegenüber gestellt:

Region	Nord	West	Süd	Ost
Unternehmen	249	384	372	128
Kunden	63	81	55	14
Durchdringung	25%	21%	15%	11%

In der Region Ost ist die Penetration bislang am geringsten. Erst 11 % aller Unternehmen sind Kunde. Es scheint daher lukrativer, verstärkt in dieser Region zu akquirieren als etwa im Norden, wo schon jedes vierte Unternehmen als Kunde gewonnen wurde.

<table>
<tr><th colspan="3">3 Vertrieb</th></tr>
<tr><td rowspan="2">Kennzahl</td><td rowspan="2">Auftrags-
bearbeitungszeit</td><td>Gliederungs-Nr.: 3.14</td></tr>
<tr><td></td></tr>
<tr><td>Defini-
tion</td><td colspan="2">durchschnittliche Dauer der Auftragsbearbeitung

Die Kennzahl wird durch Erfassung der Zeit vom Auftragseingang bis zur Bestätigung ermittelt. Bei elektronischer Abwicklung erfolgt dies automatisch, sonst ist eine manuelle Erfassung erforderlich.

Die Auftragsbearbeitungszeit sollte laufend, das heißt tagesaktuell, ermittelt und ausgewiesen werden.</td></tr>
<tr><td>Einsatz</td><td colspan="2">Auftragsbearbeitungszeiten sind unproduktiv und bergen das Risiko, den Kunden in der Zwischenzeit zu verlieren. Zudem erhöhen sie die Kapitalbelastung durch Lagerbestände und beeinflussen auch die Kundenzufriedenheit. Lange Wartezeiten auf eine Auftragsbestätigung sind auf Kundenseite meist nicht nachvollziehbar und bremsen die eigenen Entscheidungsprozesse.

Die Ermittlung dieser Zeiten dient letztlich der Kontrolle der innerbetrieblichen Effizienz.</td></tr>
<tr><td>Erläute-
rung</td><td colspan="2">Welche Wartezeiten für die Kunden vertretbar sind, muss im Einzelfall entschieden werden. Gelegentlich sind Prüf- und Planungsvorgänge erforderlich, auf die nicht verzichtet werden kann (Produktionsplanung, Bonitätsprüfung usw.). Innerbetrieblich sind als Konsequenz mitunter Umstrukturierungen erforderlich, um ein wettbewerbsfähiges Niveau zu erreichen.</td></tr>
</table>

<table>
<tr><th colspan="3">4 Logistik</th></tr>
<tr><td rowspan="2">Kennzahl</td><td rowspan="2">Termintreue</td><td>Gliederungs-Nr.: 4.1</td></tr>
<tr><td></td></tr>
<tr><td>Definition</td><td colspan="2">Anzahl (4.1.1)/Wert (4.1.2) der termingerechten Lieferungen / Gesamtzahl (4.1.3)/Gesamtwert (4.1.4) der Lieferungen
oder: durchschnittliche Abweichung des tatsächlichen vom zugesagten Liefertag (4.1.5)

Als termingerecht werden die Lieferungen bezeichnet, die innerhalb der zugesagten Frist zugestellt wurden. Dies kann im Einzelfall auch eine nicht zu frühe Lieferung bedeuten, wenn es einen Fixtermin gibt. Anstelle der Anzahl der Lieferungen kann auch deren Wert herangezogen werden, doch ist fraglich, ob die Ursachen für Verzögerungen mit dem Lieferwert zu tun haben.

Alternativ kann die Termintreue über die Abweichung vom zugesagten Liefertag bzw. dem Fälligkeitstag berechnet werden. Die Berechnung erfolgt in der Regel monatlich.</td></tr>
<tr><td>Einsatz</td><td colspan="2">Die Termintreue ist ein wesentlicher Faktor der Kundenzufriedenheit. Nicht rechtzeitige Auslieferungen deuten auf Probleme in der Logistik hin und führen zu einer Belastung der Kundenbeziehung. Ebenso wird die Auftragsannahme einer Kontrolle unterzogen. Eine zu geringe Termintreue kann beispielsweise mit unbegründeten Zusagen des Vertriebs zusammenhängen.</td></tr>
<tr><td>Beispiel</td><td colspan="2">
<table>
<tr><th>Nr.</th><th>Soll</th><th>Ist</th><th>Abw.</th><th>Nr.</th><th>Soll</th><th>Ist</th><th>Abw.</th></tr>
<tr><td>1</td><td>17.4.</td><td>19.4.</td><td>2</td><td>2</td><td>19.4.</td><td>16.4.</td><td>-3</td></tr>
<tr><td>3</td><td>22.4.</td><td>22.4.</td><td>0</td><td>4</td><td>22.4.</td><td>26.4.</td><td>4</td></tr>
<tr><td>5</td><td>24.4.</td><td>19.4.</td><td>-5</td><td>6</td><td>25.4.</td><td>25.4.</td><td>0</td></tr>
<tr><td>7</td><td>28.4.</td><td>3.5.</td><td>5</td><td>8</td><td>28.4.</td><td>27.4.</td><td>-1</td></tr>
<tr><td>9</td><td>30.4.</td><td>2.5.</td><td>2</td><td>10</td><td>2.5.</td><td>2.5.</td><td>0</td></tr>
</table>
Geht man davon aus, dass eine zu frühe Lieferung unproblematisch ist, dann sind 60 % der Lieferungen termintreu. Die durchschnittliche Abweichung liegt bei 2,2 Tagen.</td></tr>
<tr><td>Anmerkungen</td><td colspan="2">Wird kein genauer Liefertag vereinbart, sondern nur „sofort“ oder „baldmöglichst“ bestellt, kann die Kennzahl nicht berechnet werden. In diesem Fall bietet sich nur eine Kennzahl wie die Lieferschnelligkeit an.</td></tr>
</table>

4 Logistik		
Kennzahl	**Lieferschnelligkeit**	**Gliederungs-Nr.: 4.2**
Definition	**durchschnittlicher Zeitbedarf zwischen Bestellung und Auslieferung** Die Lieferschnelligkeit sollte nur auf Standardware bezogen werden, bei der eine kurzfristige Verfügbarkeit versprochen wird. Maßanfertigungen, individuelle Projekte usw. unterliegen einer Vielzahl von Verzögerungsquellen, die auch außerhalb der Logistik liegen. Die Berechnung erfolgt monatlich bzw. quartalsweise.	
Einsatz	Die Kennzahl misst die Reaktionsbereitschaft auf Nachfragen. Sie ist vor allem dort sinnvoll einzusetzen, wo Bedarf ungeplant entsteht und ein hoher Wettbewerbsdruck vorhanden ist. Neben der Schnelligkeit des Transports wird auch das Lagerwesen sowie die administrative Auftragsabwicklung kontrolliert.	

4 Logistik		
Kennzahl	**Lagerumschlags-häufigkeit**	**Gliederungs-Nr.: 4.3**
Defini-tion	**Gesamtkosten der verkauften Waren (4.3.1) / durchschnittlicher Lagerbestand auf Kostenbasis (4.3.2)** Der durchschnittliche Lagerbestand wird als arithmetisches Mittel regelmäßiger Bestandsaufnahmen ermittelt. Er muss nach dem gleichen Prinzip errechnet werden wie die Umsätze im Nenner. Beide Größen werden einheitlich mit Selbstkosten berechnet. Die Verwendung von Verkaufspreisen ist letztlich ungenau, weil sich diese möglicherweise ändern. Die Berechnung erfolgt monatlich bzw. quartalsweise.	
Einsatz	Die Lagerumschlagshäufigkeit dient der Kontrolle der Kapitalbindung im Lager. Ein hoher Lagerbestand führt zu einer geringen Umschlagsgeschwindigkeit, das heißt die Waren fließen nur langsam ab. Die Kapitalbindung ist hoch, so dass entsprechend hohe Kapitalkosten entstehen.	
Erläute-rung	Die Lagerumschlagshäufigkeit ist eine klassische Kennzahl, die als Instrument der Kostenkontrolle angesehen wird. Ihre Beeinflussung hat allerdings auch Auswirkungen auf andere Kennzahlen. So führt eine verringerte Lagerhaltung, die die Lagerkosten senkt, oft auch zu einer Verringerung der Lieferbereitschaft. Eine sehr einseitige Einflussnahme auf die Lagerhaltung im Sinne einer Verringerung des Bestandes ist nicht immer sinnvoll. Vielmehr muss die Frage der gelagerten Waren ebenfalls berücksichtigt werden.	
Beispiel	Ein Unternehmen ermittelt den durchschnittlichen Lagerbestand, indem zunächst jeweils am Monatsletzten der Bestand mit seinen Selbstkosten ermittelt wird. Zusammen mit dem Anfangsbestand ergeben sich 13 Bestandswerte. Durch 13 geteilt, erhält man den Durchschnittsbestand. Daten: Bestände: 16, 18, 22, 17, 19, 17, 15, 20, 21, 18, 15, 19, 20, 15 Gesamtkosten der verkauften Waren: 136 durchschnittlicher Lagerbestand = 252 : 13 = 19,38 Lagerumschlagshäufigkeit = 136 : 19,38 = 7,02	

4 Logistik		
Kennzahl	**Lieferbereitschaftsgrad**	Gliederungs-Nr.: 4.4
Definition	**Wahrscheinlichkeit, mit der ein Auftrag sofort erfüllt werden kann** Die Kennzahl ist nur auf statistischer Basis zu ermitteln. Es wird davon ausgegangen, dass die Nachfragemengen pro Monat oder Woche einer Normalverteilung folgen. Die Schwankung dieser Mengen kann durch die Standardabweichung beschrieben werden. Die Kennzahl kann aufgrund der benötigten Datenmenge nur jährlich ermittelt werden.	
Einsatz	Mit Hilfe der Standardabweichung dieser Nachfragemengen lässt sich dann ermitteln, welche Lagerbestände zu welchem Lieferbereitschaftsgrad führen, das heißt, wie viel Prozent der eingehenden Aufträge innerhalb einer Periode aus dem Lager erfüllt werden können.	

Erläuterung	Die Standardabweichung, das heißt die durchschnittliche Abweichung der Werte, wird mit folgender Formel berechnet: $$s = \sqrt{\sum_{i=1}^{n} \frac{(X_i - \overline{X})^2}{n-1}}$$ mit n = Anzahl der Werte, X_i = Beobachtungswerte, $\overline{X}$ = Mittelwert der Beobachtungswerte. 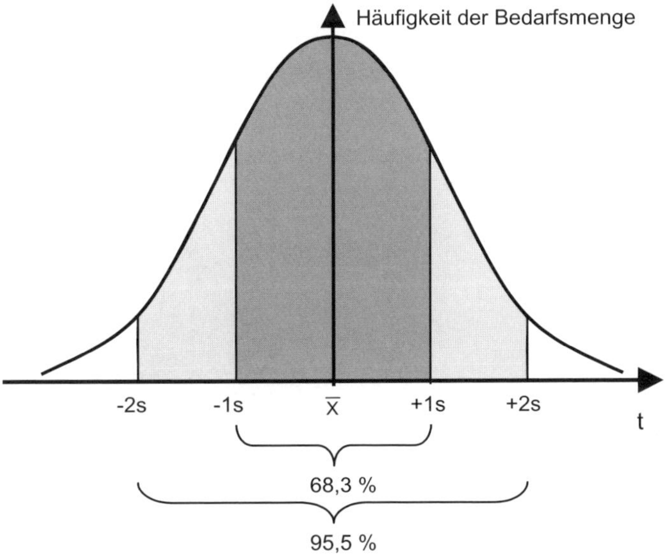 Wenn die Bedarfsmengen pro Periode normalverteilt sind, dann befinden sich im Bereich von ±1s um den Mittelwert 68,3 % aller Bedarfsmengen (dunkelgraue Fläche in der obigen Abbildung). Im Bereich von ±2s um den Mittelwert liegen 95,5 % aller Mengen (zusätzlich: hellgraue Fläche). Die Multiplikatoren für s werden als t-Werte bezeichnet. Diese Angaben gelten für alle Normalverteilungen. Wird beispielsweise angestrebt, dass 95,5 % aller Auftragsmengen aus dem Lager bedient werden können, dann muss der Lagerbestand um 2s über dem Mittelwert der Auftragsmengen liegen. Für jede Situation lässt sich eine Verteilung mit den konkreten Werten erstellen.

Beispiel

Folgendes Beispiel zeigt eine Verteilung der Bedarfsmengen pro Periode mit einem Mittelwert von 65 und einer Standardabweichung von 18.

Die Bedarfsmengen des vergangenen halben Jahres waren monatlich: 86, 54, 70, 45, 85, 50.

Nun lässt sich berechnen, welche Verfügbarkeitsmengen welche Lieferzuverlässigkeitsgrade ergeben:

> 50 % aller Aufträge können mit einem Bestand von 65 Stück abgedeckt werden,
>
> 84,1 % aller Aufträge mit 83 Stück,
>
> 97,8 % aller Aufträge mit 101 Stück.

Es zeigt sich, dass ein Ausbau der Lieferzuverlässigkeit nur mit einer progressiven Steigerung des Bestands möglich ist. Während eine Bestandsausweitung von 65 auf 83 Stück zu einer Steigerung des Lieferbereitschaftsgrads um 34,1 % führt, bringt eine weitergehende Ausweitung auf 101 Stück nur noch zusätzliche 13,7 %.

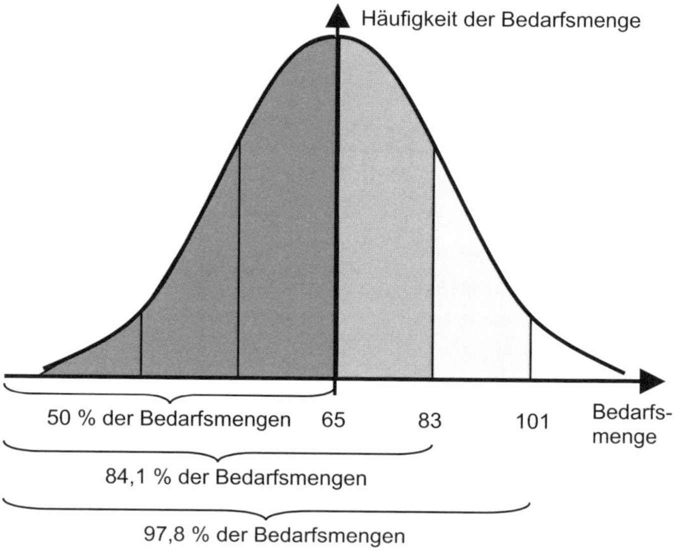

Maßgebend für die Ermittlung des Lieferbereitschaftsgrads ist die Fläche unterhalb der Glockenkurve, und zwar vom Nullpunkt (links) bis zur vorgegebenen Bedarfsmenge.

4 Logistik		
Kennzahl	**Lieferrückstandsquote**	**Gliederungs-Nr.: 4.5**
Definition	**Netto-Umsatzvolumen der Aufträge im Rückstand (4.5.1)** / **Netto-Planumsatz (4.5.2)** Die Berechnung der Kennzahl erfordert eine wertmäßige Erfassung der verspäteten Auslieferungen. Dabei sind auch diejenigen Aufträge zu berücksichtigen, für die keine fixen Liefertermine zugesichert wurden, die aber bei Warenverfügbarkeit schon hätten erfüllt sein müssen. Bezugsbasis ist der geplante (hochgerechnete) Umsatz des Jahres, so dass einerseits mit aktuellen Daten gearbeitet wird, andererseits aber nicht zufällige Schwankungen beim Auftragseingang die Quote deutlich beeinflussen, ohne dass es hierfür einen Grund in der Logistik gibt. Die Berechnung erfolgt täglich oder wöchentlich.	
Einsatz	Die Lieferrückstandsquote ist ein Maß der (Nicht-)Übereinstimmung von Produktion und Vertrieb. Sie ist das Spiegelbild des Lagerbestands, der durch ein Überangebot an Waren entsteht und entsprechend gering gehalten werden muss. Eine hohe Lieferrückstandsquote vermittelt durchaus das gute Gefühl, dass die Produktion der nächsten Zeit bereits verkauft ist. Andererseits ist sie aber auch ein Indikator für mögliche Abwanderungstendenzen der Kunden, die bei anderen Lieferanten möglicherweise ohne Lieferzeiten bedient werden. Weiterhin bedeutet Lieferrückstand die fehlende Möglichkeit, auf spontane Anfragen nach sofort lieferbarer Ware eingehen zu können.	
Erläuterung	Die Kennzahl ist eng verbunden mit dem Lieferbereitschaftsgrad. Während dieser davon ausgeht, dass die Nachfragemenge exakt getroffen werden soll, geht die Lieferrückstandsquote davon aus, dass eine gewisse Wartebereitschaft auf Kundenseite besteht.	
Beispiel	Ein Unternehmen führt eine wöchentliche Ermittlung der Kennzahl durch. Der geplante Umsatz des Jahres liegt bei 400 Mio. EUR. Gleichzeitig stehen noch Lieferungen an Kunden mit einem Volumen von 3,5 Mio. EUR aus. Die Lieferrückstandsquote liegt damit bei 0,875 % vom Plan-Umsatz. Wem dieser Wert zu unbedeutend erscheint, der berechnet die Quote auf der Basis von Wochen- oder Monatszahlen. Welcher Wert akzeptabel ist, hängt von der Wechselbereitschaft der Kunden bzw. der Lieferfähigkeit der Wettbewerber ab.	

4 Logistik		
Kennzahl	**E-Business-Quote**	**Gliederungs-Nr.: 4.6**
Definition	**via Internet oder EDI abgewickelte Aufträge (4.6.1)** / **Anzahl der Aufträge insgesamt (4.6.2)** Die Berechnung erfolgt monatlich bzw. häufiger.	
Einsatz	Die Kennzahl wird als Erfolgsmaßstab für den Einsatz elektronischer Verkaufstechniken eingesetzt. Dabei geht es sowohl um die Akzeptanz des Mediums als auch um die dadurch entstehende Kostenwirkung. Bei entsprechend intelligenter Konzeption des E-Commerce kann die E-Business-Quote ein Indikator der Vertriebskosten sein.	
Erläuterung	Neben oder anstelle des Internet kann auch die Verwendung von EDI (Electronic Data Interchange) kontrolliert werden. Hier geht es letztlich um die gleiche Motivation und die gleiche angestrebte Kostenwirkung.	

4 Logistik		
Kennzahl	**Eigendispositionsquote**	**Gliederungs-Nr.: 4.7**
Definition	**Anzahl der selbst disponierten Lieferungen (4.7.1) / Anzahl der Lieferungen/Aufträge insgesamt (4.6.2)** Zur Ermittlung dieser Kennzahl ist der Umfang der selbst veranlassten bzw. dimensionierten Lieferungen zu erfassen. Gemeint sind damit Kundenbeziehungen, in deren Rahmen eine eigenverantwortliche Nachlieferung von Waren vereinbart ist. Vertragsgrundlage ist meist eine Verpflichtung zur Aufrechterhaltung der Warenverfügbarkeit. Da die Kennzahl von Lieferverträgen abhängig ist, kann sie immer mit einer Veränderung der Vertragsbeziehungen (neuer Kunde/alter Kunde fällt weg) aktualisiert werden.	
Einsatz	Die Eigendispositionsquote kann dann eingesetzt werden, wenn eine Geschäftsbeziehung auf eine kontinuierliche Belieferung mit Standardwaren ausgerichtet ist. Üblicherweise werden die Einzelmengen vom Kunden angefordert, so dass der Lieferant nur reagieren kann und entsprechende Sicherheitsbestände im Lager einkalkulieren muss. Er kann seine Logistik aber besser steuern, wenn er die Verantwortung über die einzelnen Liefermengen und -termine hat. Dazu benötigt er Verbrauchsdaten des Kunden (Abverkaufsmengen, Materialverbrauch), aus denen er seine Produktions- und Liefermengen errechnet.	
Erläuterung	Diese Vorgehensweise wird meist unter dem Stichwort Efficient Replenishment (ERP) oder übergeordnet Efficient Customer Response (ECR) behandelt. Da sie noch alles andere als üblich ist, ist meist die Überwindung klassischer Gegensätze erforderlich. Der Kunde gibt einen Teil seiner Autonomie ab, erspart sich aber ein Bestellwesen. Darüber hinaus ist ein entsprechender Datenaustausch vorzusehen. Der Lieferant muss mit den Informationen versorgt werden, die er für seine Planung benötigt. Vor allem müssen sie schnell und fehlerfrei übermittelt werden. In der Regel lässt sich dies über einen internetgestützten Zugriff auf eine Datenbank oder ein EDI-System realisieren.	

5 Kunden		
Kennzahl	**Lieferanteil/ Bedarfsdeckungsquote**	**Gliederungs-Nr.: 5.1**
Definition	$$\frac{\textbf{Umsatz mit Kunde A (5.1.1)}}{\textbf{gesamtes Beschaffungsvolumen von Kunde A (5.1.2)}}$$ Die Kennzahl kann auf geschäftliche wie private Kunden bezogen werden. Bei Geschäftskunden muss das gesamte Einkaufsvolumen bekannt sein. Bei Privatkunden ist häufig, vor allem im Markenartikelbereich, der Einzelumsatz nicht bekannt, weil über den Handel abgesetzt wird. Hier können die Daten zumindest näherungsweise über Haushaltspanels ermittelt werden.	
Einsatz	Der Lieferanteil (Geschäftskunden) bzw. die Bedarfsdeckungsquote (Privatkunden) dient der Feststellung, welche Bedeutung das Unternehmen als Lieferant für den Kunden hat. Damit ist auch feststellbar, inwieweit Abhängigkeiten bestehen, die etwa für Preiserhöhungen genutzt werden können. Sie ist allgemein ein Kriterium des kundenspezifischen Erfolgs.	
Erläuterung	Das wesentliche Problem der Kennzahl ist die Datenbeschaffung. Bei Firmenkunden muss in der Regel der Außendienst im Rahmen der Verhandlungen Informationen darüber beschaffen. Bei Privathaushalten sind auch im Rahmen von Panelanalysen nur zielgruppenbezogene Angaben erhältlich. So lässt sich beispielsweise feststellen, dass die Gruppe der Haushalte mit 1–2 Kindern 38 % ihrer Ausgaben für Wasch- und Reinigungsmittel für Produkte der Firma X tätigt. Die Bedarfsdeckungsquote ist hier entsprechend 38 %.	
Beispiel	Firmenkunden werden häufig mit Hilfe eines Kundenportfolios dargestellt, um Ansatzpunkte für die kundenspezifische Bearbeitung zu erhalten. Dabei wird mit Bewertungsdimensionen wie **relative Lieferantenposition** und **Kundenattraktivität** oder **Lieferanteil** und **Kundenumsatz** gearbeitet. Hiermit kann die Kennzahl grafisch dargestellt werden.	
	Kunde 1: wichtiger Kunde mit hohem Potenzial Kunde 2: wichtiger Kunde mit ausgeschöpftem Potenzial Kunde 3: weniger wichtiger Kunde mit hohem Potenzial Kunde 4: unwichtiger Kunde mit ausgeschöpftem Potenzial	

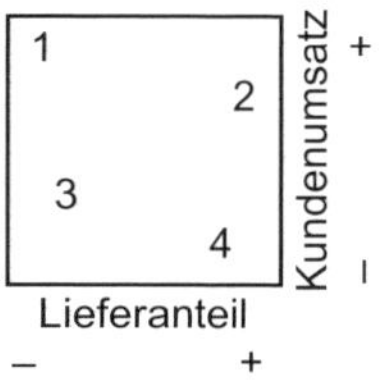

5 Kunden		
Kennzahl	**Kundenzufriedenheit**	**Gliederungs-Nr.: 5.2**
Defini-tion	**Wert des Kundenzufriedenheitsindex** Die Kundenzufriedenheit ist die komplexeste Größe des Kennzahlensystems. Sie setzt sich aus einer Reihe von Einzelkomponenten zusammen, die noch nicht einmal bekannt sein müssen. Deswegen kann hier nur eine sehr stark aggregierte Größe verwendet werden. Dies ist der Kundenzufriedenheitsindex. Im Kapitel 6.2 wird ausführlich auf das Thema Kundenzufriedenheit eingegangen. Die dort vorgestellte Vorgehensweise geht über die hier geschilderte Ermittlung des Index hinaus. Welches Verfahren angewandt werden soll, hängt auch von der Datenverfügbarkeit sowie der Produktart ab. Die Ermittlung kann nur im Rahmen einer umfassenden Marktforschungsstudie erfolgen. Erhebungsfrequenzen von einem halben oder ganzen Jahr sind daher vertretbar.	
Einsatz	Kundenzufriedenheit steht in modernen Unternehmen im Mittelpunkt des Marketing. Die Kennzahl ist ein Indikator dafür, wie gut das Ziel erreicht wurde. Sie muss aber durch detailliertere Kennzahlen ergänzt werden, die in der Lage sind, genauere Informationen über die Ursachen von Zufriedenheit und Unzufriedenheit zu geben.	
Erläute-rung	Ein Kundenzufriedenheitsindex beinhaltet meist zwei Komponenten: die Wichtigkeit der Zufriedenheitskriterien und das Maß der Zufriedenheit bei diesen Kriterien. Die Berücksichtigung der Wichtigkeit ist von Bedeutung, um die Zufriedenheitssteigerung bei unwichtigen Kriterien verhindern zu können. Zu Beginn ist festzustellen, welche Kriterien für die Kunden relevant sind. Im Allgemeinen kommen Faktoren wie Preis, Qualität, Schnelligkeit, Zuverlässigkeit, Freundlichkeit usw. in Frage. Gegebenenfalls müssen hierzu Befragungen bei Kunden vorgenommen werden. Dann sind methodische Entscheidungen vorzunehmen. Dies betrifft vor allem die Art der Frageformulierung und die Auswahl von Skalen. In den Beispielen unten werden zwei mögliche Konstruktionen von Zufriedenheitsindizes vorgestellt. Es sind zahlreiche weitere Verfahren möglich.	

Beispiel

Zunächst ein einfacheres Beispiel zur Berechnung eines Kundenzufriedenheitsindex. Fünf Faktoren werden als relevant erachtet. Die Wichtigkeit der Kriterien muss so verteilt werden, dass sich insgesamt 100 % ergeben. Das Ausmaß der Zufriedenheit bei den einzelnen Kriterien wird über den Erfüllungsgrad erfasst.

Die Kunden werden aufgefordert, bei höchster Zufriedenheit 100 % zu vergeben, bei mittlerer Zufriedenheit 50 % usw. Diese Werte werden dann mit den Gewichten multipliziert. Die Summe ist dann der Zufriedenheitsindex, der zwischen 0 und 100 % liegen kann. Hier liegt er bei 74 %.

Kriterium	Wichtigkeit	Erfüllungsgrad	Indexwerte
Preis	20%	60%	12%
Qualität	40%	95%	38%
Service	10%	80%	8%
Vertragsbedingungen	10%	40%	4%
Lieferschnelligkeit	20%	60%	12%
	100%		74%

Beispiel

Im zweiten Beispiel werden 5er-Skalen eingesetzt. Die Kunden müssen zunächst angeben, wie wichtig ihnen die Kriterien sind, dann, wie zufrieden sie sind. Schließlich wird ein Vergleichsmaßstab verwendet, um die Abweichung der tatsächlichen von der angestrebten Zufriedenheit zu berechnen.

Dieser Vergleichsmaßstab kann entweder das vom Unternehmen angestrebte Zufriedenheitsziel sein (das nicht immer das Maximum ist, weil Kundenzufriedenheit auch mit Kosten verbunden ist) oder ein anderes Unternehmen, das als Vorbild angesehen wird. Ist den Kunden dieses Unternehmen bekannt, können sie auch dafür eine Zufriedenheitsbewertung durchführen. Die Wichtigkeit wird dann normiert, so dass sich insgesamt eine Summe von 1 ergibt. Multipliziert mit der Differenz zum Vergleichsmaßstab ergibt sich der Zufriedenheitsindex.

Kriterium	**Wichtigkeit**	**Ist**	**Soll**	**Index** (Beispiel)		
	1 2 3 4 5 un-wichtig … sehr wichtig	1 2 3 4 5 unzu-frieden … sehr zufr.	1 2 3 4 5 unzu-frieden … sehr zufr.	norm. Wichtigkeit	Differenz	Index
Preis	X ❍ ❍ ❍ ❍	❍ ❍ X ❍ ❍	❍ ❍ X ❍ ❍	0,1	0	0
Qualität	❍ ❍ ❍ X ❍	❍ ❍ ❍ ❍ X	❍ ❍ ❍ X ❍	0,4	1	0,4
Service	❍ ❍ X ❍ ❍	❍ X ❍ ❍ ❍	❍ ❍ X ❍ ❍	0,3	-1	-0,3
Vertr.bed.	X ❍ ❍ ❍ ❍	❍ ❍ X ❍ ❍	❍ ❍ ❍ ❍ X	0,1	-2	-0,2
Lieferschn.	X ❍ ❍ ❍ ❍	X ❍ ❍ ❍ ❍	❍ X ❍ ❍ ❍	0,1	-1	-0,1
Summe:						-0,2

<table>
<tr><th colspan="3">5 Kunden</th></tr>
<tr><td rowspan="2">Kennzahl</td><td rowspan="2">Auftragsgrößen-konzentration</td><td>Gliederungs-Nr.: 5.3</td></tr>
<tr><td></td></tr>
<tr><td>Definition</td><td colspan="2">Volumen der Aufträge mit einem Mindestbestellwert von X EUR (5.3.1)
――――――――
Netto-Umsatz (1.7.2)

Die Kennzahl kann auf den Anteil einer bestimmten oder mehrerer Klassen von Aufträgen ausgerichtet werden. In der Regel werden drei Klassen unterschieden, um zu einer Einteilung in A-, B- und C-Aufträge zu kommen.

Wenn es keine besonderen saisonalen Einflüsse gibt, sollte die Ermittlung monatlich erfolgen.</td></tr>
<tr><td>Einsatz</td><td colspan="2">Mit Hilfe der Auftragsgrößenkonzentration wird einerseits die Abhängigkeit des Unternehmens von einzelnen Aufträgen kontrolliert, andererseits auch eine Grundlage für die auftragsbezogene Kalkulation geschaffen.</td></tr>
<tr><td>Erläuterung</td><td colspan="2">Wichtig ist hier die Bestimmung des X bzw. weiterer Grenzen zwischen den Größenklassen. Entscheidendes Kriterium sollte hierbei die tatsächliche Abhängigkeit des Unternehmens von den Aufträgen sein.</td></tr>
<tr><td>Beispiel</td><td colspan="2">Ein Unternehmen stellt die 21 in einer Periode eingegangenen Auftragsvolumina fest:
<table>
<tr><td>6.200</td><td>5.100</td><td>750</td><td>2.600</td><td>200</td><td>14.700</td><td>600</td></tr>
<tr><td>2.700</td><td>300</td><td>80</td><td>7.400</td><td>1.000</td><td>600</td><td>2.100</td></tr>
<tr><td>16.300</td><td>4.800</td><td>400</td><td>60</td><td>200</td><td>3.900</td><td>100</td></tr>
</table>
Gesamtvolumen: 70.090. Es zeichnet sich eine deutliche Unterscheidung von Großaufträgen (über 10.000), mittleren und kleinen (bis 1.000) ab. Damit ergeben sich die Auftragsgrößenanteile:
<table>
<tr><th>Auftragsklasse</th><th>Anteil Menge</th><th>Anteil Wert</th></tr>
<tr><td>Groß</td><td>9,5%</td><td>44,2%</td></tr>
<tr><td>Mittel</td><td>38,1%</td><td>49,7%</td></tr>
<tr><td>Klein</td><td>52,4%</td><td>6,1%</td></tr>
</table>
Das Unternehmen weist eine starke Auftragskonzentration auf, die zu einer hohen Abhängigkeit von nur zwei Aufträgen führt. Zudem dürften die Kleinaufträge eine hohe Kostenbelastung darstellen.</td></tr>
</table>

<table>
<tr><th colspan="3">5 Kunden</th></tr>
<tr><td>Kennzahl</td><td>Empfehlungskunden-anteil</td><td>Gliederungs-Nr.: 5.4</td></tr>
<tr><td>Definition</td><td colspan="2">Anzahl (5.4.1)/Umsatz (5.4.2) der Kunden, die auf Empfehlung kaufen
――――――――
Gesamtzahl (5.4.3) der Kunden/Netto-Umsatz (1.7.2)

Die Erfassung der Empfehlungskunden kann nur dann erfolgen, wenn es einen persönlichen Kontakt zwischen Käufer und Verkäufer gibt. Im Rahmen des Verkaufsgesprächs muss dann erfasst werden, wie es zur Kontaktaufnahme kam.

Eine Auswertung kann am einfachsten mit den Besuchsberichten der Außendienstmitarbeiter erfolgen, das heißt meist monatlich.</td></tr>
<tr><td>Einsatz</td><td colspan="2">Empfehlungskunden sind solche, die von anderen Kunden angeworben wurden. Sie werden als Zeichen für eine hohe Kundenzufriedenheit gewertet. Außerdem sind sie meist profitabler, weil sie keine Akquisitionskosten verursachen.</td></tr>
<tr><td>Beispiel</td><td colspan="2">Ein Unternehmen möchte die Zahl der Empfehlungskunden steigern und dabei auch die Kontrolle über ihren Anteil erhalten. Dazu werden alle Kunden mit einem Coupon ausgestattet. Er enthält den Namen des Geschäfts und des Empfehlenden. Bei Vorlage bei einem Kauf enthält der Empfehlende eine kleine Prämie zugeschickt.

Der Anreiz, den Coupon zu verwenden, ist groß. Dadurch wird ein großer Teil der Empfehlungskäufer erfasst. Die Prämie stellt einen Anreiz dar, Empfehlungen auszusprechen. Sie muss aber in einem geeigneten Verhältnis zum Kaufpreis stehen, um noch von einer Empfehlung auf der Basis positiver Erfahrungen zu sprechen. Ist der Prämienanreiz zu hoch, kann er nicht nur rechtswidrig sein, sondern auch Leistungsmängel überkompensieren.</td></tr>
<tr><td>Anmerkungen</td><td colspan="2">Einwandfrei ist nur die Methode, beim Kundenkontakt nach dem Grund der Kontaktaufnahme zu fragen. Problematisch ist jedoch die Tatsache, dass sich nicht jeder Kunde an die Empfehlung erinnern kann oder dies aus anderen Gründen nicht angibt.</td></tr>
</table>

5 Kunden		
Kennzahl	**Kundendeckungsbeitrag**	**Gliederungs-Nr.: 5.5**
Definition	**Netto-Umsatz mit Kunde A (5.1.1)** **– dem Kunden A zurechenbare Kosten (5.5.1)** Die zurechenbaren Kosten umfassen die Herstellkosten der verkauften Produkte (analog für Dienstleistungen) sowie kundenbezogene Verwaltungs- und Vertriebskosten. Dazu gehört beispielsweise der Betreuungsaufwand.	
Einsatz	Der Kundendeckungsbeitrag ist ein relativ einfach zu ermittelndes Kriterium zur Kontrolle der Kundenprofitabilität. Er beantwortet die Frage, ob sich die Belieferung eines Kunden überhaupt lohnt. Dabei kann aber nur die Erlös-/Kosten-Perspektive beachtet werden. Strategische Überlegungen können etwa über Berechnungen des Kundenpotenzials angestellt werden.	
Erläuterung	Zur detaillierteren Kontrolle lassen sich auch unterschiedliche Kundendeckungsbeiträge errechnen. Dabei werden die zurechenbaren Kosten weiter aufgesplittet. Dies kann beispielsweise nach dem Kriterium der Beeinflussbarkeit der Kosten gehen, so dass sich aus den Deckungsbeiträgen konkrete Handlungsanweisungen ablesen lassen, welche Maßnahmen zu unterstützen bzw. zu unterlassen sind. **Bruttoumsatz (ohne MwSt.) des Kunden** – Erlösschmälerungen **= Nettoumsatz** – (Herstellkosten + Verwaltungsgemeinkostenanteil) **= Kundendeckungsbeitrag 1** – zurechenbare Marketingkosten (Werbemaßnahmen) **= Kundendeckungsbeitrag 2** – zurechenbare Vertriebskosten (Besuche, Auftragsabwicklung usw.) **= Kundendeckungsbeitrag 3** – zurechenbare Nachkauf-Kosten (Transport, Service, Kulanz) **= Kundendeckungsbeitrag 4** davon zu decken: nicht zurechenbare Marketing-/Vertriebskosten	

Beispiel

Auf der Basis dieses Deckungsbeitragsschemas sind in einem Unternehmen die Deckungsbeiträge für fünf Kunden ermittelt worden.

DB	Kunde A	Kunde B	Kunde C	Kunde D	Kunde E
Nettoumsatz	24.000	13.500	8.700	29.400	6.100
DB 1	12.300	3.800	4.100	11.800	2.800
DB 2	7.600	1.500	3.700	9.600	-1.100
DB 3	6.200	-800	1.200	7.300	-2.200
DB 4	6.000	-1.300	300	6.400	-2.700

- Die Kunden A und D sind profitabel.
- Kunde C ist profitabel, aber nicht sonderlich wertvoll.
- Kunde B wird durch Betreuungsmaßnahmen unprofitabel. Hier könnte zum Beispiel an eine Umstellung auf Telefonbetreuung gedacht werden.
- Kunde E ist nur noch als „Mitnahmekunde" zu rechtfertigen, Marketingausgaben sollten für ihn nicht erfolgen.

5 Kunden			
Kennzahl	**Kunden-DB-Rendite**	Gliederungs-Nr.:	5.6
Definition	$\frac{\text{Kundendeckungsbeitrag A (5.5)}}{\text{Umsatz des Kunden A (5.1.1)}}$ Der Kundendeckungsbeitrag ist der Betrag, der nach Abzug aller der Geschäftsbeziehung direkt zurechenbaren Kosten übrig bleibt, um Fixkosten zu decken und Gewinn zu erzielen. Je nach Umfang der zu berücksichtigenden Kosten können unterschiedliche Ebenen der Deckungsbeitragsberechnung unterschieden werden (siehe Kennzahl Kundendeckungsbeitrag). Wegen einiger saisonal anfallender Kosten ist die Ermittlung auf Jahresbasis sinnvoll. Zur laufenden Kontrolle bzw. zur Kalkulation im Rahmen einzelner Aufträge kann sie auch auf Ad-hoc-Basis erfolgen.		
Einsatz	Die Kennzahl wird verwendet, um die Profitabilität einer Kundenbeziehung zu kontrollieren. Sie baut auf einer kundenspezifischen Deckungsbeitragsrechnung auf. Durch den Kundenumsatz als Bezugsbasis entsteht eine Größe, mit der Profitabilitätsvergleiche angestellt werden können.		
Erläuterung	Die Kundendeckungsbeitragsrendite ist nicht mit einer Gewinnrendite gleichzusetzen. Da kundenspezifische Gewinne in aller Regel nicht seriös ausgewiesen werden können, kann nur der Deckungsbeitrag als eine Art Gewinnersatz herangezogen werden. Die Kunden-DB-Rendite ist dann aber keine endgültige Größe, weil neben der Gewinnerwartung auch noch Fixkosten zu decken sind. Die Aussagefähigkeit dieser Kennzahl hängt daher stark von der Genauigkeit der Kostenrechnung ab. Je stärker die Fixkosten nach Verursachern aufgeschlüsselt werden, desto aussagefähiger kann die Kundenrendite sein. Insbesondere der Einsatz einer Prozesskostenrechnung, bei der die Kosten kundenbezogenen Prozessen zugerechnet werden, ist hilfreich.		

Beispiel

Ein Unternehmen hat drei Kunden A, B und C. Der Gesamtumsatz und die Deckungsbeiträge verteilen sich wie folgt auf die Kunden:

Kunden:	**A**	**B**	**C**
Netto-Erlös	400.000	620.000	180.000
Kundeneinzelkosten	325.000	472.000	133.000
Kunden-DB	75.000	148.000	47.000
Kunden-DB-Rendite	**18,75 %**	**23,87 %**	**26,11 %**

Die höchste Kundendeckungsbeitragsrendite erzielt Kunde C. Ob sich dabei absolut gesehen ein Gewinn ergibt, kann nicht gesagt werden. Dazu sind Angaben über die restlichen fixen Gemeinkosten erforderlich.

Bei den Kundeneinzelkosten wurden die Herstellkosten der Produkte sowie die den Kunden direkt zurechenbaren Kosten wie Außendienstbetreuung, Werbegeschenke usw. berücksichtigt.

5 Kunden		
Kennzahl	**Kundenumsatz (DB-)anteil**	**Gliederungs-Nr.: 5.7**
Definition	**Umsatz (5.1.1)/DB (5.5) des Kunden A** / **Netto-Umsatz (1.7.2)/-DB (5.7.1)** Die Kennzahl kann für alle Kunden und Kundengruppen einzeln berechnet werden. Die Kundengruppen können jeweils nach Umsatz- und Deckungsbeitragsvolumina, aber auch nach qualitativen Kriterien wie neu/alt, privat/gewerblich usw. gebildet werden. Die Ermittlung des Kundenumsatz(DB-)anteils kann laufend erfolgen.	
Einsatz	Kundenumsatz(DB-)anteile dienen der Kontrolle der Umsatzstruktur. Damit sollen einerseits Risikopotenziale, andererseits aber auch Verschiebungen bei den angesprochenen Zielgruppen erkannt werden. Solche Verschiebungen können als Frühwarnindikatoren für eine nachlassende Marktposition angesehen werden. Beispiele: Die Verlagerung des Umsatzes von Großkunden hin zu einer steigenden Zahl von Kleinkunden deutet auf eine sinkende Attraktivität des Angebots hin. Kleinkunden nutzen möglicherweise die Angebote nur wegen einzelner günstiger Preise, wegen Lieferschwierigkeiten bei Wettbewerbern oder wegen der räumlichen Nähe. Die Verlagerung von jungen Privatkunden zu einem wachsenden Anteil alter Kunden deutet auf eine nachlassende Innovationsfähigkeit hin. Außerdem ist mittelfristig mit einem kontinuierlichen Umsatzrückgang zu rechnen. Eine Verschiebung der Umsatzanteile zugunsten der Privatkunden kann ohne Profitabilitätsprobleme ablaufen, doch deutet sie an, dass die Marketingmaßnahmen entsprechend umzustellen sind.	
Erläuterung	Die Kennzahl ist nur dann aussagefähig, wenn sie regelmäßig erhoben wird. Dabei ist aber darauf zu achten, dass zufällige Schwankungen nicht zu einer Fehlinterpretation führen. Daher bieten sich feste Zeiträume von z. B. einem Monat oder Quartal an, die rollierend gebildet werden.	

Beispiel

Ein Unternehmen möchte sich einen Überblick über die Umsatz- und Deckungsbeitragskonzentration nach Kunden verschaffen. Dazu sind Umsatz und DB einzeln sowie kumuliert sowie die Idealwerte ohne Vorliegen einer Konzentration (Gleichverteilung) zu berechnen.

Kunde	Umsatz	DB	Umsatz kumul.	DB kumul.	Umsatz ideal	DB ideal
A	78	36	78	36	22,67	11,08
B	58	25	136	61	45,34	22,16
C	47	20	183	81	68,01	33,24
D	35	15	218	96	90,68	44,32
E	23	9	241	105	113,35	55,40
F	13	7	254	112	136,02	66,48
G	10	6	264	118	158,69	77,56
H	6	4	270	122	181,36	88,64
I	5	2	275	124	204,03	99,72
J	5	3	280	127	226,70	110,80
K	4	2	284	129	249,37	121,88
L	2	1	286	130	272,04	132,96

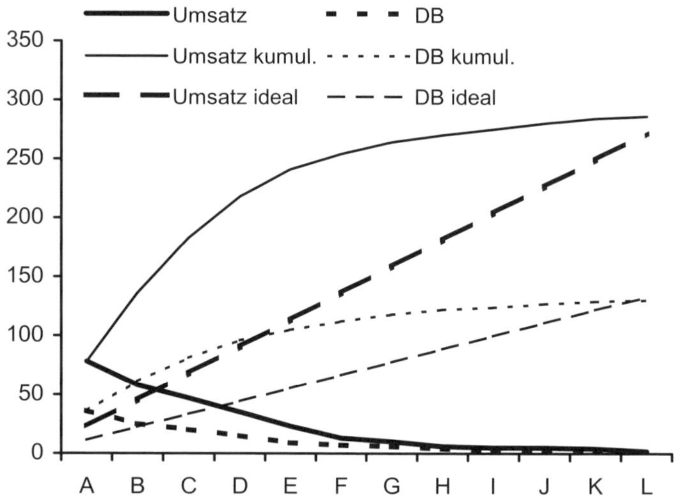

Je stärker die kumulierten Umsätze und Deckungsbeiträge von den idealen abweichen, desto stärker ist die Konzentration.

Als Konzentrationsmaß können Indizes wie der Gini-Koeffizient verwendet werden oder einfacher die Umsatzanteile der 10 % größten Kunden usw. oder der Kundenanteil von 50 % des Umsatzes.

5 Kunden		
Kennzahl	**Kundenalter**	**Gliederungs-Nr.: 5.8**
Defini-tion	**durchschnittliche Dauer der Kundenbeziehung** Für jeden Kunden ist zu ermitteln, wie lange er schon als aktiver Kunde geführt ist. Jedes Jahr lässt sich dann das durchschnittliche Kundenalter, gegebenenfalls mit dem Umsatz gewichtet, ermitteln.	
Einsatz	Das Kundenalter ist eine Größe, die verschiedene Überlegungen beinhaltet. So gibt es Vorstellungen darüber, dass ein gewisser Anteil neuer Kunden erforderlich ist, um eventuell wegfallende Kunden zu ergänzen und die Kundenbasis zu regenerieren. Außerdem stehen Neukunden für die Attraktivität des Unternehmens als Lieferant und bieten Möglichkeiten zur Umsatzsteigerung. Eine weitere Überlegung setzt am Wert der alten Kunden an. Prinzipiell besteht ein Zusammenhang zwischen der Dauer der Kundenbeziehung und der Kundenprofitabilität. Weiterhin sprechen Altkunden für eine hohe Zufriedenheit.	

<table>
<tr><th colspan="3">5 Kunden</th></tr>
<tr><td>Kennzahl</td><td>Kundenwert</td><td>Gliederungs-Nr.: 5.9</td></tr>
<tr><td>Definition</td><td colspan="2">Barwert der zu erzielenden Kundendeckungsbeiträge

Der Kundenwert entspricht dem Barwert (Gegenwartswert) der durch ihn erzielbaren Deckungsbeiträge. Dabei handelt es sich um eine Schätzgröße, die sich an den möglichen Umsatzvolumina des Kunden orientiert. Ebenso müssen die Dauer der Kundenbeziehung und der kalkulatorische Zinssatz geschätzt werden.</td></tr>
<tr><td>Einsatz</td><td colspan="2">Die Kennzahl wird herangezogen, um die Investitionen in eine Kundenbeziehung zu beurteilen. Je höher der Kundenwert, desto lohnenswerter sind Ausgaben für die Kundengewinnung bzw. Anfangsverluste aufgrund von Zugeständnissen. Der Betrag der Investition in die Kundenbeziehung darf auf jeden Fall nicht den Kundenwert übersteigen.

Interessant ist eine laufende Beobachtung des Kundenwerts, wenn er etwa jährlich ermittelt wird. Trotz aller Ungenauigkeit lässt sich feststellen, ob der Kunde für das Unternehmen attraktiver wird oder nicht. Er wird damit zu einem Frühwarnindikator. Ein sinkender Kundenwert deutet auf zu erwartende Umsatzrückgänge hin.</td></tr>
<tr><td>Erläuterung</td><td colspan="2">Eine Kundenbeziehung wird erst im Laufe der Zeit profitabel. Während die Verluste am Anfang recht konkret zu bestimmen sind, unterliegen die erwarteten Überschüsse einer wachsenden Ungewissheit. Dies stellt das Grundproblem der Kundenwertermittlung dar.

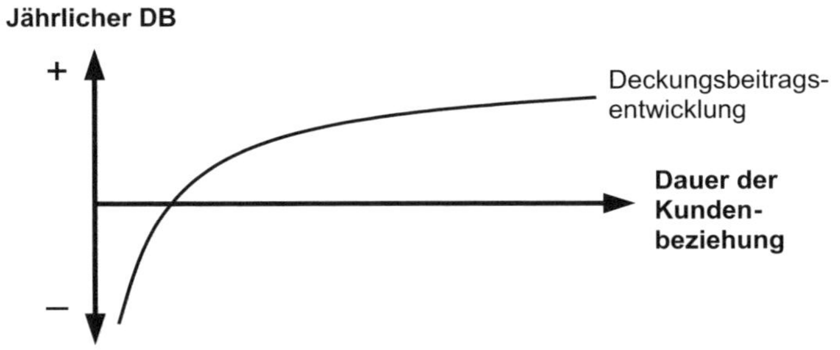

Die Kundenwertberechnung erfolgt mit Hilfe der Kapitalwertformel:</td></tr>
</table>

Erläuterung

$$K_0 = \sum_{t=0}^{n} DB_t \cdot (1+i)^{-t}$$ mit:

K_0 = Kapitalwert (Wert der Kundendeckungsbeiträge zum Zeitpunkt 0)
DB_t = Deckungsbeiträge des Kunden in der Periode t
i = Kalkulationszinssatz (z. B.: 0,1 für 10 %)
t = Periodenindex
n = Dauer der Kundenbeziehung

Beispiel

Folgende Faktoren können zur Kundenwertermittlung herangezogen werden:

1. Ausgaben in der Produktgruppe pro Jahr gesamt (Netto-Umsätze exkl. Erlösschmälerungen),
2. Zahl der Lieferanten/gekauften Marken in der Produktgruppe, Markentreue,
3. erwartete Dauer der Kundenbeziehung,
4. Profitabilität (Deckungsbeitrag) der gekauften Produkte (Deckungsbeitrag vor Abzug kundenspezifischer und von Marketingkosten),
5. erstmaliger Aufwand zur Kundenakquisition,
6. erforderlicher Aufwand zur Erhaltung der Kundenbeziehung (Werbung, Außendienstbesuche usw.) pro Jahr,
7. Aufwand für Reklamationsbearbeitung, Nacharbeit, Kulanz, Stornierungen, Mahnungen usw. pro Jahr,
8. Wahrscheinlichkeit von Empfehlungen.

Kriterien	**Privatkunde** (repräsentativ)	**Gewerblicher Kunde**
1. ∅ Jahresausgaben	900	350.000
2. geschätzter Lieferanteil davon	30 %	40 %
3. Umsatzpotenzial (netto)	210	140.000
4. Dauer der Kundenbeziehung	6 Jahre	10 Jahre
5. Deckungsbeitrag I pro Jahr	105	45.000
6. Akquisitionsaufwand einmalig	300	22.000
7. Erhaltungsaufwand jährlich	35	8.000
8. Reklamationsaufwand jährlich	8	7.000
9. ∅ Jahres-DB II (5. – 7. – 8.)	62	30.000
10. kalkulatorischer Zinssatz	8 %	8 %
11. Barwert der Kundenbeziehung	t_0 = -300 $t_1 - t_6$ = 62 K_0 = -13,38	t_0 = -22.000 $t_1 - t_{10}$ = 30.000 K_0 = 179.302,44

Der Kundenwert des gewerblichen Kunden liegt bei knapp 180.000 EUR, der private Kunde ist prinzipiell nicht rentabel.

Ein weiter gehendes Beispiel einer Kundenwertberechnung zeigt das Schema auf der nächsten Seite. Dort werden zusätzlich Schätzgrößen wie das Empfehlungsverhalten berücksichtigt, was gleichzeitig als Vorgabe für den Vertrieb eingesetzt werden kann. Der Know-how-Transfer bewertet die ausgetauschten (unentgeltlichen) Wissensleistungen.

		Reale Größen			Ausstrahlungseffekte				Qualitative Faktoren	
		Ausgaben	**Einnahmen**	**Zinsfaktor**	**Empfehlungsverh.**	**Referenzeffekt**	**Know-how-Transfer**	**Degressionseffekt**	**Kriterium**	**Bewertung**
Vergangenheit	Durchschnitt	*direkt zurechenbare Kosten für Akquisition, Betreuung, Transport, Nacharbeit, Verwaltung*	*Deckungsbeiträge des Kunden (i.d.R. Kunden-DB 1)*	*berücksichtigt Marktzins, Kapitalkosten und Risiko*	*angenommene zusätzliche DB durch Empfehlungen*	*wirtschaftlicher Nutzen durch Einsatz als Referenz*	*wirtschaftlicher Vorteil des Zugangs zu Erfahrungen und technologischem Austausch*	*Kostensenkungseffekt durch zusätzliche Abnahmemengen (Fixkostendegression)*	Stabilität der Beziehung	
	letztes Jahr								Wachstumspotenzial	
Zukunft	Jahr 1								Vertragsbindungen	
	Jahr 2								Zahlungsverhalten	
	Jahr 3								Reklamationsverhalten	
	Jahr 4								...	
	...								...	
Kapitalwert				-					Gesamt	
Gesamtsumme		Summe der Kapitalwerte								

Zahlenbeispiel:

in TEUR		**Ausgaben**	**Einnahmen**	**Zinsfaktor**	**Empfehlungsverh.**	**Referenzeffekt**	**Know-how-Transfer**	**Degressionseffekt**	**Kriterium**	**Bewertung**
Vergangenheit	Durchschnitt	600	720		200	-	50	30	Stabilität der Beziehung	3
	letztes Jahr	480	540		-	-	-	20	Wachstumspotenzial	2
Zukunft	Jahr 1	600	500	0,87	50	-	-100	20	Vertragsbindungen	2
	Jahr 2	550	680	0,76	100	-	50	20	Zahlungsverhalten	1
	Jahr 3	600	740	0,66	100	-	-	25	Reklamationsverhalten	4
	Jahr 4	650	800	0,57	100	-	-	25	räumliche Nähe	3
Kapitalwert		190		-	243	-	-49	63	Gesamt	2,5
Gesamtsumme		447							(1= sehr gut ... 5= schlecht)	

5 Kunden		
Kennzahl	**Kundenwanderung**	**Gliederungs-Nr.: 5.10**
Definition	**Anzahl (5.10.1)/Umsatz (5.10.2) der hinzugewonnenen Kunden** **– Anzahl (5.10.3)/Umsatz (5.10.4) der verlorenen Kunden** Als Kunden werden nur diejenigen gezählt, die aktiv sind. Es ist also erforderlich, ein Aktivitätskriterium zu definieren. Je nach Branche bietet es sich an, solche Kunden als aktiv zu bezeichnen, die innerhalb der letzten 6/12/18/24 Monate gekauft haben. Verlorene Kunden sind solche, die im festgelegten Zeitraum nicht mehr gekauft haben. Die Berechnung setzt eine entsprechende Abfragemöglichkeit in der Kundendatenbank voraus. Die Frequenz sollte sich an der Aktivitätsdefinition orientieren, in der Regel halbjährlich.	
Einsatz	Die Kundenwanderung informiert darüber, ob die Kundenbasis wächst oder schrumpft. Eine wachsende Kundenbasis bringt Umsatzpotenziale mit sich. Umgekehrt ist ein negativer Kundensaldo ein Alarmsignal. Die Umsatzstatistik macht darauf oft nicht aufmerksam, weil der Kundenverlust durch höhere Umsätze bei den anderen Kunden kompensiert werden kann.	
Beispiel	Ein Unternehmen sieht in seiner Kundendatenbank vor, Abwanderungen von Kunden auszuweisen. Dazu wurde ein Kennzeichen für den Fall eingerichtet, dass ein Kunde seit mindestens 18 Monaten nicht mehr bestellt hat. Bei einem durchschnittlichen Bestellzyklus von 4,7 Monaten gilt dies als ein deutliches Zeichen dafür, dass der Kunde abgewandert ist. Sofern die Firma aufgegeben/in Konkurs sein sollte, würde sie aus der Datei gelöscht, so dass keine Abwanderung mehr verzeichnet wird. Diese Löschung stellt sich jedoch als problematisch heraus, weil das Unternehmen nicht immer von der Betriebsaufgabe erfährt. Dem Vertrieb wird das Ziel vorgegeben, eine um 20 % über der Abwanderungszahl liegende Zahl von Kunden neu zu akquirieren.	

5 Kunden

Kennzahl	Churn Rate	Gliederungs-Nr.: 5.11

Definition

$$\frac{\text{Anzahl der Vertragsauflösungen/Kündigungen (5.11.1)}}{\text{Anzahl der Kundenverträge/ auslaufenden Vertragsbindungen (5.11.2)}}$$

Die Definition der Churn Rate (entstanden aus change und turn) hängt vom vorhandenen Vertragsmodell ab. Laufen Verträge planmäßig wegen einer definierten Vertragsdauer aus, dann werden die nicht fortgeführten Verträge zu den auslaufenden in Beziehung gesetzt. Gibt es Verträge mit unbestimmter Dauer und definierter Kündigungsfrist, dann werden die Kündigungen durch den Vertragsbestand geteilt.

Die Kennzahl kann laufend berechnet und aktualisiert werden. Bezugszeitraum können je nach Branche Wochen, Monate oder Jahre sein.

Einsatz

Die Churn Rate misst die Vertragstreue der Kunden. Sie ist in bestimmten Branchen, in denen aufgrund von Leitungsbindung (Strom, Telefon usw.) oder Anfangsinvestitionen (Mobilfunk, Fitness-Center usw.) Vertragsbindungen erforderlich sind, die zentrale Steuerungsgröße. Nur wenn ein Vertrag über eine bestimmte Mindestdauer fortgeführt wird, wird er profitabel. Das Marketing konzentriert sich deswegen stark auf die Weiterführung/Erneuerung der Vertragsbeziehung.

Beispiel

Der Betreiber eines Fitness-Centers, der ausschließlich Jahresverträge anbietet, misst monatlich die Churn Rate. Da er keine Kundenbefragungen o. Ä. durchführt, ist sie gleichzeitig sein zentraler Zufriedenheitsindikator. Er stellt für die letzten sechs Monate folgende Daten fest:

auslaufende Verträge	215	187	96	144	206	112
gekündigte Verträge	48	27	19	47	83	51
Churn Rate	22%	14%	20%	33%	40%	45%

Seit der zweiten Periode ist ein deutlicher Anstieg der Churn Rate zu verzeichnen. Sofortige Gegenmaßnahmen (Zufriedenheitssteigerung, Kundenbindungsprogramm, kostengünstigeres Verlängerungsangebot o. Ä.) sind dringend erforderlich.

5 Kunden		
Kennzahl	**Lost-Order-Rate**	**Gliederungs-Nr.: 5.12**
Definition	$\frac{\text{Anzahl der verlorenen Aufträge (5.12.1)}}{\text{Anzahl der akquirierten Aufträge (5.12.2)}}$ Basis dieser Kennzahl sind die insgesamt akquirierten Aufträge, wobei auch solche dazu gezählt werden sollten, die noch nicht im verbindlichen Stadium sind. Dies ist etwa der Fall, wenn sich ein Projekt in der Vorklärungsphase befindet und die Spezifikationen noch nicht festgelegt sind. Darauf werden die verlorenen Aufträge bezogen, sowohl gescheiterte als auch nicht gewonnene, die sich in der Prüfung befanden. Die Kennzahl kann, in Abhängigkeit von der Auftragsmenge des Unternehmens insgesamt, monatlich bis jährlich ermittelt werden.	
Einsatz	Unternehmen, die keine standardisierten Fertigwaren verkaufen, sondern individuell gefertigte oder sogar entwickelte Waren und Dienstleistungen, durchlaufen im Vorfeld meist langwierige Verhandlungs- und Prüfprozesse. Dabei werden die technische Durchführbarkeit und die Verfügbarkeit von Vorprodukten geprüft, Spezifikationen aufeinander abgestimmt, Preise kalkuliert usw. Der Aufwand ist entsprechend hoch, so dass ein verlorener Auftrag auch einen Kostenfaktor darstellt. Mit Hilfe der Lost-Order-Rate, die nach Verlustgründen spezifiziert werden sollte, lässt sich dieser Problembereich kontrollieren. Eine genaue Auswertung nach Gründen ermöglicht es auch, das Angebot marktgerecht anzupassen.	
Erläuterung	Die Kennzahl ist eng verwandt mit der Angebotserfolgsquote. Während diese aber nur Erfolg/Misserfolg formeller Angebote erfasst, geht es hier um die Eruierung von Ursachen für Auftragsverluste.	
Beispiel	Ein Industrieunternehmen ist im Projektgeschäft tätig, bei dem die Vorklärungsphase bis zur eigentlichen Auftragserteilung oft ähnlich lange wie die Auftragsabwicklung dauert. Um zuverlässigere Angebote entwickeln zu können, wird die Klärungsphase in mehrere Stufen unterteilt, für die jeweils erfasst wird, ob sie erfolgreich durchlaufen wurden oder ob es zum Scheitern kam. Diese Phasen sind: Kontaktphase – Anforderungsermittlung – Projektentwicklung – Projektabstimmung – Vertragsverhandlung.	

5 Kunden		
Kennzahl	**Recency**	**Gliederungs-Nr.: 5.13**
Definition	**durchschnittliche Zeit, die der letzte Kauf zurückliegt** Die Kennzahl registriert, wie lange der letzte Kauf im Durchschnitt aller Kunden, einzelner Kundengruppen oder einzelner Kunden zurückliegt. Sie kann tagesaktuell berechnet werden.	
Einsatz	Die Kennzahl wird eingesetzt, um eine Kundenbeziehung bzw. die Qualität des Kundenstamms insgesamt zu bewerten. Dies wird beispielsweise im Versandhandel praktiziert. Hohe Recency-Werte lassen auf eine prinzipiell geringere Wiederkaufwahrscheinlichkeit schließen, außerdem ergeben sich Anhaltspunkte für Werbemaßnahmen. Das Überschreiten eines Schwellenwertes kann eine Erinnerungswerbung auslösen.	
Beispiel	Ein Büroartikelhändler berechnet kontinuierlich für seine Kunden einzeln, für Gruppen und insgesamt die Recency-Werte. In seiner Region 42 stellt er im Vergleich zum Durchschnitt anderer Regionen ein plötzliches Ansteigen der Werte fest. Er analysiert die Region und stellt fest, dass ein neuer Händler dort ein Geschäft eingerichtet hat. Offensichtlich tätigen seine Kunde zumindest Testkäufe dort. Der Kontakt zu den Kunden lässt dadurch nach. Eine rein umsatzorientierte Überwachung der Regionen hätte dies möglicherweise nicht zutage gefördert, weil der Effekt durch (zufällige) Bestellung höherwertiger Waren hätte kompensiert werden können. Die Zeit seit dem letzten Kauf ist als „Stückgröße“ weniger von diesen zufälligen Ereignissen beeinflussbar.	

5 Kunden		
Kennzahl	**Kauffrequenz**	**Gliederungs-Nr.: 5.14**
Definition	**durchschnittliche Kaufhäufigkeit in einer Periode** Für die Kennzahl ist eine Periode zu definieren (z. B. die letzten 12 oder 24 Monate), innerhalb derer die Zahl der Käufe ermittelt wird.	
Einsatz	Ebenso wie Recency ist die Kauffrequenz (Frequency) ein klassisches Kriterium der Kundenbewertung, das aus dem Versandhandel stammt. Kunden, die häufiger bestellen, sind wertvoller, eine nachlassende Häufigkeit ist ein Indikator für ein späteres Aussteigen aus der Geschäftsbeziehung. Hohe Kauffrequenzen definieren darüber hinaus eine sehr enge Kundenbeziehung, das heißt es kommt zu häufigen Kontakten und Einflussmöglichkeiten (z. B. Werbung, Sonderangebote).	
Erläuterung	Als Qualitätskriterium und nicht als Kostenkennziffer muss hier von der Kostenwirkung einer hohen Kauffrequenz abgesehen werden. Eine schnelle Folge von Käufen kann zu übermäßig hohen Logistikkosten führen, wenn etwa nicht auf optimale Liefermengen geachtet wird. Weiterhin entsteht z. B. im Zusammenhang mit Electronic Procurement oft das Problem, das gesamte Beschaffungsvolumen auf zu viele kleine Bestellungen zu verteilen, die von den einzelnen Bedarfsträgern ausgelöst werden. Die Kauffrequenz ist dann die Kennzahl zur Kontrolle dieser Fehlentwicklung.	

<table>
<tr><th colspan="3">6 Information und Innovation</th></tr>
<tr><td rowspan="2">Kennzahl</td><td rowspan="2">Kundenkenntnis</td><td>Gliederungs-Nr.: 6.1</td></tr>
<tr><td></td></tr>
<tr><td>Defini-
tion</td><td colspan="2">Anzahl der erfassten Kriterien pro Kunde (6.1.1)
―――
Anzahl der verhaltensrelevanten Kriterien (6.1.2)

Verhaltensrelevante Kriterien sind die möglichen Kundenmerkmale, die einen Einfluss auf das Kaufverhalten haben. Dazu gehören bei Firmenkunden beispielsweise das Angebotsprogramm (Branche), Größe bzw. Umsatz, eingesetzte Fertigungsverfahren und Technologien, bei Privatkunden etwa das Alter, Beruf, Familiengröße usw. Welche konkret in Frage kommen, muss jeweils individuell bestimmt werden. Zu diesen Kriterien sind die tatsächlich erfassten in Beziehung zu setzen. Das sind die Faktoren, die in einer Kundendatei enthalten sind bzw. regelmäßig im Rahmen von Marktforschungsprojekten abgefragt werden und auch in die Entscheidungsfindung (Produktentwicklung, Marktsegmentierung, Preisbildung usw.) einfließen.

Die Kennzahl wird sich üblicherweise nicht kurzfristig ändern, so dass ein halbjährlicher oder jährlicher Rhythmus ausreichend ist.</td></tr>
<tr><td>Einsatz</td><td colspan="2">Die Kundenkenntnis kontrolliert, inwieweit Informationen über Kunden beschafft und genutzt werden. Ihre Ermittlung soll verhindern, dass Entscheidungen ausschließlich aus dem Bauch heraus getroffen werden und an den Kundenwünschen vorbei gehen. Sie stellt einen Anreiz dar, die Informationsbasis ständig zu erweitern, jedoch auch nur in dem Maße, wie die Daten sinnvoll eingesetzt werden können.</td></tr>
<tr><td>Erläute-
rung</td><td colspan="2">Zunächst ist es wichtig, den Umfang der grundsätzlich benötigten Informationen zu bestimmen. Dazu sollte eine Informationsbedarfsanalyse durchgeführt werden, und zwar im Vertrieb, der Produktentwicklung und im Marketing/Produktmanagement. Um das Entstehen eines Datenfriedhofs von vornherein zu vermeiden, sollte dann eine Gewichtung vorgenommen werden, die die nicht relevanten Informationen herausfiltert. Soweit eine Entscheidungsrelevanz begründbar ist, sollten sie in einer „Wunschliste" aufgeführt werden. Deren Umfang bestimmt den Nenner der Kennzahl.</td></tr>
</table>

6 Information und Innovation		
Kennzahl	**Innovationsfähigkeit**	**Gliederungs-Nr.: 6.2**
Definition	**Anzahl der Innovationsvorschläge/-projekte** Die Kennzahl erfasst Vorschläge und/oder Projekte, die auf Produkt- und Prozessinnovation ausgerichtet sind. Sie ist keine Beziehungszahl und muss daher immer im firmenspezifischen Zusammenhang gesehen werden (Vergleich mit Vergangenheit, „Gefühl"). Die Erfassung erfolgt am sinnvollsten über das betriebliche Vorschlagswesen. Die Kennzahl eignet sich meist nur für eine Erfassung im Jahresrhythmus.	
Einsatz	Die Innovationsfähigkeit beschreibt die Verankerung der Innovationskultur im Unternehmen. Dabei spielt vor allem die weitläufige Beteiligung an Innovationsprozessen eine Rolle, das heißt nicht allein die Tätigkeit einzelner Entwickler, sondern der gesamten Belegschaft. Die Zahl der eingereichten Vorschläge ist sicher nur ein Indikator dafür, jedoch der am besten zu operationalisierende. Alternativ wäre an die für innovative Prozesse zur Verfügung stehende Zeit zu denken, die jedoch fast nicht zu erfassen ist.	
Beispiel	Die Kennzahl berücksichtigt in dieser Form nicht die Qualität der Innovationsfähigkeit. Prinzipiell ist es möglich, dass zwar zahlreiche Vorschläge eingebracht werden, diese jedoch, weil mangelhaft durchdacht, nicht umsetzbar sind. Daher sollte ein Prüfmechanismus eingeführt werden, der eine Gatekeeper-Funktion übernimmt und nur solche Vorschläge akzeptiert, die ein gewisses Potenzial bergen, ohne gleichzeitig die Mitarbeiter von einer Beteiligung abzuhalten. Auf jeden Fall ist dafür ein nachvollziehbares Verfahren notwendig. Bei der Ermittlung der Organisationsfähigkeit über das betriebliche Vorschlagswesen sollten rein kostenorientierte Vorschläge ausgeklammert werden, die zwar häufig eingereicht werden, aber nicht unbedingt ein Symbol der Innovativität sind.	

6 Information und Innovation		
Kennzahl	**Innovationsstärke**	**Gliederungs-Nr.: 6.3**
Definition	**Anzahl neuer Produkte/Projekte in einer Periode (6.3.1)** / **Gesamtzahl der vorhandenen/laufenden Produkte/Projekte (6.3.2)** Die Kennzahl kann, je nach Branche, auf Produkte wie Projekte bezogen werden. Sie erfasst rein zahlenmäßig die neu begonnenen Projekte bzw. eingeführten Produkte einer Periode und setzt sie zur Gesamtzahl, etwa dem Sortimentsumfang, in Beziehung. Um eine fundamentale Innovationsstärke zu messen, sollte die Kennzahl nicht für kurze Perioden gerechnet werden. Ein halbjährlicher oder jährlicher Rhythmus ist hier angemessen.	
Einsatz	Die Kennzahl erfasst einen dem Innovationsgrad vergleichbaren Bereich. Hier spielt jedoch der Markterfolg keine Rolle, vielmehr geht es um die Aktivitäten im Unternehmen innerhalb einer Periode. Sie zeigt dabei auch an, inwieweit es dem Unternehmen aus eigener Kraft gelingt, sich durch Innovation zu regenerieren.	

6 Information und Innovation		
Kennzahl	**Umfeldsensibilität**	**Gliederungs-Nr.: 6.4**
Definition	**Zeit/Anzahl der Quellen, die für das Aufspüren von Veränderungen und Trends verwendet wird/werden** Die Kennzahl wird durch innerbetriebliche Beobachtung bzw. Befragung der Entscheidungsträger im Marketing ermittelt. Dabei muss ein Konsens darüber bestehen, welche Quellen relevant sind, welche Zeiten als produktiv angesehen werden. Sie kann im halbjährlichen oder jährlichen Rhythmus berechnet werden.	
Einsatz	Die Umfeldsensibilität misst, in welchem Maße eine Organisation in der Lage ist, auf äußere Einflüsse zu reagieren. Ein Kriterium dafür ist die Offenheit gegenüber externen Informationen, die hier über die Quellennutzung bzw. das Zeitbudget dafür operationalisiert wird. Beispielsweise können einzelne Zeitungen und Zeitschriften, Marktforschungsberichte, Kongressbeiträge usw. herangezogen werden.	

6 Information und Innovation		
Kennzahl	**Informationsnutzung**	**Gliederungs-Nr.: 6.5**
Definition	**Anzahl genutzter Informationsquellen (6.5.1) / Anzahl vorhandener Informationsquellen (6.5.2)** Diese Kennzahl erfasst, in welchem Maße das vorhandene Informationspotenzial ausgenutzt wird. Sie setzt eine Beobachtung des Nutzungsverhaltens voraus. (Werden Marktforschungsberichte wirklich gelesen? Welche Informationen werden aus den vorhandenen Datenbanken abgerufen?) Die Kennzahl wird sich üblicherweise nicht kurzfristig ändern, so dass ein halbjährlicher oder jährlicher Rhythmus ausreichend ist.	
Einsatz	Neben der Ausschöpfung vorhandener Informationen geht es auch um die Angemessenheit des innerbetrieblichen Informationsangebots. Eine geringe Nutzungsquote muss nicht alleine auf eine Informationsverweigerung hinauslaufen, sondern kann auch auf unbrauchbare Angebote hindeuten. In diesem Fall entsteht beispielsweise ein Kostensenkungspotenzial, zudem ist zu fragen, unter welchen (falschen) Prämissen das Angebot bereitgestellt wurde.	

6 Information und Innovation		
Kennzahl	**Informations-anforderungsintensität**	**Gliederungs-Nr.: 6.6**
Definition	**Anteil der Fälle, in denen vor Entscheidungen Informationen angefordert wurden**	
Einsatz	Die Kennzahl ist ein Indikator für die aktive Informationsverwendung im Marketing. Beispielsweise wird erfasst, ob im Rahmen von Innovationsprojekten oder Werbeentscheidungen Entscheidungsgrundlagen in der Marktforschung oder im Marketing-Controlling angefordert wurden, ob selbst Vertriebspartner befragt wurden usw. An solchem Verhalten zeigt sich, inwieweit Entscheidungen eher aus Gewohnheit oder auf aktueller Basis getroffen werden. Entsprechend sensibler ist das Unternehmen für Umfeldveränderungen und desto zukunftssicherer sind die Entscheidungen.	

6 Information und Innovation		
Kennzahl	**Kundenkontaktrecency**	**Gliederungs-Nr.: 6.7**
Definition	**Zeit, die der letzte Kundenkontakt zurückliegt** Die Kennzahl erfasst, vor wie vielen Tagen/Wochen/Monaten der letzte Kontakt mit einem Kunden bzw. allen Kunden im Durchschnitt stattgefunden hat. Sie kann und sollte im täglichen bzw. wöchentlichen Rhythmus erfasst werden, zumal dies automatisch auf der Basis von Vertriebsinformationen möglich ist.	
Einsatz	Die Recency-Zahl ist mit der geplanten Besuchsfrequenz abzugleichen. Sie ist dann ein Maß dafür, inwieweit die Planung eingehalten wird. Gibt es keine Frequenzplanung, macht sie auf das Erfordernis einer Verstärkung der Besuche, aber auch auf eine möglicherweise zu hohe Frequenz aufmerksam. Interessant ist der Vergleich mit den tatsächlichen Umsätzen.	

6 Information und Innovation		
Kennzahl	**Erfolgsanalyse-Intensität**	**Gliederungs-Nr.: 6.8**
Definition	**Anzahl/Umfang der durchgeführten Erfolgsanalysen** Die Kennzahl erfasst die Anzahl bzw. den Umfang von Erfolgsanalysen bezüglich Produkten und Dienstleistungen, aber auch einzelnen Marketingmaßnahmen wie Werbekampagnen. Sie kann nicht sinnvoll auf eine andere Größe bezogen werden, so dass eine Einschätzung von ausreichend/nicht ausreichend einem subjektiven Einfluss unterliegt. Für die Berechnung ist meist ein Jahresabstand ausreichend.	
Einsatz	Die Berechnung der Erfolgsanalyse-Intensität soll sicherstellen, dass die Aktivitäten des Marketing einer kontinuierlichen Erfolgskontrolle unterliegen. In diesem Zusammenhang wird registriert, ob beispielsweise Werbeerfolgskontrollen durchgeführt, Produktdeckungsbeiträge berechnet, Reklamationsstatistiken ausgewertet werden usw.	

7 Vertriebspartner		
Kennzahl	**relative Handelsspanne**	**Gliederungs-Nr.: 7.1**
Definition	**Handelsspanne des Händlers (7.1.1)** / **durchschnittliche Handelsspanne seiner Branche (7.1.2)** Die Handelsspanne des Händlers errechnet sich aus seinem durchschnittlichen Abgabepreis und seinem effektiven Einkaufspreis, das heißt abzüglich aller gewährten Rabatte, Boni und Skonto. Diese Spanne wird zu der markt- und branchenüblichen in Beziehung gesetzt, wobei teilweise auf Verbandsstatistiken (Handelsbetriebsvergleich) zurückgegriffen werden kann, teilweise die Einschätzung des Außendienstes erforderlich ist. Die Kennzahl sollte in Abhängigkeit von üblichen Verhandlungsrunden zwischen Hersteller und Händler neu berechnet werden, das heißt halbjährlich oder jährlich.	
Einsatz	Die relative Handelsspanne ist ein Kriterium der Vorteilhaftigkeit der eigenen Produkte für den Händler. Sein größtes Interesse ist es, eine möglichst hohe Handelsspanne zu realisieren. Entsprechend bezieht sich sein Engagement auf die Profitabilität der Produkte. Die Kennzahl dient daher als Maß für die zu erwartende Verkaufsunterstützung des Handels. Eine hohe Handelsspanne zieht auch eine geringere Bedeutung eigener Marketingaktivitäten nach sich, bei einer geringen ist es umgekehrt.	
Erläuterung	Die Handelsspanne kann auf zweierlei Weise durch den Hersteller beeinflusst werden. Zum einen kann der Abgabepreis an den Handel gesenkt werden, zum anderen die Zahlungsbereitschaft der Endkunden. Geht die Handelsspanne beispielsweise durch erfolgreiches Endkundenmarketing über ein durchschnittliches Maß hinaus, entsteht ein Potenzial zur Preiserhöhung. Die Kennzahl deutet darauf hin. Sinkt die relative Handelsspanne, etwa weil die Zahlungsbereitschaft sinkt oder Wettbewerber bessere Konditionen bieten, dann muss gegengesteuert werden, um das Risiko einer Auslistung aus dem Handelssortiment zu verringern.	

<table>
<tr><th colspan="3">7 Vertriebspartner</th></tr>
<tr><td>Kennzahl</td><td>Vertriebspartnerbindung</td><td>Gliederungs-Nr.: 7.2</td></tr>
<tr><td>Definition</td><td colspan="2">subjektive Einschätzung der Bindung des Vertriebspartners an den Hersteller

Die Kennzahl ist nur in Einzelfällen operationalisierbar, wenn etwa die Geschäftsbeziehung stark formalisiert ist. Dann können Kriterien wie Mindestabnahmemengen, Schulungsteilnahmen, Sonderveranstaltungen, Schaufensterfläche usw. herangezogen werden. Im Normalfall wird eine Einschätzung der Vertriebsverantwortlichen als Näherungslösung ausreichen müssen.</td></tr>
<tr><td>Einsatz</td><td colspan="2">Die Vertriebspartnerbindung als Kennzahl dient der Einschätzung der Verlässlichkeit eines Vertriebswegs. Dabei kann es um vertragliche Verpflichtungen ebenso gehen wie um eine lang geübte Praxis im beiderseitigen Interesse. Das Maß der Bindung sollte mit den Risiken des Absatzmarktes und der Bedeutung des Vertriebspartners korrelieren.</td></tr>
<tr><td>Erläuterung</td><td colspan="2">Wichtig bei der Ermittlung/Schätzung ist die Berücksichtigung der verschiedenen Einzelkriterien. Dazu können beispielsweise gehören:

• zur Verfügung gestellte Regalfläche
• Beteiligung an Sonderaktionen (Testwochen, Gewinnspiele, Produktpräsentationen)
• Rabatt- und sonstige Konditionsforderungen
• Durchführung von Reparaturen, Ersatzteillager
• Durchführung herstellerbezogener Werbemaßnahmen
• Kontaktqualität zum Außendienst
• Teilnahme an Produktschulungen für Verkaufspersonal
• Inanspruchnahme von Beratungsleistungen des Herstellers
• gemeinsame Werbemaßnahmen</td></tr>
</table>

7 Vertriebspartner		
Kennzahl	**Volumenanteil der Vertriebsverträge**	**Gliederungs-Nr.: 7.3**
Definition	**Volumen der Vertriebsverträge (7.3.1)** / **Netto-Umsatz (1.7.2)** Zu den Vertriebsverträgen werden die vertraglichen Verpflichtungen von Händlern zur Abnahme von Waren gezählt. Das Vertragsvolumen stellt daher den garantierten Umsatz dar. Die Kennzahl kann laufend aktualisiert werden.	
Einsatz	Der Vertriebsvertrag mit Abnahmeverpflichtung ist die intensivste Form der Bindung des Vertriebspartners. Er übernimmt damit den wesentlichen Teil des Absatzrisikos. Für Hersteller ist dies besonders sinnvoll bei risikoreichen Innovationsprojekten, die ein hohes Investitionsvolumen erfordern.	
Anmerkungen	Wird ein Vertriebsvertrag in einer Situation hoher Marktmacht geschlossen, unterliegt er meist der Aufsicht der Kartellbehörden. Es kann wettbewerbsrechtlich problematisch sein, den Warenbezug an eine Abnahmeverpflichtung zu binden, wenn der Händler bei einer Ablehnung in seiner wirtschaftlichen Existenz gefährdet wird. Als Beispiel sei auf die Situation der Fahrzeughändler hingewiesen, die meist nur dann einen Vertragshändlerstatus erhalten, wenn sie sich auf eine Marke beschränken und bestimmte Mindestmengen abnehmen. Bedingt durch EU-Recht sind in diesem Bereich Änderungen zu erwarten. Die Kennzahl kann damit auch auf rechtliche Gefahrenpotenziale hinweisen.	

Kennzahl		**Gliederungs-Nr.:**
Definition		
Einsatz		
Erläuterung		
Beispiel		
Anmerkung		

Kopiervorlage

5 Die Entwicklung einer Marketing-Balanced-Scorecard

5.1 Die Stellung der Balanced Scorecard im Marketing

Wir haben uns nun ausgiebig mit den Grundlagen des Konzepts auseinander gesetzt. Jetzt geht es darum, eine Balanced Scorecard speziell für den Einsatz in Vertrieb und Marketing zu konzipieren. Dabei spielt neben den allgemein relevanten Faktoren auch die Koordination mit den meist auch in anderen Teilen des Unternehmens vorhandenen Scorecards eine Rolle. So muss gewährleistet sein, dass die Ziele auf diejenigen hinwirken, die bereits in übergeordneten Systemen festgelegt sind. Ebenso darf es keine Widersprüche zu Kenngrößen geben, die in anderen Scorecards auf derselben Ebene definiert sind. Dabei kann es sich beispielsweise um Marketing-Scorecards anderer Sparten des Unternehmens oder andere Funktionsbereichs-Scorecards handeln.

Auf Unternehmensebene wird gerne, aber in dieser Einfachheit nicht immer sinnvoll, die Kundenperspektive als die Aufgabe der Marketingleute angesehen. Insofern könnte man auf die Idee kommen, das Marketing müsse sich nur darum kümmern, die kundenspezifischen Kontrollgrößen näher zu analysieren. Vergleichbar wäre dann die Prozessperspektive das Feld der Produktionsleute, die Lern- und Entwicklungsperspektive das der Personalabteilung und schließlich die Finanzperspektive das der Finanzleute und der Geschäftsführung. Dabei werden aber wichtige Einflusslinien quer durch die Funktionen übersehen. So kann etwa der Vertrieb zur Verkürzung der Gesamt-Prozesszeiten (interne Prozessperspektive) beitragen, die Produktion durch eine Steigerung der Flexibilität zu einer höheren Kundenzufriedenheit usw. Allein diese kleinen Beispiele mögen zeigen, dass jeder Bereich als ein eigenständiges Subsystem anzusehen ist, das eine eigene und vollständige Scorecard benötigt und verdient.

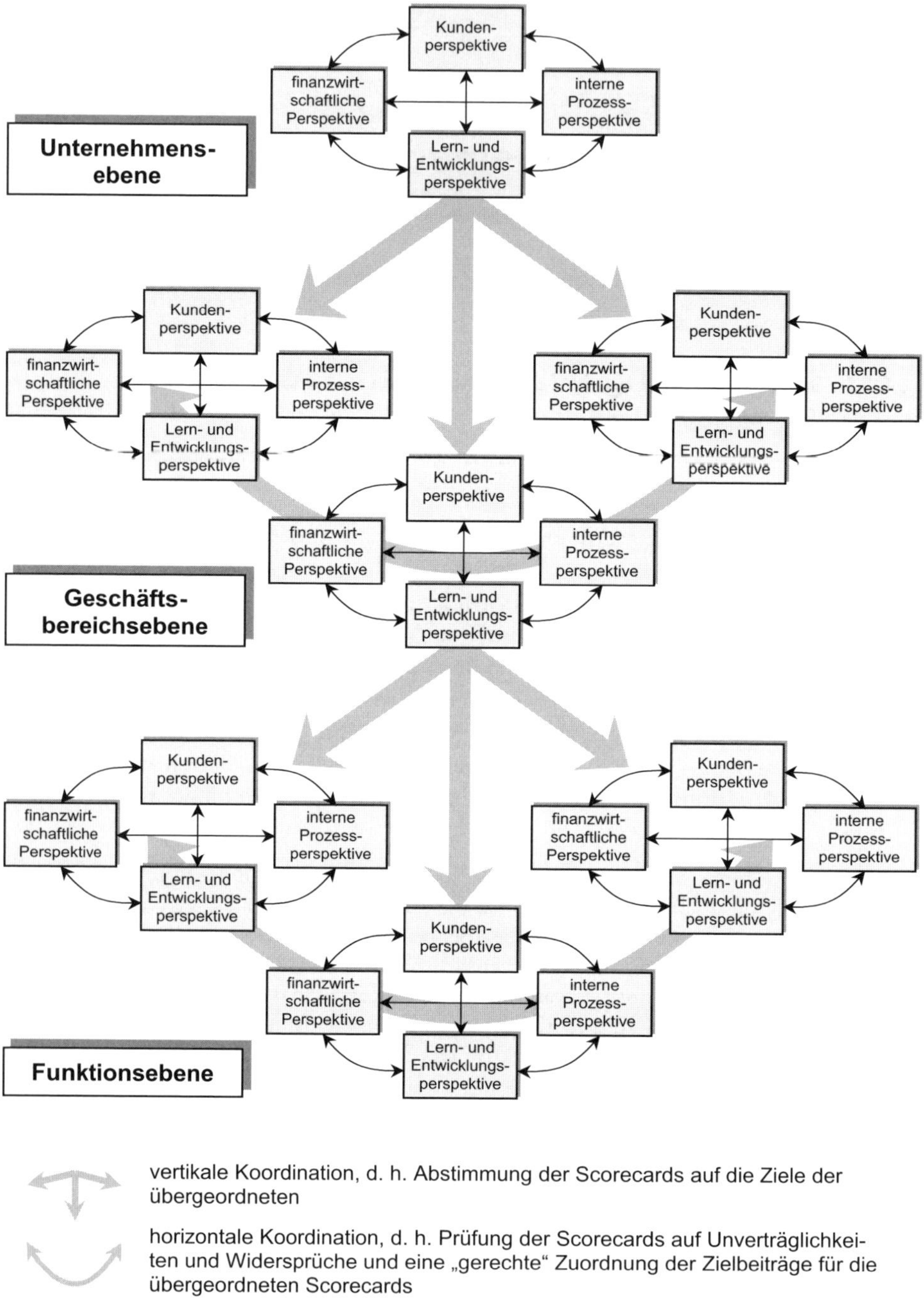

Abbildung 5.1: System der Scorecards in einem Unternehmen

Wie die Scorecards eines Unternehmens zusammenhängen, zeigt Abbildung 5.1 anhand des Beispiels eines Unternehmens, das in Sparten gegliedert ist, zu denen jeweils eigene Funktionsbereiche gehören.

Der Prozess der Abstimmung von Scorecards aufeinander ist ein hochgradig individueller, der zumeist auch langwierig ist. Wichtig ist aber, dass er überhaupt stattfindet. Entstehen nämlich Konflikte, ist das gesamte System zum Scheitern verurteilt. Wir können hier natürlich nicht alle potenziellen Konfliktfelder darstellen. Einige typische sind aber:

Balanced Scorecards einer Ebene – horizontale Konflikte

- In einem Unternehmen, das in mehreren Sparten sich überschneidende Kundenstämme hat, formuliert eine Sparte das Ziel, den durchschnittlichen Deckungsbeitrag der Kunden zu steigern, auch durch eine Trennung von Kleinkunden, während eine andere die Kundenbasis durch gezielte Akquisition ausbauen will. Unterstellt man, dass das Unternehmen Kunden einer Sparte auch mit Leistungen einer anderen Sparte beliefern will, entsteht hierdurch ein Konflikt. Wirft der eine kleine Kunden heraus, verliert der andere sie zu einem gewissen Teil auch und entfernt sich damit von seiner Zielsetzung.
- Die Marketing-Scorecard einer Sparte enthält als Steuerungsgröße u. a. die Innovationskraft, die an der Anzahl der vorgeschlagenen und durchgeführten Neuproduktvorhaben gemessen werden soll. Die hierarchisch auf der gleichen Ebene stehende Produktions-Scorecard ist jedoch auf eine Vereinfachung der Prozessstruktur ausgerichtet, was nur mit Hilfe wachsender Standardisierung sowie steigender Losgrößen zu erreichen ist und durch Neuprodukte eher behindert wird.

Balanced Scorecards auf mehreren Ebenen – vertikale Konflikte

- Grundsätzliche Konflikte vertikaler Art lassen sich bereits durch den Prozess der Entwicklung der Scorecards weitgehend ausschließen. Hier steht vor allem die optimale inhaltliche Abstimmung im Vordergrund. Die untergeordnete Scorecard ist letztlich in der Situation des Erfüllungsgehilfen der übergeordneten.
- Probleme ergeben sich beispielsweise aus der Frage, wie die Finanzgrößen einer Unternehmens-Scorecard in die Marketingsprache zu übersetzen sind. So kann das Marketing direkt keine Kapitalrenditeziele erreichen, weil es kaum Einfluss auf die eingesetzte Kapitalbasis hat. Hier müssen beispielsweise die globalen Renditeziele auf Produkt- oder Kundenebene „heruntergebrochen“ werden. Aus einem unternehmensbezo-

genen Ergebnisziel kann etwa ein Produkt- oder Kundendeckungsbeitragsziel für die Marketingebene abgeleitet werden. Diese müssen in finanzieller Hinsicht unter Berücksichtigung weiterer Kosten des Unternehmens voneinander abgeleitet werden (zu einer Methodik siehe auch das Renditekennzahlensystem in Kapitel 6.1).

Für das Marketing spielt die Informationsbasis eine wesentliche Rolle. Es benötigt Markt- und Kundeninformationen und dafür geeignete Datenbanken. In solche zu investieren ist besonders dann sinnvoll, wenn es eine entsprechende unternehmensweite Strategie der Informationsversorgung gibt. Eine Zielvorgabe im Marketing, die hier ansetzt, sollte Teil einer unternehmensweiten Zielsetzung sein, um nicht eine relativ kostspielige Insellösung zu produzieren und vor allem für eine unternehmensweite Datennutzung zu sorgen. Sieht die Unternehmens-Scorecard keine Informationskomponente vor oder sogar gegenläufige Zielsetzungen (z. B. Kosteneinsparungen), dann ist die Zielerfüllung im Marketingbereich zumindest problematisch zu sehen.

5.2 Die Perspektiven der Marketing-Balanced-Scorecard

Eine wichtige Frage, zumindest, wenn man sich schon vorher allgemein mit dem Thema beschäftigt hat, ist die Frage, welche Perspektiven eine Marketing-Balanced-Scorecard enthält. Hier lassen sich prinzipiell zwei Denkweisen unterscheiden:

- Zum einen gibt es den Ansatz, **top down** vorzugehen und die Perspektiven der Unternehmens-Scorecard möglichst direkt auf den Marketingbereich zu übertragen. Dies ist praktisch der konservative Weg, mit dem man sich nicht weit vom ursprünglichen Konzept weg bewegt und sich in der Folge sehr eng daran anlehnen kann. Der methodischen Sicherheit dieses Weges ist aber die Frage entgegen zu stellen, ob man damit den Besonderheiten des Marketing gerecht wird. Abbildung 5.2 verdeutlicht diese Vorgehensweise. Wie die einzelnen Perspektiven entstehen, lässt sich sicher leicht nachvollziehen.
- Zum anderen kann man den **„organischen" Weg** gehen, der am Anfang des Buches beschrieben ist, nämlich zu bestimmen, wann sich das Marketing im übertragenen Sinne in seinem „physiologischen Gleichgewicht" befindet. Dabei wird aus der internen Kenntnis des Unternehmens und der Märkte heraus nach den Erfolgsfaktoren gesucht, die dann die

Grundlage für die Perspektivenbestimmung darstellen. Hier wird letztlich jedes Unternehmen zu einer ganz individuellen Lösung kommen, so dass sich kein allgemeingültiges Schema erstellen lässt.

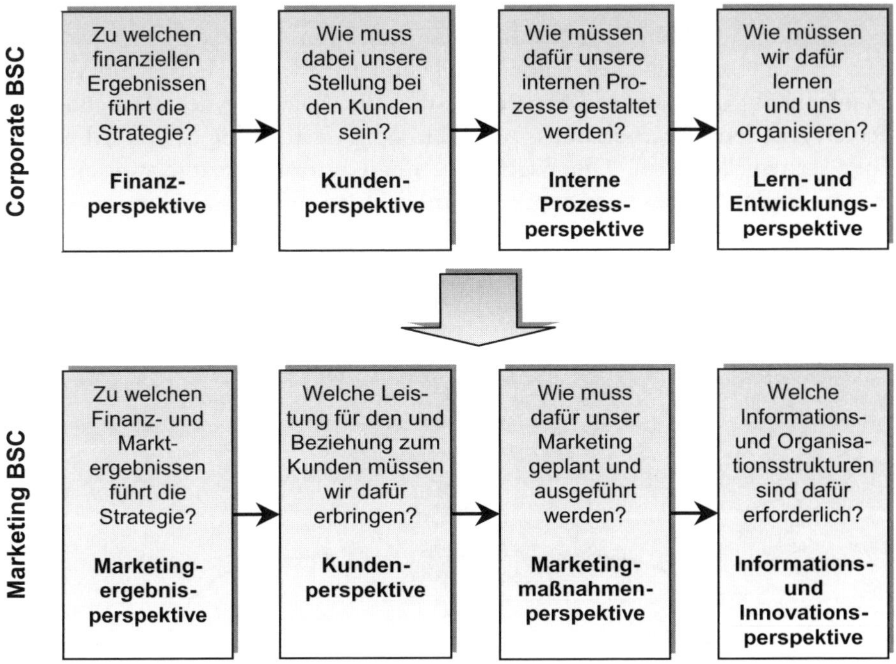

Abbildung 5.2: Top-down-Herleitung der Marketing-Balanced-Scorecard

Nehmen wir als Beispiel für die letztere Vorgehensweise eine regionale Tageszeitung. Ihr Marketingverständnis besteht darin, für die beiden Zielgruppen der Leser und der Anzeigenkunden ein herausragendes Produkt zu bieten. Das Produkt selbst ist aufgrund der Aktualität und Komplexität kaum strategisch zu planen. Es gibt aber eine Reihe von Zielgrößen, anhand derer der Erfolg des Marketing festgemacht werden kann. Für diese Zeitung bietet es sich daher an, sich auf die Perspektiven „Leser", „Anzeigenkunden" und „Marktergebnis" zu beschränken.

5.3 Vorgehensweise bei der Entwicklung

Wir können nun daran gehen, eine Scorecard für das Marketing zu entwickeln. Sehen wir uns dazu noch einmal ihre Stellung im Prozess der Marketingplanung an (Abbildung 5.3). Die umgreifenden Aktivitäten sind nach wie vor als vor- bzw. nachbereitende Tätigkeiten erforderlich. Das heißt: Vor der Entwicklung der Balanced Scorecard steht die Ableitung der Marketingstrategien aus den Unternehmens- und Marketingzielen. Eine Scorecard ist immer strategiekonform. Die Ergebnisse der Kontrollvorgänge werden dann wieder in den Prozess der Scorecardentwicklung und -anwendung integriert, um Ziele an die jeweilige Situation anzupassen, vielleicht auch neue Ziele und Steuerungsgrößen zu integrieren.

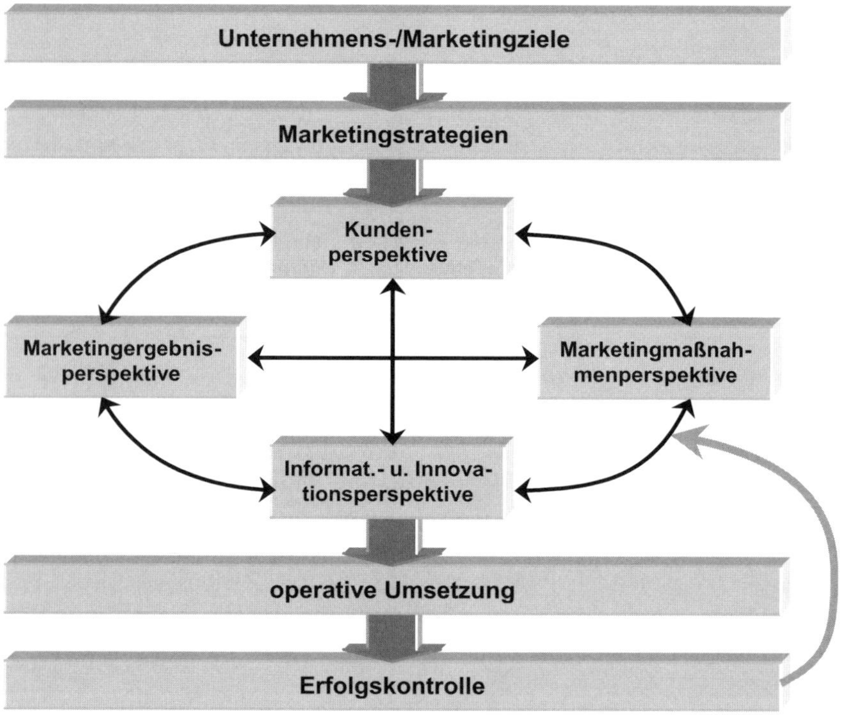

Abbildung 5.3: Stellung der Balanced Scorecard im Prozess der Marketingplanung

Unter Berücksichtigung dieses Zusammenhangs von Scorecard und Planungsprozess lässt sich nun ein Konzept für die praktische Umsetzung erarbeiten. Wir gehen dabei davon aus, dass eine Marketing-Scorecard in einem Unternehmen entwickelt werden soll, in dem es zumindest eine Top-Level- oder Unternehmens-Scorecard gibt. Ist dies nicht der Fall, entfällt der Prozess der Abstimmung. Dieses Konzept wird hier in acht Schritte unterteilt, die im Einzelfall auch zusammengefasst werden können. Wichtig ist jedoch, dass die einzelnen Schritte vollständig berücksichtigt werden.

Ebenso wichtig ist der „Marketing-Vorspann", das heißt die Erarbeitung von Marketingzielen und Strategien. Es ist nicht selbstverständlich, dass hier Einigkeit unter den Verantwortlichen besteht, mitunter gibt es nicht einmal eine verbindliche Unterlage dazu. Da man ohne Vorbereitung nicht selten aneinander vorbei redet, ist eine solche Marketing-Konferenz oder ein Workshop unbedingt erforderlich. Erst dann kann davon ausgegangen werden, dass beim weiteren Vorgehen eine einheitliche Grundlage besteht.

Ein weiterer Entscheidungsbereich ist die **Verantwortung für die Durchführung des Einführungsprojekts**. Prinzipiell sind zwei Ebenen zu berücksichtigen:

- Zum einen ist es die **funktionale Verantwortung** (der Machtpromotor), das heißt die Instanz, die über die Durchführung entscheidet und sie ggf. unter Einsatz der Machtmittel vorantreibt. Es besteht weitgehend Einigkeit darüber, dass dies nur die Geschäftsleitung, bei einer Insellösung auch die Marketingleitung sein kann.

- Zum anderen ist die **fachliche Betreuung** des Projekts sicherzustellen. Diese sollte durch einen Projektleiter erfolgen, der aus einer unabhängigen Perspektive die einzelnen Schritte initiiert und überwacht. Eine Unabhängigkeit vom Marketingbereich ist deswegen erforderlich, weil die Verquickung mit eigenen Zielen ausgeschlossen sein muss und nicht selten ein hartes Durchgreifen gegenüber Interessenpartikularisten und Verzögerern erforderlich ist. Außerdem ist die Kenntnis der Vorgehensweise und ein neutraler Überblick über die erreichten Zwischenergebnisse erforderlich.

Als zentraler Koordinationsmechanismus wird die Veranstaltung von Workshops vorgeschlagen, allerdings mit der Maßgabe einer effizienten Organisation mit entsprechenden Befugnissen für die Projektleitung. Mehr noch als in anderen Bereichen ist in Marketing und Vertrieb der Diskurs über Ziele und Strategien notwendig, besteht jedoch auch die Gefahr, sich zu verplaudern. Zeitlich eng definierte Workshops erscheinen dabei als probates Mittel.

Bestimmung der Marketing-Vision, Ziele und Strategien

- Welches ist die vorrangige Aufgabe des Marketing? Welche Marktziele sollen erreicht werden?
- Welche Strategien werden verfolgt?
- Wie soll sich unsere Position am Markt von der der Wettbewerber unterscheiden?

1

Workshop mit Führungskräften, Dauer: 1–2 Tage

Vor- und Nachbereitung 1–2 Monate

Leitung: Projektmanager, Marketing-Leitung, Geschäftsleitung

SWOT-Analyse des Marketing

- Welche Stärken hat das Unternehmen und sein Marketing?
- Wo liegen die Schwächen?
- Welche Chancen bieten sich aufgrund der Stärken und des Marktumfelds?
- Welchen Herausforderungen stehen Unternehmen und Marketing gegenüber?

2

vorbereitende Analyse in den Abteilungen, Zeitrahmen: 1–2 Monate

Zusammenfassung in Workshop, Dauer: 1 Tag

Leitung: Projektmanager

Bestimmung der Erfolgsfaktoren für das Marketing

- Welche Vorgehensweisen und Entscheidungen führen zum Markterfolg?
- Was macht uns in den Augen der Kunden unverwechselbar?
- Mit welchen Instrumenten können wir uns deutlich vom Wettbewerb abheben?

3

ggf. mit SWOT-Analyse zusammen zu bearbeiten, sonst: Workshop, Dauer: ½ –1 Tag

Leitung: Projektmanager

Bestimmung der Perspektiven für die Marketing-Balanced-Scorecard

- Mit welchen Perspektiven können wir die Erfolgsfaktoren und Gestaltungsinstrumente abbilden?
- Wie viele Perspektiven benötigen wir?
- Können wir über die gewählten Perspektiven die nötigen Verbindungen zu anderen Scorecards des Unternehmens herstellen?

4

Workshop mit breit angelegtem Führungskreis des Marketing, Dauer: 1 Tag

stringentes Projektmanagement erforderlich

Übersetzung von Zielgrößen der Unternehmens- für die Marketing-Scorecard

- Welche Variablen müssen wir abbilden, um die übergeordneten Steuerungsgrößen im Marketing anzuwenden?
- Welche Zielwerte ergeben sich aus diesen Vorgaben?

5

wie oben, als Fortsetzung des Workshops,
Dauer: 1 Tag

Leitung: Projektmanager

Auswahl und Definition der einzelnen Kennzahlen

- Welche Kennzahlen werden für die einzelnen Perspektiven benötigt? Stehen sie in einer Kausalbeziehung zueinander?
- Wie sind sie zu definieren, wer ist für die Überwachung verantwortlich?
- Welche Zielvorgaben sind bei diesen Kennzahlen sinnvoll?

6

Projektgruppe (Verantwortliche der betroffenen Abteilungen, Projektmanager)

Dauer: je nach Unternehmensgröße 1–3 Monate

Abschluss: Workshop mit Führungskreis,
Dauer: 1 Tag

Ableitung untergeordneter Scorecards

- Für welche Einheiten innerhalb des Marketing- und Vertriebsbereichs sind Sub-Scorecards erforderlich (Abteilungen, Vertriebsverantwortliche usw.)?
- Abstimmung der individuellen Kennzahlen und Zielwerte auf die Marketing-Scorecard.

7

Projektgruppe (Verantwortliche der betroffenen Abteilungen, Projektmanager)

Dauer: 2–3 Monate

Implementierung der Marketing-Balanced-Scorecard

- Entwicklung eines umfassenden Konzepts zur Umsetzung der Scorecard.
- Konzeption von Schulungen und Abstimmungsprozessen.
- Festlegung der Verantwortlichkeiten für Umsetzung, Kontrolle und Berichterstattung.

8

Projektmanager in Abstimmung mit Projektgruppenmitgliedern und Führungskreis

kontinuierliche Aufgabe, mindestens 6 Monate

Abbildung 5.4: Konzept zur Einführung einer Marketing-Scorecard

Die Gesamtdauer des Prozesses wird im Normalfall nicht unter einem halben Jahr liegen, wenn „nur“ eine Scorecard für Marketing und/oder Vertrieb insgesamt entwickelt und eingeführt wird. Die Ableitung weiterer Scorecards für einzelne Abteilungen oder gar Mitarbeiter wird etwa noch einmal ein halbes Jahr in Anspruch nehmen. Damit ist allerdings nur die Ersteinführung abgearbeitet. Bis erste Ergebnisse aus dem Einsatz vorliegen, kann noch einmal ein Jahr (bzw. sogar ein Kalenderjahr) vergehen, weil die entsprechenden Berichtszyklen abgewartet werden müssen. Damit dauert es mitunter rund zwei Jahre, bis über einen erfolgreichen oder nicht erfolgreichen Einsatz der Balanced Scorecard entschieden werden kann. Dies sollte man sich vor Augen halten, wenn man die Scorecard mit dem Ziel einer kurzfristigen Ergebnisverbesserung oder in einer Krisensituation einführt.

5.4 Kausalität als Grundprinzip der Scorecard-Entwicklung

Bei der Aufstellung der Kennzahlen für die einzelnen Perspektiven sind wiederum kausale Abhängigkeiten zu berücksichtigen. Das System ist nur dann sinnvoll, wenn Kennzahlen der Prozess- sowie Lern- und Entwicklungsperspektiven auch einen Einfluss auf Finanz- und Kundenperspektive haben. Ansonsten ließe sich zwar durchaus ein Wandel bei den Prozessen steuern, mit den erwünschten Ergebnissen hätte dies aber wahrscheinlich wenig zu tun.

Das Beispiel in Abbildung 5.5 zeigt für eine Unternehmens-Scorecard die Auswirkungen eines Indikators der Lern- und Entwicklungsperspektive auf die anderen. Für den Marketingerfolg wurde die Nutzung von Kunden- und Marktdaten als wichtig erachtet. Geschieht dies kontinuierlich und intensiv, dann lässt sich durch die bessere Informationslage die Produktqualität verbessern. Es wird leichter, die Produkte so zu gestalten, dass sie den Anforderungen der Nachfrager entsprechen. Gleichzeitig ist mit einem Mengenwachstum zu rechnen, weil die Produkte aufgrund der höheren Qualität stärker nachgefragt werden und weil saisonale Nachfrageschwankungen besser berücksichtigt werden können. Die Datenlage verhindert somit die Nichtverfügbarkeit der Ware.

Eine höhere Produktqualität bewirkt eine höhere Kundenzufriedenheit, die zuverlässigere Mengenplanung ermöglicht die Steigerung der Lieferbereitschaft. Beide Kriterien sind kundenorientierte Ziele und steigern letztlich die Umsatz- und Kapitalrendite des Unternehmens.

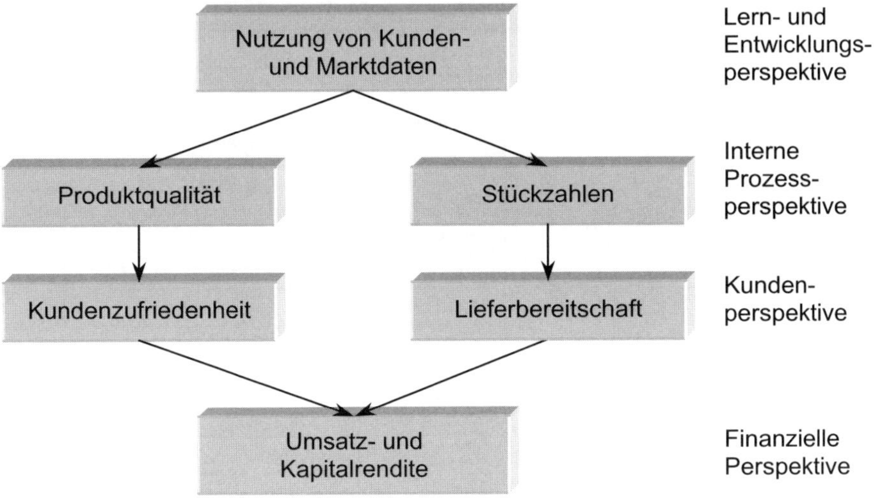

Abbildung 5.4: Kausalzusammenhänge von Kennzahlen im Marketing

Sehen wir uns nun das Beispiel einer Scorecard im Marketing an. Das Unternehmen ist ein Anbieter von Gebäudedienstleistungen, wozu vor allem Reinigung, Wachdienst, Wartung usw. gehören. Die Ziele für den Marketingbereich lassen sich wie folgt zusammenfassen:

- Komplettanbieter für alle Gebäudedienstleistungen bei den Kunden werden,
- höchste Kundenzufriedenheit in der Branche erzielen und
- hohe Kundenprofitabilität erzielen.

Die operative Marketingplanung sieht für die nächsten Jahre die regelmäßige Durchführung von Kundenbefragungen vor, in deren Rahmen nach der aktuellen Zufriedenheit gefragt wird. Das Leistungsangebot soll kontinuierlich ausgeweitet werden. Dabei denkt man auch an die Bewirtschaftung von Kantinen, die Aufstellung von Getränkeautomaten, die Stellung von ausgebildetem Messepersonal u. Ä. Schließlich sollen gezielt neue Kunden akquiriert werden, die hohe Nachfragevolumina und eine potenziell hohe Profitabilität versprechen.

Für das Marketing wurde nun eine Balanced Scorecard mit vier Perspektiven entwickelt (da die konkreten Zielgrößen hier nicht relevant sind, betrachten wir nur die ausgewählten Kennzahlen):

Perspektive	Kennzahl
Ergebnisperspektive	Gewinn
	Kunden-DB
	Fixkostenanteil
Kundenperspektive	durchschnittlicher Lieferanteil
	Kundenzufriedenheit
	Kundenkonzentration
	durchschnittliche Kundenbeziehungsdauer
Maßnahmenperspektive	Pünktlichkeitsindex
	Mitarbeitertreue
	Fehler in der Abrechnung
Informations- und Innovationsperspektive	Verbesserungsvorschläge
	Umfang der Kundendatenbank
	Anteil der neuen Leistungen

Abbildung 5.5: Marketing-Balanced-Scorecard eines Gebäudedienstleisters

Jetzt kann geprüft werden, inwieweit zwischen diesen Kennzahlen Kausalzusammenhänge bestehen. Dabei wird ausgehend von den Kennzahlen/Zielgrößen der untersten (aber keineswegs unwichtigsten) Perspektive analysiert, ob ihre Erfüllung einen Beitrag zur Erfüllung von Kennzahlen der höheren Perspektiven leistet. Bei dieser Scorecard hätten wir es mit 30 solcher Prüfvorgänge allein für die drei Kennzahlen der Informationsperspektive zu tun.

„Prüfung" heißt hier nicht, dass zunächst ins Blaue hinein Kennzahlen entwickelt werden, über deren Sinn und Zweck erst später nachgedacht wird. Es geht vielmehr darum, mit einer besseren Übersicht über die Kennzahlen die Zusammenhänge zu analysieren, was im Rahmen der Diskussion einer einzelnen Kennzahl nicht möglich ist.

Da die Einzeldarstellung recht viel Platz in Anspruch nähme, beschränken wir uns hier auf die „Verbesserungsvorschläge". Im Bereich der internen Prozesse kann der Pünktlichkeitsindex durch Verbesserungsvorschläge beeinflusst werden, wenn sie die Abstellung von Quellen der Verzögerung betreffen. Dies hat bei der Kundenperspektive Auswirkungen auf die Kundenzufriedenheit. Ein direkter Einfluss auf die Zielgrößen der Ergebnisperspektive ist nicht gegeben.

Spielt man diese Überlegungen für die weiteren Kennzahlen durch, dann ergibt sich das in Abbildung 5.6 gezeigte Diagramm. Hier fallen gleich mehrere **Besonderheiten** auf:

- Zwei Kennzahlen schweben praktisch im luftleeren Raum, nämlich Fixkostenanteil und Kundenkonzentration. Der Sinn dieser Kennzahlen ist zwar nachvollziehbar, aber es wurde nicht berücksichtigt, wie sie konkret beeinflusst werden können. Die Konsequenz ist, dass den Mitarbeitern nicht kommuniziert wird, wie der Fixkostenanteil und die Kundenkonzentration verringert werden können. Dabei verzichtet man auf ein wesentliches Element der Scorecard-Konzeption, nämlich die Um- bzw. Übersetzung der Ziele in operationale Teilschritte, die auch Zwischenkontrollen ermöglichen. Wie beispielsweise der Fixkostenanteil gesteuert werden kann, wird nicht weiter betrachtet. Dabei gibt es durchaus Ansatzpunkte, etwa gezielte Kostensenkungen oder den Einsatz selbstständiger Unternehmer.

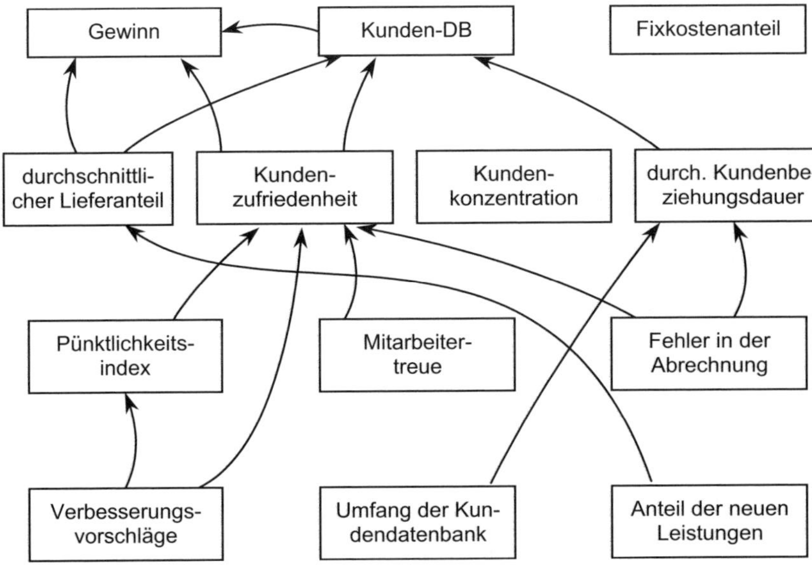

Abbildung 5.6: Kausaldiagramm zu einer Marketing-Balanced-Scorecard eines Gebäudedienstleisters

- Ein starker Anziehungspunkt für Kausalbeziehungen ist die Kundenzufriedenheit. Dies ist keineswegs verwunderlich, birgt aber die Gefahr, sich zu stark auf eine Größe zu konzentrieren. Zudem ist die Operationalisierung umso schwieriger, je mehr Einflussfaktoren zu berücksichtigen sind. Die Häufung von Pfeilen bei einer Kennzahl ist also kein Indikator für eine schlecht gewählte Kennzahl, sondern für Operationalisierungsprobleme. Es könnte daher sinnvoll sein, nicht eine Kennzahl einzusetzen, sondern mehrere, die entsprechend präziser definiert sind. In diesem Fall bietet sich eine Aufteilung in „Zufriedenheit mit der Leistung“ und „Zufriedenheit mit der Abwicklung/Administration“ an.

- Schließlich fällt auf, dass auch zwischen den beiden Ergebnis-Kennzahlen Kunden-DB und Gewinn eine Kausalbeziehung besteht. Eine Größe, die den Kunden-DB beeinflusst, beeinflusst gleichzeitig auch den Gewinn. Solche horizontalen Beziehungen geben Auskunft über möglicherweise überflüssige Kennzahlen, weil sie sich jeweils zumindest teilweise überschneiden. Gerade dann, wenn eher zu viele Kennzahlen vorhanden sind, ergibt sich hier meist ein Anhaltspunkt für eine Streichung aus der Scorecard. Bei diesem Unternehmen wäre letztlich zu fragen, ob das Leistungsspektrum adäquat durch Kennzahlen abgedeckt wird. Der Marktbezug ist in den ausgewählten Kennzahlen kaum vorhanden.

Sehen wir uns noch ein anderes Beispiel an. Ein Unternehmen hat die in Abbildung 5.7 gezeigte Marketing-Scorecard entwickelt:

Perspektive	Kennzahl
Ergebnisperspektive	Return on Sales (Gewinn : Erlös)
	Marktanteil
	Bekanntheitsgrad
Kundenperspektive	Anteil der Direkt- und Handelskunden
	Anteil der Großabnehmer
	Kundenzufriedenheit
Maßnahmenperspektive	Produktentwicklungsdauer
	Durchschnittsumsatz pro Außendienstmitarbeiter
	Werbeausgaben : Umsatz
	Anteil der Bestellungen über das Internet
Informations- und Innovationsperspektive	Zahl der Strategie-Meetings pro Jahr
	Seminartage pro Mitarbeiter und Jahr
	Zahl der Verbesserungsvorschläge von Marketing-Mitarbeitern pro Jahr

Abbildung 5.7: Beispiel einer Marketing-Balanced-Scorecard

Welchen spontanen Eindruck haben Sie von den ausgewählten Kennzahlen? Im ersten Moment sieht die Scorecard recht gut aus, die Kennzahlen sind operational definiert. Wissen Sie aber etwas über das Unternehmen? Was es herstellt? Welche Strategie es verfolgt? Wie es sich von den Wettbewerbern unterscheiden will?

Diese Scorecard ist einfach, aber auch sehr konservativ gestaltet. Die Kennzahlen sind sozusagen alte Bekannte und eher betriebswirtschaftlich als kreativ und wettbewerbsbezogen ausgerichtet, wie es im Marketing nicht unangebracht wäre. Leider sehen viele Systeme so aus, auch aus Angst, sich mit einer zu fantasievollen Kennzahlenauswahl zu viele Probleme bei der Umsetzung aufzuhalsen. Oder vielleicht sogar, die Strategie zu verraten...

Dass diese Scorecard von einem Lampenhersteller stammt, darauf kommt man sicher auch nicht. Die Frage ist also: Wie könnte man es besser machen?

Ausgangspunkt sind sowohl die strategischen Ansätze als auch die branchenspezifischen Probleme. Der Hersteller hat beispielsweise mit einer hohen Nachfrage von mächtigen Handelskunden wie etwa Baumärkten zu kämpfen, die verstärkt unter ihrer Eigenmarke anbieten wollen beziehungsweise Aktionsware ohne Markierung nachfragen. Wird dieser Tendenz zu stark nachgegeben, geht auch die Bekanntheit des Markennamens verloren.

Ein attraktiver Markt ist die Erstausrüstung von Gebäuden. Hier sieht man sich zwar einem höheren Wettbewerbsdruck gegenüber, doch sind die Auftragsvolumina hoch und Folgeaufträge wahrscheinlich. Insgesamt ist dies das profitabelste Vertriebssegment.

Intern spielen vor allem die Kosten für Reklamationsbearbeitung eine große Rolle. Der Austausch eines einzelnen defekten oder falsch gelieferten Produkts verursacht Kosten, die weit über dem Erlös liegen. Außerdem führt jeder Reklamationsfall zu Kunden*un*zufriedenheit und einer hohen Abwanderungswahrscheinlichkeit, weil im reinen Produktgeschäft wenig Möglichkeiten für eine Kundenbindung durch individuelle Leistungen bestehen.

Auf der Grundlage dieser Informationen scheinen die folgenden Kennzahlen für die **Ergebnisperspektive** sinnvoll:

Ergebnisperspektive	Anteil der unter eigenem Namen verkauften Lampen
	Erlöse mit Erstausrüstungen von Gebäuden
	Reklamationskostenanteil
	DB II (Erlös – Herstellkosten – zurechenbare Vertriebskosten)

Hieraus lässt sich schon recht gut die strategische Ausrichtung des Herstellers ablesen: Neben klassischen Profitabilitätszielen sind es die Durchsetzung des Markennamens und die Stärkung des Erstausrüster-Geschäfts. Nunmehr lassen sich die Kennzahlen der **Kundenperspektive** herleiten.

Kundenperspektive	Anteil der Handelskunden mit Eigenmarken
	durchschnittlicher Lieferanteil
	Kundenzufriedenheit (operativ)
	Kundenzufriedenheit (administrativ)
	durchschnittlicher Kundenwert

Die Kundenperspektive wurde hier allein schon zahlenmäßig aufgewertet. Hier wurde nun auch das Thema Markendurchsetzung berücksichtigt, indem der Anteil der Kunden, bei denen ein Bedrohungspotenzial besteht, gesteuert wird. Die grundsätzliche Bedeutung des Kunden wird über den Kundenwert erfasst. Hier machen sich beispielsweise die Bauunternehmen bzw. Bauherren bemerkbar. Die Kundenzufriedenheit, die auch wieder die Reklamationskosten beeinflusst, wird in zwei Teilen abgedeckt. Der Lieferanteil beim Kunden misst die Umsetzung der Strategie, die eigene Position im Vergleich zum Wettbewerb kontinuierlich zu stärken.

Im nächsten Schritt ist nun zu analysieren, wie diese kundenbezogenen Resultate durch Marketingmaßnahmen erreicht werden können. Da die wesentlichen Herausforderungen im Bereich der großen Nachfrager zu sehen sind, muss die Logistik, das heißt ihre Schnelligkeit und Zuverlässigkeit, besonders berücksichtigt werden. Dafür werden der Lieferbereitschaftsgrad und die Lieferschnelligkeit in die Scorecard aufgenommen.

Maßnahmen-perspektive	Produktentwicklungsdauer
	Lieferbereitschaftsgrad
	Lieferschnelligkeit
	durchschnittliche Kundenbesuchszeit

Die durchschnittliche Kundenbesuchszeit, hier nicht im Sinne einer Beschleunigung der Besuchstätigkeit, sondern im Sinne einer Intensivierung des Kontakts zu verstehen, misst die produktiv im Vertrieb, nämlich für den persönlichen Kontakt verbrachte Zeit. Schließlich wird die Innovationsfähigkeit und -effizienz über die Produktentwicklungsdauer kontrolliert.

Als Basis fehlt nun noch die Informations- und Innovationsperspektive. Diese muss beispielsweise der Bedeutung der Logistik in der Maßnahmenperspektive Rechnung tragen, das heißt, es ist zu fragen, auf welcher Grundlage diese Anforderungen erfüllt werden können, ohne gleichzeitig die Deckungsbeiträge zu ruinieren. Insgesamt erscheinen die folgenden Kennzahlen sinnvoll:

Informations- und Innovations-perspektive	Anteil der geplanten Auslieferungen (das heißt der in Verträgen festgelegten Liefermengen)
	Umsatzanteil der Kunden mit vollständigem Profil (in der Kundendatenbank)
	Anzahl der systematischen Wettbewerbsvergleiche pro Jahr (Besuche im Handel, Produktvergleiche in der Entwicklungsabteilung, Benchmarkingprojekte usw.)
	Zahl der Verbesserungsvorschläge der Marketingabteilung pro Jahr

Inwieweit die Anforderung der Kausalität erfüllt wurde, lässt sich wiederum anhand eines Diagramms feststellen.

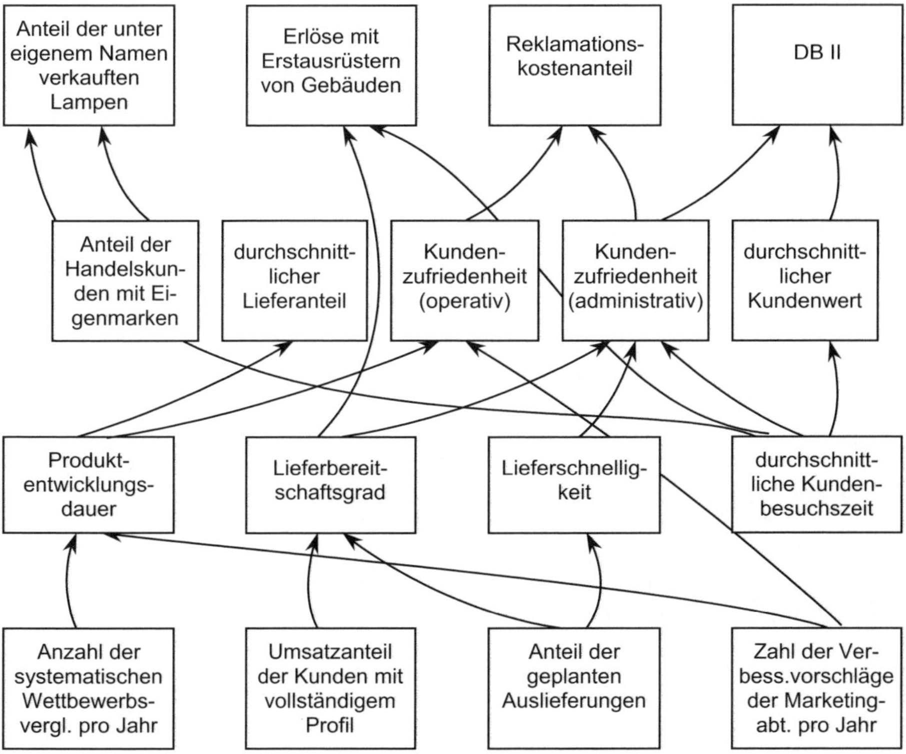

Abbildung 5.8: Kausaldiagramm zu einer Marketing-Balanced-Scorecard eines Lampenherstellers

Diese Version ist wesentlich ausgeglichener als die erste, in Abbildung 5.6 dargestellte. Zudem enthält sie nicht nur allgemeine und bekannte Kennzahlen, sondern geht individueller auf die Situation des Unternehmens ein. Es ist sicher nachvollziehbar, dass hiermit eine erfolgreiche Strategieumsetzung eher möglich ist.

5.5 Beispiel einer Balanced Scorecard im Marketing

Sehen wir uns nun noch einmal ein zusammenhängendes Beispiel einer Scorecard-Entwicklung an. Als Beispielunternehmen soll hier ein Hersteller von Geräten der Unterhaltungselektronik (Fernseher, Rundfunkgeräte, CD-Spieler usw.) dienen. Es wurde ausgewählt, weil es leicht möglich ist, sich durch einen Besuch im Fachhandel einen Einblick in den Markt zu verschaffen.

> Kurzinformation über die Marktsituation:
>
> Der Markt der Unterhaltungselektronik (TV, Radio usw.) gehört zu den Consumer Electronics, die auch die innovativen Produktbereiche Telekommunikation, Videospiele und Informationstechnologie umfassen. Während sich die Consumer Electronics (CE) in den vergangenen Jahren durch ein überdurchschnittliches Wachstum auszeichneten, war in der Unterhaltungselektronik (UE) Stagnation nach einem deutlichen Umsatzrückgang Mitte der neunziger Jahre zu verzeichnen. Das erste Halbjahr 2001 verlief für beide Marktabgrenzungen negativ. Bei den klassischen Geräten wie Fernsehern machte sich der Preisverfall weiterhin bemerkbar, ebenso verringerte sich das Handygeschäft, das in der Vergangenheit deutlich Kaufkraft abzog. Positiv dagegen ist die Entwicklung bei den digitalen Geräten der UE, etwa MP3- oder DVD-Spielern. Bei der Kaufabsicht der Privathaushalte stehen DVD-Spieler, Breitbild-Fernsehgeräte und Camcorder an den ersten Stellen. Insgesamt wird durch Breitbildformat, flimmerfreies Bild und die Ausbreitung des Digitalfernsehens mit einer weiteren Belebung des TV-Geräte-Marktes gerechnet. Als Wachstumsführer wird jedoch DVD angesehen, gefolgt von SAT-Anlagen. Bei Videorecordern, Hi-Fi-Geräten und tragbaren Radios wird allgemein mit einem Schrumpfen des Marktes gerechnet.

Das Beispielunternehmen setzt strategisch auf den Faktor Design. Es ist am oberen Rand des Preisspektrums angesiedelt und stattet seine Geräte in einer unverwechselbaren Designlinie aus. Die hohen Preise sind teilweise auf die überdurchschnittlichen Handelsspannen zurückzuführen, die eine Spitzenposition beim Händlerinteresse sicherstellen sollen. Zudem setzt man auf hohe Kundenzufriedenheit durch einen langen Garantiezeitraum, kulante Regelungen im Reparaturfall, umfangreiche und leicht lesbare Bedienungsanleitungen u. Ä.

Die relevanten Ziele für das Marketing sind damit:

- Image des Designführers
- hohe Kundenprofitabilität (Handel)
- höchste Kundenzufriedenheit im Markt

Als Erfolgsfaktoren in diesem Marktsegment werden die folgenden angesehen:

- Unterstützung durch den Handel
- Vertrauen der Endkunden
- bezahlbare und verlässliche Kundendienstleistungen
- Kundenempfehlungen (Mund-zu-Mund-Propaganda)

Daraus lassen sich nun Strategieansätze und Maßnahmenkonzepte für den Hersteller ableiten:

- Stärkung der Beziehung zum Händler durch Unterstützung bei Ladengestaltung, Betriebsberatung
- Konzentration auf wenige Vertriebspartner mit geeignetem Ambiente
- hohe Medienpräsenz beim Thema Design, ggf. Förderung bzw. Ausschreibung von Designpreisen
- Aufrechterhaltung eines hohen Preisniveaus bei umfangreichen Serviceleistungen
- Aufbau langfristiger Kundenbindungen, intensive Betreuung von Bestandskunden

Die Balanced Scorecard muss in der Lage sein, diese Erfolgsfaktoren und Strategieansätze abzubilden. Konkret heißt dies beispielsweise, dass der Handel angemessen zu berücksichtigen ist. Das Unternehmen beschließt daher, fünf Perspektiven einzusetzen:

- Informations- und Innovationsperspektive
- Marketingmaßnahmenperspektive
- Händlerperspektive
- Kundenperspektive
- Ergebnisperspektive

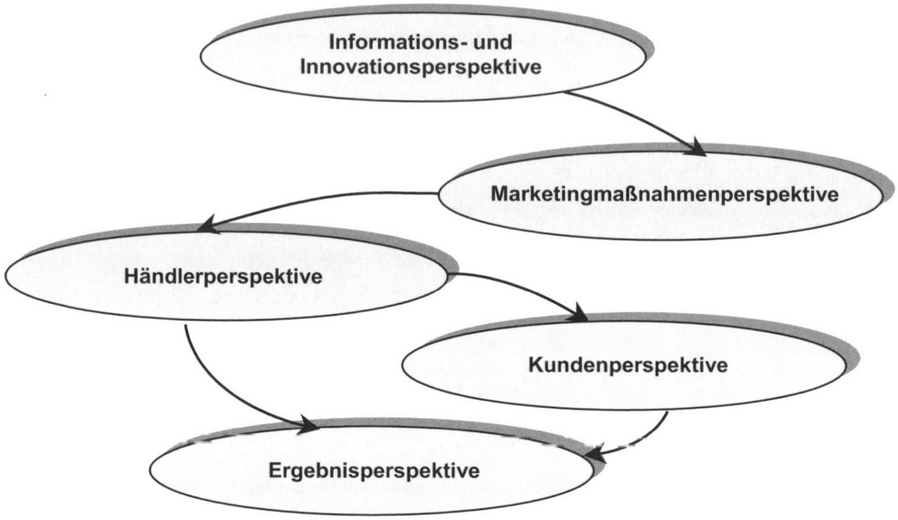

Abbildung 5.9: Perspektiven einer Marketing-Balanced-Scorecard für einen Hersteller von Unterhaltungselektronik-Geräten

Die Kausalbeziehung zwischen diesen Perspektiven ist nicht mehr ganz linear, weil über den Handel sowohl auf die Kunden als auch direkt auf das Ergebnis eingewirkt wird (siehe Abbildung 5.9). So hat die gewährte Handelsspanne einen Einfluss auf die erzielbaren Deckungsbeiträge und die Bereitschaft zur Empfehlung des Herstellers an den Kunden. Ebenso führt eine intensive und partnerschaftliche Geschäftsbeziehung zu einer längeren Kundenbindung und problemloseren Abwicklung auf der einen und einer verkaufsfördernden Präsentation der Geräte im Laden auf der anderen Seite.

Diese Perspektivenstruktur führt nun zu der in Abbildung 5.10 gezeigten Auswahl von Kennzahlen. Das Thema Empfehlungskundenanteil wurde letztlich nicht berücksichtigt, weil es in dieser Situation nicht operationalisierbar ist. Der Hersteller hat durch den zwischengeschalteten Handel keine Möglichkeit, entsprechende Erhebungen bei den Endverbrauchern durchzuführen.

Schließlich ist noch die Frage zu klären, wie die Ergebnisse dargestellt werden können. In diesem Fall bietet sich für den schnellen Überblick über die erreichten Resultate ein Netzdiagramm an (Abbildung 5.11). Die Detailergebnisse werden in Tabellenform ausgegeben. Abbildung 5.12 zeigt ein Beispiel hierfür.

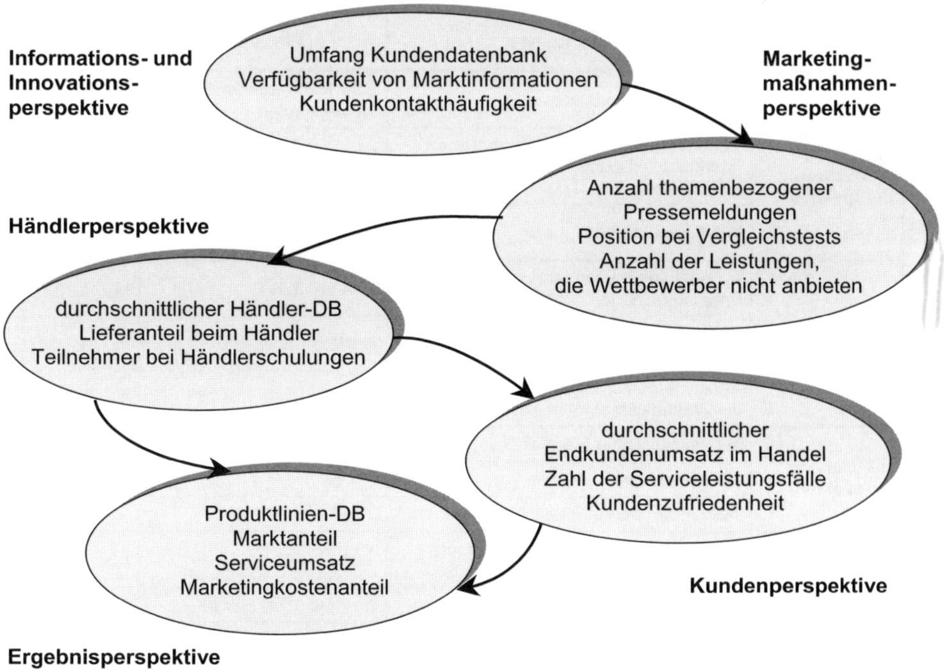

Abbildung 5.10: Kennzahlenbeispiel zu einer Marketing-Balanced-Scorecard

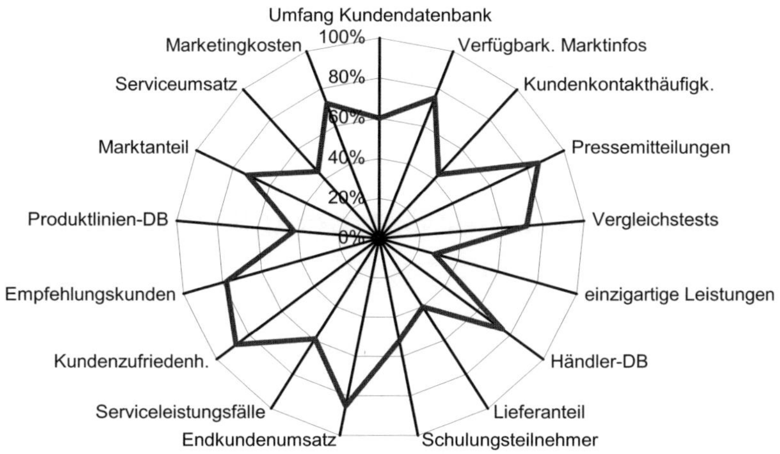

Abbildung 5.11: Ergebnisdarstellung in einem Netzdiagramm

Perspektive	Kennzahl	Zielwert	Ist
Informations- und Innovations-perspektive	Umfang Kundendatenbank	≥ 85 % der Kunden mit je 12 Merkmalen	72 %; 7 Merkmale
	Verfügbarkeit von Marktinformationen (Marktanteil, Distributionsgrad, Marktvolumen usw.)	Direkt-Zugriff auf ≥ 6 Marktvariablen	5
	Kundenkontakthäufigkeit	≈ 4 Besuche pro Handels-kunde und Jahr	4,2
Marketing-maßnahmen-perspektive	Anzahl themenbezogener Pressemeldungen	≥ 46 pro Jahr	58
	Position bei Vergleichstests (Warentest, Fachzeitschriften usw.)	∅ Platz 1,8	2,4
	Anzahl der Leistungen, die Wettbewerber nicht anbieten	≥ 2	1
Händler-perspektive	durchschnittlicher Händler-DB	≥ 30.000 EUR	ca. 32.000
	Lieferanteil beim Händler	∅ 7 %	ca. 5,5 %
	Teilnehmer bei Händlerschulungen	≥ 130 pro Jahr	127
Kunden-perspektive	durchschnittlicher Endkundenumsatz im Handel (mit unseren Geräten)	≈ 800 EUR	625
	Zahl der Serviceleistungsfälle	≤ 17 pro 1000 Geräte	14
	Kundenzufriedenheit (der Händler)	≥ 92 % zufrieden bzw. sehr zufrieden	88 %
Ergebnis-perspektive	Produktlinien-DB	≥ 17 % vom Netto-Erlös	16 %
	Marktanteil	≥ 9 % vom Gesamtmarkt, ≥ 12 % im Fachhandel	8 % bzw. 10,5 %
	Serviceumsatz (nicht: Reparaturen)	≥ 50 Mio. EUR	63,4 Mio. EUR
	Marketingkostenanteil	≈ 13 %	14,2 %

Abbildung 5.12: Beispiel einer Balanced-Scorecard-Auswertung

5.6 Einführung einer Balanced Scorecard in Vertrieb und Marketing

Zurzeit kann das Potenzial einer Balanced Scorecard kaum hoch genug eingeschätzt werden. In den USA, wo das Konzept seit Beginn der neunziger Jahre eingeführt wird, wird von teilweise drastischen Ertragssteigerungen in Unternehmen mit Balanced Scorecard berichtet. Darüber darf jedoch nicht vergessen werden, dass die formelle Existenz einer Scorecard noch gar nichts bewirkt. Sie muss in Inhalt und Struktur der Unternehmenssituation entsprechen und vor allem auch von den Beteiligten akzeptiert und aktiv umgesetzt werden.

Dem Entwicklungsprozess kommt daher eine hohe Bedeutung zu. Er ist nicht im Rahmen eines Ein-Tages-Meetings zu absolvieren, wie schon im Überblick in Abschnitt 5.3 gezeigt wurde. Vielmehr dauert die vollständige Verankerung der Scorecard sowie der damit verbundenen Änderungen der Steuerungsprozesse ein halbes bis ganzes Jahr. Da teilweise ein ganzes Geschäftsjahr abgewartet werden muss, weil Jahresergebnisse benötigt werden, lässt sich über den Erfolg des Einsatzes einer Balanced Scorecard meist frühestens nach zwei Jahren etwas sagen.

Gerade wegen der beabsichtigten Änderung von Prozessen, oft auch der Anreizsysteme, ist die Unterstützung der höchsten Ebene erforderlich, das heißt der Unternehmens- sowie Marketing- und Vertriebsleitung. Jeglicher Wandel im Unternehmen löst an bestimmten Stellen Widerstände aus, weil Gewohnheiten erhalten bleiben und Pfründe gesichert werden sollen. Nicht selten ist Mehrarbeit erforderlich, wird bisher Geleistetes und Gelerntes in Frage gestellt. Es entstehen neue Risiken für die Mitarbeiter und somit die Angst, den neuen Kriterien nicht gerecht werden zu können. In der Folge werden einzelne Kennzahlen in Zweifel gezogen oder wird gegen die Scorecard insgesamt vorgegangen.

Während die Prozessverantwortlichen dauerhaft zum Entwicklungsteam gehören, können Spezialisten fallweise hinzugezogen werden. Ebenso wird die Bereichsleitung überwiegend im Rahmen einer regelmäßigen Berichterstattung einbezogen. Aufgrund der erforderlichen Abstimmung von Marketing- und Corporate Scorecard ist sinnvollerweise ein Führungskreis zu bestimmen, in dem die relevanten Ebenen mit mindestens einer Person vertreten sind, um auch im Rahmen der vorgeschlagenen Workshops kurzfristig eingreifen bzw. entscheiden zu können.

Für die Koordination des Projekts sollte eine von den Perspektiven unabhängige Persönlichkeit zuständig sein, die in der Lage ist, die genannten Widerstände zu überwinden, zwischen Einzelinteressen zu vermitteln und das Projekt voranzutreiben. Während auf Unternehmensebene neben Externen (Berater, Projektmanager, Coaches) beispielsweise Controller in Frage kommen, ist im Vertriebs- und Marketingbereich eher an die Unterstützung durch Persönlichkeiten mit kreativer und kommunikativer Ausrichtung zu denken, wobei der fachliche Bezug weniger bedeutend ist.

Eine wesentliche Frage bei der Projektdurchführung ist die des verwendeten Entwicklungsmodells. Es ist äußerst unwahrscheinlich, dass im ersten Ablauf der „große Wurf“ gelingt, eine vollständige und umsetzbare Balanced Scorecard entsteht, ohne Nachbesserungsaufwand zu verursachen. In der Regel kommt es zu laufenden Verbesserungen, wobei die Problemsituation umso schwieriger ist, je höher die Erwartungen an die Scorecard waren. Das Projekt sollte daher unbedingt in einzelne Stufen aufgeteilt werden, wobei zwei Ansätze zur Verfügung stehen:

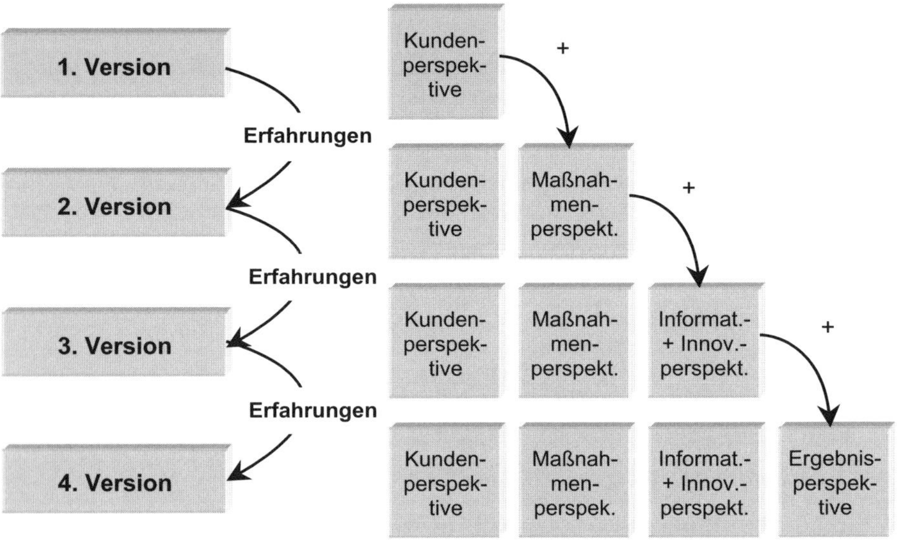

Abbildung 5.12: Versionenkonzept (links) und Phasenkonzept (rechts) der Scorecard-Entwicklung

Beim **Versionenkonzept** wird zunächst eine vollständige Scorecard entwickelt und „in der Realität" getestet, um dann aufgrund dieser Erfahrungen Verbesserungen vornehmen zu können. Dabei ist grundsätzlich klar, dass es sich am Anfang um Versionen handelt, nicht um ein endgültiges Ergebnis. Der Vorteil dieser Vorgehensweise sind die umfangreichen Möglichkeiten, Erfahrungen zu sammeln und in Verbesserungen umzusetzen, der Nachteil liegt in dem Anreiz, immer wieder Änderungen zu verlangen und auch vorzunehmen, oftmals zur Durchsetzung eigener Interessen, und somit das Stadium der Entwicklung nie zu verlassen.

Beim **Phasenkonzept** wird zunächst eine Perspektive realisiert und eingesetzt. Das Ergebnis soll prinzipiell endgültig sein, das heißt nicht als eine unfertige Version auftreten. Da erst nur eine Perspektive entwickelt wird, ist die Komplexität des Projekts geringer und kann mehr Zeit für Detailfragen aufgewendet werden. Bewährt sich dieses Kennzahlensystem, wird die nächste Perspektive realisiert, wobei Erfahrungen aus der vorhergehenden berücksichtigt werden können. Zudem lässt sich das Augenmerk der Beteiligten im Tagesgeschäft gezielt auf die Kausalbeziehungen zwischen den Perspektiven lenken. Nachteilig ist bei dieser Vorgehensweise die meist lange Zeitspanne, bis ein überschaubares Ergebnis für alle Perspektiven vorliegt.

Zusammenfassend muss der **Managementprozess** der Einführung einer Vertriebs- und Marketing-Scorecard folgende Elemente berücksichtigen:

- Sicherstellung der Unterstützung durch das Top-Management (Gesamtunternehmen und Marketing-/Vertriebsleitung)
- Einbindung der Top-Management-Ebene in wichtige Phasen des Entwicklungsprozesses (Bildung des Führungskreises)
- Information und Schulung der Entscheidungsträger und sonstigen Beteiligten über die Balanced Scorecard (z. B. durch ein Kick-Off-Meeting)
- Auswahl geeigneter Projektleiter und frühzeitige Einbindung in die Vorbereitungen
- Training von Moderatoren für die Vermittlung und Umsetzung in den einzelnen Abteilungen (als Moderatoren kommen Fach- und Führungskräfte in den betroffenen Bereichen in Frage)
- Einhaltung des festgelegten Reviewprozesses gemäß dem gewählten Projekt-Konzept
- Weitergabe der gewonnenen Erfahrungen und Anregungen innerhalb des eigenen Entwicklungsprozesses und für weitere Scorecard-Projekte im Unternehmen
- Sicherstellung der Abstimmung mit anderen Funktionsbereichsscorecards und der Corporate Scorecard.

6 Spezielle Marketing- und Vertriebskennzahlensysteme

6.1 Das Renditekennzahlensystem zur wertorientierten Erfolgssteuerung

6.1.1 Die Erfolgsrechnung als Grundlage des Kennzahlensystems

Die Rendite, das heißt das Betriebsergebnis bezogen auf den Umsatz, ist die in der Praxis am häufigsten eingesetzte Erfolgskennzahl. Sie kann für das Unternehmen als Ganzes, aber auch für einzelne Produktlinien oder Produkte ermittelt werden. Sie beantwortet die Frage, welcher Anteil am Umsatz für die eigentliche Zielerreichung, nämlich die Ergebniserzielung, verwendet wird.

Der Umsatz als Bezugsbasis ist nicht immer am besten als Steuerungsinstrument geeignet. Aus der Perspektive der Anteilseigner ist das eingesetzte Kapital wichtiger. Sie wollen wissen, welche Verzinsung das Kapital erbringt, das sie dem Unternehmen zur Verfügung stellen. Diese Verzinsung vergleichen sie mit alternativen Angeboten auf dem Kapitalmarkt und entscheiden daraufhin, wo das Geld investiert wird.

Die so zu ermittelnde Rendite des eingesetzten Kapitals (Return on Investment) sagt zwar etwas über die Profitabilität eines Unternehmens als Ganzes aus, ist aber für die Steuerung einzelner Produkte oder Produktlinien nicht zu gebrauchen. Eingesetztes Kapital lässt sich nämlich nicht auf einzelne Produkte verrechnen. Das bei DuPont Anfang des Jahrhunderts entwickelte **Return-on-Investment-Kennzahlensystem** eignet sich somit nicht für die produkt- oder kundenbezogene Feinsteuerung im Unternehmen.

Um die Rentabilität des Unternehmens einzelnen „Verursachern" zurechnen zu können, muss die Zielgröße Betriebsergebnis auf den Umsatz der „Verursacher" bezogen werden. Dabei kann es sich um einzelne Produkte und Produktlinien, letztlich aber auch um Kunden und Kundengruppen handeln. Mit Hilfe eines zusammenhängenden Kennzahlensystems lässt sich die Unternehmensrendite nach den Verursachern aufschlüsseln. Diese Daten können dann auf Deckungsbeitragsbasis für die Feinsteuerung der Profitabilität, die Zielbildung und den Vergleich der Produktprofitabilitätswerte verwendet werden.

Voraussetzung für diese genaue Aufgliederung ist eine Teilkostenrechnung, die eine verursachungsgerechte Aufschlüsselung der Kosten in fixe und variable sowie Einzel- und Gemeinkosten ermöglicht. Dies ist bereits das Prinzip der Absatzsegmentrechnung. Sie rechnet die fixen Kosten in mehreren Schritten ihren jeweiligen Verursachern zu. Dies können einzelne Produkte, Produktlinien, das gesamte Unternehmen oder auch Kunden und Regionen sein. Das Schema der Absatzsegmentrechnung lässt sich leicht in ein Kennzahlensystem überführen, das die einzelnen Daten entscheidungsorientiert darstellt. Dabei handelt es sich um eine zielorientierte Aufbereitung der Daten. Das System zeigt, wo im Unternehmen Rendite erzeugt und wo sie verringert wird. Es ist somit ein Entscheidungsinstrument für die Geschäftsführung und den Vertrieb.

Die Vorgehensweise lässt sich am besten anhand eines kleinen Musterunternehmens darstellen. Dieses Unternehmen produziert insgesamt vier verschiedene Produkte A–D, die sich zwei Produktlinien 1 und 2 zuordnen lassen. Das Unternehmen setzt eine Teilkostenrechnung ein und kann somit die Fix- und Gemeinkosten den Produkten einzeln, den Produktlinien oder dem Unternehmen als Ganzes zurechnen. Die relevante Unternehmensstruktur zeigt Abbildung 6.1.

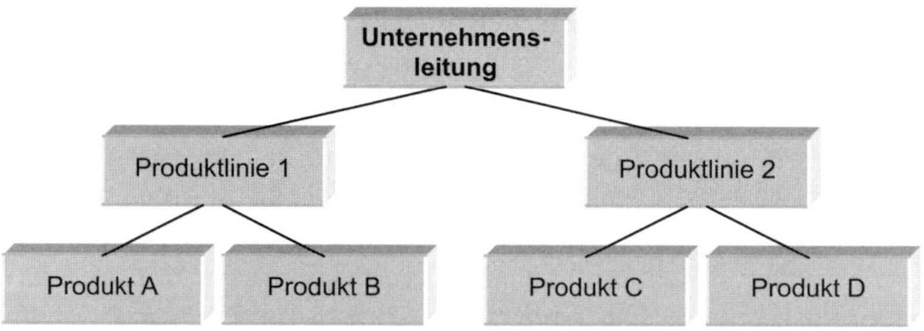

Abbildung 6.1: Struktur des Beispielunternehmens

Aufgrund dieser Sortimentsstruktur werden die folgenden Ebenen unterschieden:

Stückebene – Wie profitabel ist es, ein einzelnes Stück herzustellen?

Produktebene – Wie profitabel ist es, dieses Produkt im Sortiment zu haben?

Produktlinienebene – Wie profitabel ist die gesamte Produktlinie?

Unternehmensebene – Wie profitabel ist das Unternehmen insgesamt?

Um die jeweilige Frage nach der Profitabilität und damit letztlich auch der Existenzberechtigung eines Produkts oder einer Produktlinie beantworten zu können, müssen jeweils die zurechenbaren Kosten und Erlöse ermittelt und gegenübergestellt werden. Die Differenz aus Erlösen und zurechenbaren Kosten ergibt den Deckungsbeitrag. Er sagt aus, wie viel Geld zur Deckung weiterer Fixkosten und zur Erzielung von Gewinn zur Verfügung steht. Der Produktliniendeckungsbeitrag ist damit wie folgt definiert:

Netto-Erlöse der Produktlinie
– variable Kosten der Produkte dieser Produktlinie
– fixe Kosten, die dieser Produktlinie exakt zugeordnet werden können

= Produktlinien-DB

Die Zahl der Analyseebenen hängt von der Größe und Sortimentsstruktur eines Unternehmens ab. Existieren zum Beispiel noch verschiedene Sparten, kommt eine weitere Ebene hinzu. Die Erfolgsrechnung sieht damit wie in Abbildung 6.2 gezeigt aus.

Wichtig ist hierbei, dass das Unternehmen das Betriebsergebnis für das Gesamtunternehmen berechnet, für Produkte und Produktlinien jedoch „nur" Deckungsbeiträge. Hier mag auf den ersten Blick eine Information verloren gehen, die Frage nach dem Ergebnis, das ein Produkt erwirtschaftet, ist nicht mehr zu beantworten. Würde man alle Kosten auf die Produkte schlüsseln, also auch die Gemeinkosten, so ließe sich zwar ein Produktgewinn errechnen, er wäre aber wegen der nie verursachungsgerecht durchzuführenden Schlüsselung nicht richtig.

Das Erfolgskriterium sind in diesem Unternehmen also Deckungsbeiträge. Während das gesamte Unternehmen eine Rendite im Sinne von

Betriebsergebnis : Umsatz

erzielt, sind es auf den Ebenen darunter Renditen im Sinne von

Deckungsbeitrag : Umsatz.

Es ist also notwendig, zwischen Gewinn- bzw. Ergebnis- und Deckungsbeitragsrenditen zu unterscheiden. Während es bei der **Gewinn-/Ergebnis-**

rendite um ausschüttungsfähige Überschüsse geht, müssen die **Deckungsbeitragsrenditen** ausreichend hoch sein, um die anteiligen Fixkosten zu decken *und* Gewinn zu erzielen.

Produktlinien	1		2	
Produkte	A	B	C	D
Netto-Preis				
– variable Kosten	Material, Provisionen	Material, Provisionen	Material, Provisionen	Material, Provisionen
= Stück-DB				
x Menge				
= Produkt-Roh-DB				
– fixe Einzelkosten	Fertigung, Entwicklung	Fertigung, Entwicklung	Fertigung, Entwicklung	Fertigung, Entwicklung
= Produkt-DB				
– Produktlinien-fixkosten	Produktionsanlagen, Werbung		Produktionsanlagen, Werbung	
= Produktlinien-DB				
– Unternehmens-fixkosten	allgemeine Verwaltung, Vertrieb, Mieten			
= Betriebsergebnis				

Abbildung 6.2: Aufbau einer Erfolgsrechnung

In den Kostenzellen sind beispielhaft einige Kostenarten angegeben. In unserem Beispielunternehmen besteht die in Abbildung 6.3 gezeigte Perioden-Erfolgsrechnung.

Unser Beispielunternehmen erzielt insgesamt eine Ergebnisrendite von 10 %, das heißt das Betriebsergebnis beträgt 10 % des Umsatzes. (Fremdkapitalzinsen als Bestandteil der Renditeermittlung werden hier nicht berücksichtigt, weil die Finanzierung des Unternehmens in keinem Zusammenhang mit dem Erfolg der einzelnen Produkte steht. Änderungen der Finanzstruktur würden die Profitabilität des Sortiments beeinflussen, obwohl sich bei den Produkten nichts getan hat.)

6.1.2 Wertorientierung der Unternehmensführung als Grundlage des Kennzahlensystems

Der Grundgedanke der wertorientierten Unternehmenssteuerung ist aus einer Art Krisenstimmung geboren. So stellten amerikanische Unternehmen in den achtziger Jahren vielfach fest, dass sie auf dem Aktienmarkt eigentlich unterbewertet und damit ein beliebtes Objekt einer feindlichen Übernahme seien. In der Tat wurde es als Chance für erhebliche (Milliarden-)Gewinne erkannt, Unternehmen mit geringer Marktkapitalisierung zu kaufen, sie zu restrukturieren und dann zu einem angemessenen Preis zu verkaufen. Solche feindlichen Übernahmen galt es zu verhindern, zumindest aus Sicht der zu kaufenden Unternehmen. Das Instrument dazu ist die Steigerung des Unternehmenswerts, so dass ein Käufer mit dem Unternehmen keinen akzeptablen Gewinn mehr machen kann. Dieses Konzept ist letztlich ein Stück Überlebenskampf.

Produktlinien	**1**		**2**	
Produkte	**A**	**B**	**C**	**D**
Netto-Preis	8	17	9,50	10
– variable Einzelkosten	7	7	1,50	3
= Stück-DB	**1**	**10**	**8**	**7**
x Menge	10.000	20.000	40.000	20.000
= Produkt-Roh-DB	**10.000**	**200.000**	**320.000**	**140.000**
– fixe Einzelkosten	110.000	100.000	–	40.000
= Produkt-DB	**-100.000**	**100.000**	**320.000**	**100.000**
Σ = Produktlinien-Roh-DB	**0**		**420.000**	
– Produktlinienfixkosten	150.000		70.000	
= Produktlinien-DB	**-150.000**		**350.000**	
Σ = Unternehmens-DB	**200.000**			
– Unternehmensfixkosten	100.000			
= Betriebsergebnis	**100.000**			

Abbildung 6.3: Beispiel einer Erfolgsrechnung

Im Mittelpunkt sollte also der Wert für den Anteilseigner liegen, der **Shareholder Value**. Der Anteilseigner beteiligt sich an einem Unternehmen, weil er davon eine Rendite erwartet, letztlich eine möglichst hohe Verzinsung seiner investierten Gelder. Diese Rendite erhält er durch Ausschüttungen und Steigerungen des Aktienwertes. Er erwartet, dass der Unternehmenswert, an dem er beteiligt ist, in einem bestimmten, vom Risiko abhängigen Maß wächst. Die entscheidende Frage ist nun, wie sich der Unternehmenswert messen lässt.

1986 veröffentlichte *Alfred Rappaport* ein Konzept zur Messung und Steigerung des Unternehmenswerts (*„Creating Shareholder Value“*). Es basiert auf der Überlegung, dass ein Unternehmen seinen Wert durch die Erzielung von **Cash-flows** steigert (senkt), die eine Verzinsung über (unter) den erwarteten Kapitalkosten erbringen. Anders gesagt: Die Zahlungsüberschüsse eines Unternehmens müssen eine höhere Verzinsung erbringen als der Kapitalmarkt für andere Geldanlagen. Dann lohnt sich eine Beteiligung an diesem Unternehmen, dann liefert es eine für den Anleger attraktive Wertsteigerung.

Die Shareholder-Value-Analyse hat durch eine Vielzahl von Unternehmen eine Art Siegeszug angetreten. Gerade auch in Deutschland, wo man tendenziell unterbewertete Unternehmen vermuten durfte, führte man Wertberechnungen durch, und zwar nicht nur auf Unternehmens-, sondern auch auf Geschäftseinheitenebene und sogar für größere Investitionsprojekte. Controller müssen dann Shareholder Values von Projekten, Sparten usw. als zentrale Entscheidungsgröße berechnen.

Rappaport hat für die Berechnung des betrieblichen Cash-flows einen Weg über so genannte **Wertgeneratoren** entwickelt. Dies sind Faktoren, die von betrieblichen Entscheidungen abhängen und den Unternehmenswert beeinflussen. Der Umsatz ist dann mit diesen Wertgeneratoren „zu bearbeiten“, so dass sich der betriebliche Cash-flow ergibt. Vorteil dieser Vorgehensweise ist die Verbindung zu Entscheidungsfaktoren. So kann berechnet werden, zu welchen Wertveränderungen betriebliche Entscheidungen führen.

Die Wertgeneratoren sind:

- Umsatzwachstum,
- Umsatzrendite,
- Steuersatz,
- Investitionsrate in Anlagevermögen,
- Investitionsrate in Umlaufvermögen.

Die Berechnung des Shareholder Value soll hier nicht durchgeführt werden (siehe dazu im Original Rappaport 1999, S. 39 ff. oder eine Zusammenfassung bei Preißner 2001, S. 292 ff.).

Wichtig sind in diesem Zusammenhang zwei Punkte:

- zum einen ist es die Umsatzrendite als Wertgenerator. Das Renditekennzahlensystem berechnet dazu den Beitrag der einzelnen Produkte und

Produktlinien, ebenso kann er für Kunden und Kundengruppen bestimmt werden. Dadurch ist eine detailliertere Erfolgssteuerung möglich.

- Zum anderen ist es möglich, die erreichte Rendite mit der für die unterschiedlichen Ebenen berechneten Mindestrendite zu vergleichen, die für eine angemessene Verzinsung des zur Verfügung gestellten Kapitals sowie einen Risikoausgleich erforderlich ist.

6.1.3 Die Berechnung der Renditekennzahlen

– *Die Unternehmensebene*

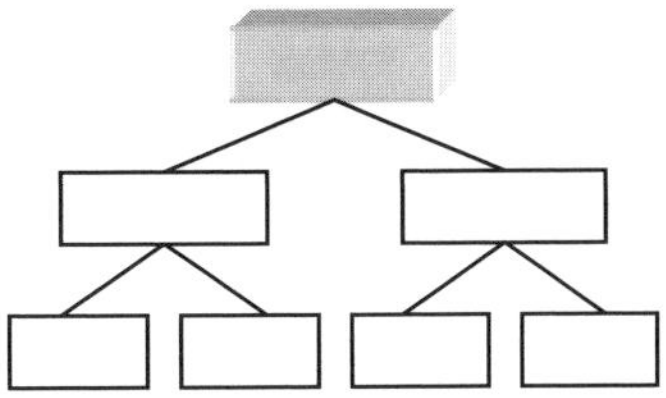

Nun soll herausgefunden werden, welchen Beitrag die einzelnen Sortimentsbestandteile zur Gesamtrendite leisten. Die Relation

$$\frac{\text{Betriebsergebnis}}{\text{Umsatz}}$$

kann dazu zerlegt werden in

$$\frac{\text{Unternehmens-DB}}{\text{Umsatz}} - \frac{\text{Unternehmensfixkosten}}{\text{Umsatz}}$$

wegen: Betriebsergebnis = Unternehmens-Deckungsbeitrag – verbleibende Unternehmensfixkosten.

Ergebnisrendite:

$$\frac{\text{Betriebsergebnis}}{\text{Umsatz}} = \frac{\text{Unternehmens-DB}}{\text{Umsatz}} - \frac{\text{Unternehmensfixkosten}}{\text{Umsatz}}$$

oder:

$$\text{Ergebnisrendite} = \begin{array}{c}\text{Unternehmens-}\\ \text{deckungsbeitrags-}\\ \text{rendite}\end{array} - \begin{array}{c}\text{Unternehmensfixkosten-}\\ \text{anteil am Umsatz}\end{array}$$

Der Unternehmensdeckungsbeitrag ist die Summe der Deckungsbeiträge, die die einzelnen Produktlinien erwirtschaften. In unserem Unternehmen setzt sich die Ergebnisrendite zusammen aus einer Deckungsbeitragsrendite von 20 % abzüglich einem Unternehmensfixkostenanteil von 10 %:

$$\text{Ergebnisrendite} = \frac{200.000}{1.000.000} - \frac{100.000}{1.000.000} = \frac{100.000}{1.000.000}$$

oder:

Ergebnisrendite = 20% – 10% = 10%.

Der Unternehmensdeckungsbeitrag wird von zwei Produktlinien erwirtschaftet. Produktlinie 1 ist defizitär und hat einen Produktlinien-DB von -150.000, während Produktlinie 2 auf 350.000 kommt. Die Umsätze liegen bei 420.000 für Produktlinie 1 und 580.000 für Produktlinie 2.

Absolut ergibt sich:

Unternehmens-DB = Produktlinien-DB 1 + Produktlinien-DB 2

200.000 = -150.000 + 350.000

Die DB-Renditen der Produktlinien ergeben sich durch Division des DB durch den jeweiligen Umsatz. Um wieder die Verbindung zur Gesamtrendite des Unternehmens herstellen zu können, können die Einzelrenditen jedoch nicht addiert werden. Es gilt also ***nicht***:

Rendite der Produktlinie 1 + Rendite der Produktlinie 2 = Ergebnisrendite.

In die Berechnung der Gesamtrendite gehen sie nur mit dem Umsatzgewicht der Produktlinie ein.

Unternehmensdeckungsbeitragsrendite:

$$\frac{\text{Unternehmens-DB}}{\text{Gesamtumsatz}} = \frac{\text{Produktlinien-DB 1}}{\text{Umsatz Produktlinie 1}} \cdot \frac{\text{Umsatz Produktlinie 1}}{\text{Gesamtumsatz}} + \frac{\text{Produktlinien-DB 2}}{\text{Umsatz Produktlinie 2}} \cdot \frac{\text{Umsatz Produktlinie 2}}{\text{Gesamtumsatz}}$$

oder:

$$\text{Unternehmens-DB-Rendite} = \text{Produktlinien-DB-Rendite 1} \cdot \text{Umsatzanteil 1} + \text{Produktlinien-DB-Rendite 2} \cdot \text{Umsatzanteil 2}$$

bzw.:

$$\frac{200.000}{1.000.000} = \frac{-150.000}{420.000} \cdot \frac{420.000}{1.000.000} + \frac{350.000}{580.000} \cdot \frac{580.000}{1.000.000}$$

oder:

Unternehmens-DB-Rendite = -35,71% · 42% + 60,34% · 58% = 20%.

Die Deckungsbeitragsrenditen der Produktlinien sind somit:

Produktlinien-DB-Renditen	
Produktlinie	**DB-Rendite**
1	-35,71%
2	60,34%

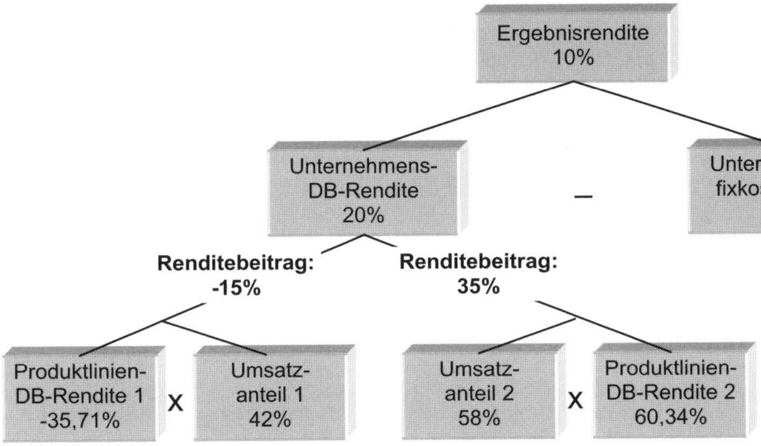

Abbildung 6.4: Zusammensetzung der Ergebnisrendite

– *Die Produktlinienebene*

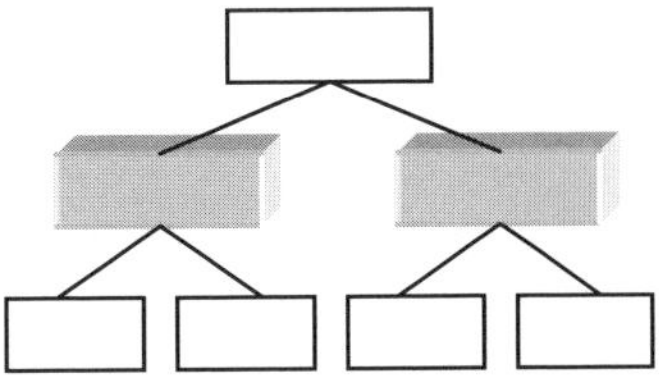

Unter Berücksichtigung der Umsatzbedeutung der beiden Produktlinien lassen sich die **Renditebeiträge** der Produktlinien berechnen. Sie sagen aus, welchen Beitrag eine einzelne Produktlinie zur Gesamtrendite leistet.

Die Summe der Renditebeiträge muss immer größer sein als die angestrebte Gesamtrendite, weil in aller Regel noch Fixkosten zu decken sind. Der Beitrag der Produktlinie 1 zur Unternehmens-DB-Rendite liegt bei -15%. Dies ergibt sich aus der Multiplikation der Produktlinien-DB-Rendite mit dem Umsatzanteil: -35,71% · 42% = -15%. Diese Produktlinie vermindert somit die Unternehmensrendite um 15%. Die sehr hohe Rendite der Produktlinie 2 kann dies jedoch ausgleichen. Zu fragen ist natürlich, ob die Produktlinie 1 längerfristig im Sortiment gehalten werden kann.

Produktlinien-DB-Renditebeiträge	
Produktlinie	DB-Renditbeitrag
1	-15%
2	35%

Nach dem gleichen Schema kann nun die Analyse auf der Produktebene verfeinert werden. Zunächst zur Produktlinie 1. Die Produkte A und B erzielen Netto-Umsätze von 80.000 bzw. 340.000. Die Produkt-DB liegen bei -100.000 für A und 100.000 für B. Für die Produktlinie 1 sind Fixkosten in Höhe von 150.000 angefallen. Die Summe der Produkt-DB ergibt den Roh-Deckungsbeitrag der Produktlinie. Dieser muss als Nächstes die Fixkosten der Produktlinie decken.

Produktlinien-Roh-Deckungsbeitragsrendite:

$$\frac{\text{Produktlinien-Roh-DB 1}}{\text{Produktlinienumsatz 1}} = \frac{\text{Produkt-DB A}}{\text{Umsatz Produkt A}} \cdot \frac{\text{Umsatz Produkt A}}{\text{Produktlinienumsatz 1}} + \frac{\text{Produkt-DB B}}{\text{Umsatz Produkt B}} \cdot \frac{\text{Umsatz Produkt B}}{\text{Produktlinienumsatz 1}}$$

oder:

$$\text{Produktlinien-Roh-DB-Rendite 1} = \text{Produkt-DB-Rendite A} \cdot \text{Umsatzanteil A} + \text{Produkt-DB-Rendite B} \cdot \text{Umsatzanteil B}$$

bzw.:

$$\frac{0}{420.000} = \frac{-100.000}{80.000} \cdot \frac{80.000}{420.000} + \frac{100.000}{340.000} \cdot \frac{340.000}{420.000}$$

oder:

Produktlinien-Roh-DB-Rendite 1 = -125% · 19,05% + 29,41% · 80,95% = 0%.

Zur Produktlinien-DB-Rendite gelangt man, indem man die Fixkosten der Produktlinie vom Roh-DB subtrahiert.

Produktlinien-Deckungsbeitragsrendite:

Produktlinien-DB-Rendite 1

= Produktlinien-Roh-DB-Rendite 1 – Produktlinienfixkostenanteil 1

bzw.

-35,71% = 0% – 35,71%.

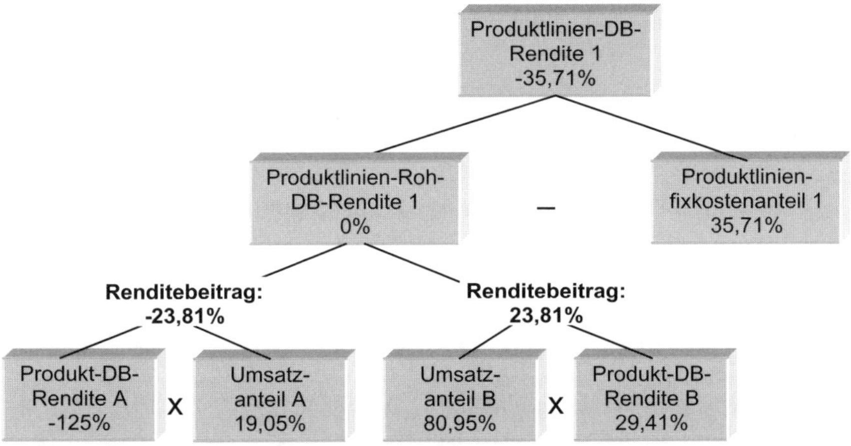

Abbildung 6.5: Zusammensetzung der Produktlinien-DB-Rendite 1

Für die Produktlinie 2 ergibt sich für die Produktlinien-Roh-DB-Rendite:

$$\text{Produktlinien-Roh-DB-Rendite 2} = \text{Produkt-DB-Rendite C} \cdot \text{Umsatzanteil C} + \text{Produkt-DB-Rendite D} \cdot \text{Umsatzanteil D}$$

$$\frac{420.000}{580.000} = \frac{320.000}{380.000} \cdot \frac{380.000}{580.000} + \frac{100.000}{200.000} \cdot \frac{200.000}{580.000}$$

oder:

72,41% = 84,21% · 65,52% + 50% · 34,48%

und für die Produktlinien-DB-Rendite 2:

60,34% = 72,41% – 12,07%.

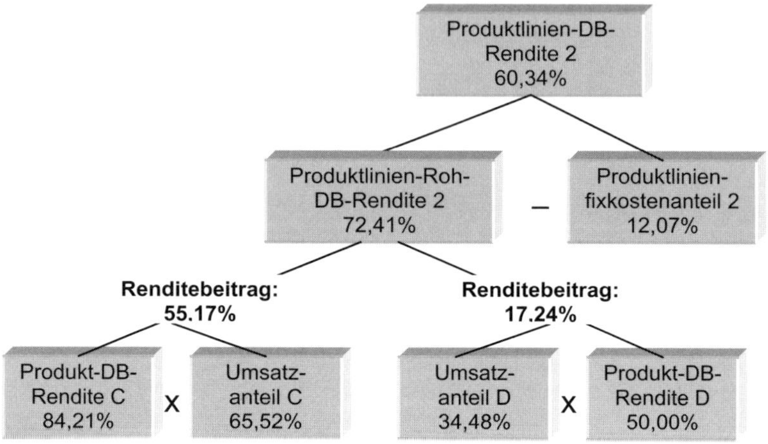

Abbildung 6.6: Zusammensetzung der Produktlinien-DB-Rendite 2

– *Die Produktebene*

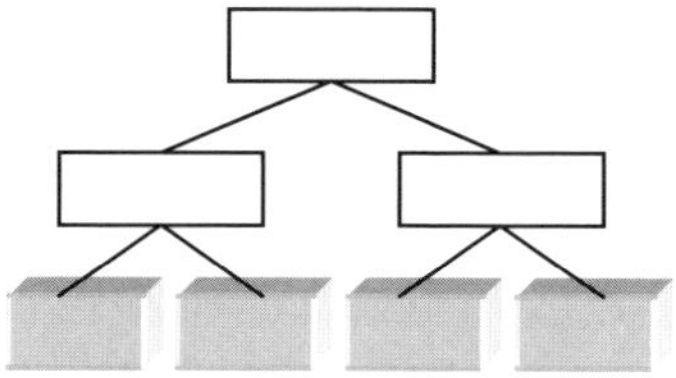

Nunmehr können die einzelnen Produkte näher analysiert werden. Der Roh-DB eines Produktes gibt an, wie viel ein Produkt zur Deckung aller Fixkosten erwirtschaftet. Werden von diesem Deckungsbeitrag die fixen Einzelkosten abgezogen, ergibt sich der Produkt-Deckungsbeitrag.

Produkt-Roh-DB-Rendite:

$$\frac{\text{Produkt-Roh-DB}}{\text{Umsatz}} = \frac{(\text{Netto-Preis} - \text{variable Kosten}) \cdot \text{Menge}}{\text{Umsatz}}$$

Für A: [(8 – 7) · 10.000] : 80.000 = 12,50%

Für B: [(17 – 7) · 20.000] : 340.000 = 58,82%

Für C: [(9,50 – 1,50) · 40.000] : 380.000 = 84,21%

Für D: [(10 – 3) · 20.000] : 200.000 = 70%

Produkt-DB-Rendite:

Produkt-DB-Rendite = Produkt-Roh-DB-Rendite – Fixkostenanteil

mit Fixkostenanteil = fixe Einzelkosten : Produktumsatz

Für A: 12,50% – 137,50% = -125,00%

Für B: 58,82% – 29,41% = 29,41%

Für C: 84,21% – 0% = 84,21%

Für D: 70,00% – 20% = 50%

Die Deckungsbeitrags-Renditen der einzelnen Produkte sind damit die folgenden:

Produkt-DB-Renditen	
Produkt	**DB-Rendite**
A	-125,00%
B	29,41%
C	84,21%
D	50,00%

C ist das profitabelste Produkt, A das schlechteste. Diese Zahlen ermöglichen jedoch nur eine isolierte Beurteilung. Der Beitrag dieser Produkte zur Gesamtrendite wird weiterhin beeinflusst durch die Umsatzbedeutung der Produkte und schließlich die Fixkosten, die auf Produktlinienebene anfallen.

Unter Berücksichtigung der Umsatzbedeutung der Produkte ergeben sich die folgenden Renditebeiträge:

Produkt-DB-Renditebeiträge	
Produkt	**Renditebeitrag**
A	-23,81%
B	23,81%
C	55,17%
D	17,24%

Die Renditebeiträge lassen sich wieder in einer Grafik darstellen:

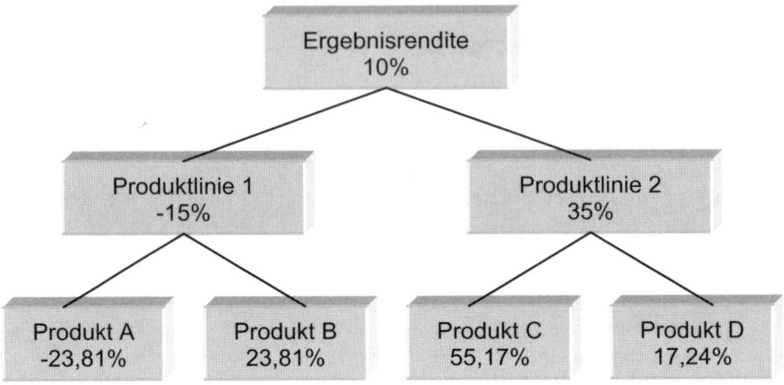

Abbildung 6.7: Renditebeiträge der Produkte und Produktlinien

Hinweis: Zwischen den hier gezeigten Daten besteht kein mathematischer Zusammenhang. Dazu sind zusätzlich die Fixkosten zu berücksichtigen. Hohe Renditebeiträge einzelner Produkte können beispielsweise durch hohe Fixkosten zunichte gemacht werden. Für die Produktlinie 1 sind dies 35,71 % Fixkostenanteil, für die Produktlinie 2 sind es 12,07 % und für das Gesamtunternehmen 10 % vom Umsatz.

Diese Übersicht zeigt, dass letztlich nur Produkt C einen Beitrag zur Wertsteigerung leistet. Bei den anderen Produkten reichen die Renditen nicht aus, die anteiligen Fixkosten zu decken.

6.1.4 Die Berechnung der Mindestrenditen

Auf dieser Basis lassen sich Mindestrenditeanforderungen an Produkte ermitteln. Ausgehend von der erwarteten Gesamtrendite werden auf Produktlinien- und Produktebene die für die Erreichung dieser Rendite und die Deckung der Fixkosten erforderlichen Deckungsbeitragsrenditen berechnet. Voraussetzung ist ein konstanter Umsatz, um die Fixkosten als Umsatzanteil ausdrücken zu können.

Die folgende Tabelle zeigt dieses Vorgehen für das Beispielunternehmen. Das Ergebnisrenditeziel ist 10 %, die Fixkosten entsprechen den Beispieldaten.

Kosten		Renditeziel	
Ergebnisziel:	100.000	Ergebnisrenditeziel:	10,00%
Unternehmensfixkosten:	100.000	Unternehmens-DB-Renditeziel:	20,00%
Produktlinienfixkosten 1:	150.000	Produktlinien-DB-Renditeziel 1:	55,71%
Produktlinienfixkosten 2:	70.000	Produktlinien-DB-Renditeziel 2:	32,07%
Produktfixkosten A:	110.000	Produkt-DB-Renditeziel A:	193,21%
Produktfixkosten B:	100.000	Produkt-DB-Renditeziel B:	85,12%*
Produktfixkosten C:	0	Produkt-DB-Renditeziel C:	32,07%
Produktfixkosten D:	40.000	Produkt-DB-Renditeziel D:	52,07%

* *Berechnungsbeispiel*:

Produkt B muss, jeweils in Prozent vom Umsatz gerechnet, anteilig Betriebsergebnis, Unternehmens-, Produktlinien- und Produktfixkosten tragen. Der Ergebnisanteil erfordert einen DB-Anteil von 10 %, der Unternehmensfixkostenanteil ebenfalls 10 %, der Produktlinienfixkostenanteil weitere 35,71 % und schließlich für die Produktfixkosten 29,41 %. Insgesamt sind dies 85,12 %.

Diese Renditeziele gelten nur bei dem vorgegebenen Umsatz von 1.000.000. Bei höheren Umsätzen käme es automatisch zu Reduzierungen der Renditeziele, weil die Fixkosten in der Regel auf dem alten Niveau bleiben.

6.1.5 Die Berechnung der Performance

Nun können die tatsächlich erreichten den errechneten Mindestrenditen gegenübergestellt werden. So lässt sich die Über- oder Unterperformance auf unterschiedlichen Ebenen ermitteln (Abbildung 6.8).

Die Performance gibt an, um wie viel Prozent die tatsächliche von der Mindestrendite abweicht. 0 % bedeutet: Das Produkt/die Produktlinie ist genau so profitabel, wie es zur Erreichung des Gewinnziels erforderlich ist.

Das Resultat dieser Betrachtung ist nochmals deutlicher als die Deckungsbeiträge bzw. Deckungsbeitragsrenditen. Aufgrund der unterschiedlich hohen Fixkosten entstehen unterschiedliche Mindestrenditeanforderungen. Es wird deutlich, dass ausschließlich Produkt C wertsteigernd ist, das heißt positive Performance aufweist. Abbildung 6.9 zeigt dies noch einmal im Diagramm.

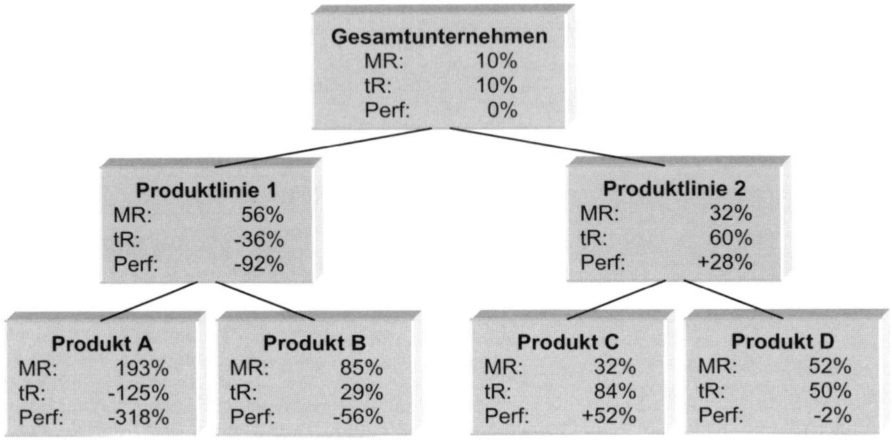

mit: MR = Mindestrendite
tR = tatsächliche Rendite
Perf = Performance

Abbildung 6.8: Performanceermittlung

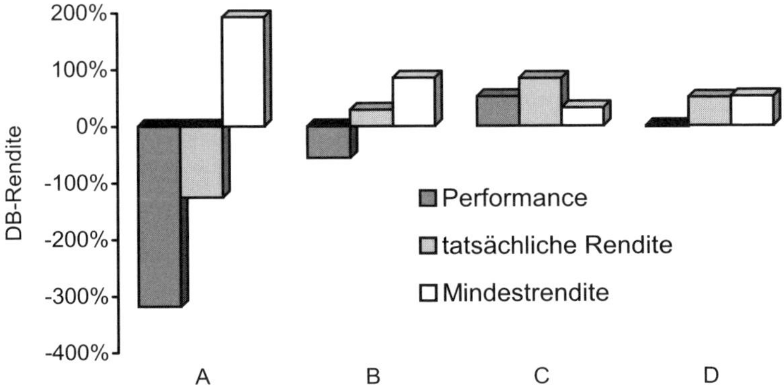

Abbildung 6.9: Performancediagramm der Produkte

6.1.6 Ein Umsetzungsbeispiel

Die Erfolgsrechnung für ein Unternehmen hat folgendes Resultat ergeben:

<table>
<tr><th>Produkte</th><th>A</th><th>B</th><th>C</th><th>D</th><th>E</th><th>F</th></tr>
<tr><td>= Netto-Erlös</td><td>600.000</td><td>900.000</td><td>700.000</td><td>450.000</td><td>750.000</td><td>300.000</td></tr>
<tr><td>– variable Kosten</td><td>300.000</td><td>510.000</td><td>320.000</td><td>170.000</td><td>400.000</td><td>220.000</td></tr>
<tr><td>= Produkt-DB I</td><td>300.000</td><td>390.000</td><td>380.000</td><td>280.000</td><td>350.000</td><td>80.000</td></tr>
<tr><td>– fixe Einzelkosten</td><td></td><td></td><td></td><td>300.000</td><td>200.000</td><td></td></tr>
<tr><td>= Produkt-DB II</td><td>300.000</td><td>390.000</td><td>380.000</td><td>-20.000</td><td>150.000</td><td>80.000</td></tr>
<tr><td>– Produktlinien-fixkosten</td><td colspan="2">320.000</td><td colspan="2">210.000</td><td colspan="2">260.000</td></tr>
<tr><td>= Prod.linien-DB</td><td colspan="2">370.000</td><td colspan="2">150.000</td><td colspan="2">-30.000</td></tr>
<tr><td>– Werks-fixkosten</td><td colspan="2">280.000</td><td colspan="4">110.000</td></tr>
<tr><td>= Werks-DB</td><td colspan="2">90.000</td><td colspan="4">10.000</td></tr>
<tr><td>– Unternehmens-fixkosten</td><td colspan="6">60.000</td></tr>
<tr><td>= Betriebs-ergebnis</td><td colspan="6">40.000</td></tr>
</table>

Daraus lässt sich die folgende **Rentabilitätsübersicht** erstellen, die die Deckungsbeitragsrenditen und die Fixkostenanteile am Umsatz ausweist:

<table>
<tr><th>Produkte</th><th>A</th><th>B</th><th>C</th><th>D</th><th>E</th><th>F</th></tr>
<tr><td>= Netto-Erlös</td><td>600.000</td><td>900.000</td><td>700.000</td><td>450.000</td><td>750.000</td><td>300.000</td></tr>
<tr><td>Produkt-Roh-DB-Rendite</td><td>50,00%</td><td>43,33%</td><td>54,29%</td><td>62,22%</td><td>46,67%</td><td>26,67%</td></tr>
<tr><td>– Anteil fixe Einzelkosten</td><td></td><td></td><td></td><td>66,67%</td><td>26,67%</td><td></td></tr>
<tr><td>= Produkt-DB-Rendite</td><td>50,00%</td><td>43,33%</td><td>54,29%</td><td>-4,44%</td><td>20,00%</td><td>26,67%</td></tr>
<tr><td>– Anteil Produktlinienfixkosten</td><td colspan="2">21,33%</td><td colspan="2">18,26%</td><td colspan="2">24,76%</td></tr>
<tr><td>= Produktlinien-DB-Rendite</td><td colspan="2">24,67%</td><td colspan="2">13,04%</td><td colspan="2">-2,86%</td></tr>
<tr><td>– Anteil Werksfixkosten</td><td colspan="2">18,67%</td><td colspan="4">5,00%</td></tr>
<tr><td>= Werks-DB-Rendite</td><td colspan="2">6,00%</td><td colspan="4">0,45%</td></tr>
<tr><td>– Anteil Unternehmensfixkosten</td><td colspan="6">1,62%</td></tr>
<tr><td>= Ergebnisrendite</td><td colspan="6">1,08%</td></tr>
</table>

Zur Erzielung der angestrebten Gesamtrendite von 5 % sind folgende **Mindestrenditen** erforderlich:

Produkte	A	B	C	D	E	F
= Produkt-Roh-DB-Rendite	46,62%	46,62%	29,88%	96,55%	63,05%	36,38%
– Anteil fixe Einzelkosten				66,67%	26,67%	
= Produkt-DB-Rendite	46,62%	46,62%	29,88%	29,88%	38,38%	36,38%
– Anteil Produktlinienfixkosten	21,33%		18,26%		24,76%	
= Produktlinien-DB-Rendite	25,29%		11,62%		11,62%	
– Anteil Werksfixkosten	18,67%		5,00%			
= Werks-DB-Rendite	6,62%		6,62%			
– Anteil Unternehmensfixkosten	1,62%					
= Ergebnisrendite	5,00%					

So ergeben sich die folgenden **Performancewerte**:

Produkte	A	B	C	D	E	F
= Produkt-DB-Performance	+3,38%	-3,29%	+24,41%	-34,32%	-16,38%	-9,72%
= Produktlinien-DB-Performance	-0,62%		+1,42%		-14,48%	
= Werks-DB-Performance	-0,62%		-6,17%			
= Ergebnis-Performance	-3,92%					

In diesem Beispiel wurde die Performance für eine Zielrendite von 5 % berechnet. Insgesamt fehlen dem Unternehmen 3,92 Renditepunkte. Als Problemfaktoren stellen sich die Produkte D und E heraus. Ihre Rendite müsste stark gesteigert werden, um das Gesamtziel zu erreichen.

6.1.7 Umsetzung mit Hilfe eines Tabellenkalkulationsprogramms

Zum Abschluss soll nun noch gezeigt werden, wie sich das Konzept mit Hilfe eines Tabellenkalkulationsprogramms einfach umsetzen lässt. Dazu wurde das obige Beispiel leicht erweitert und verändert. Zunächst ist das Datenblatt mit den Ausgangsdaten erforderlich. Diese können direkt aus dem Rechnungswesen überspielt werden.

Erfolgsrechnung							
Produkte	**A**	**B**	**C**	**D**	**E**	**F**	**Summe**
Netto-Preis	35	42	23	17	31	26	
variable Kosten/Stück	16	27	13	16	19	20	
Menge	20.000	21.000	39.000	22.000	18.000	34.000	
Netto-Erlös	**700.000**	**882.000**	**897.000**	**374.000**	**558.000**	**884.000**	**4.295.000**
variable Kosten	320.000	567.000	507.000	352.000	342.000	680.000	2.768.000
Produkt-Roh-DB	380.000	315.000	390.000	22.000	216.000	204.000	1.527.000
fixe Einzelkosten			405.000		60.000		465.000
Produkt-DB	**380.000**	**315.000**	**-15.000**	**22.000**	**156.000**	**204.000**	**1.062.000**
Produktlinienfixkost.	277.000		85.000		140.000		502.000
Produktlinien-DB	418.000		-78.000		220.000		560.000
Werksfixkosten	213.000		188.000				401.000
Werks-DB	205.000		-46.000				159.000
Unternehmensfixk.	104.000						104.000
Betriebsergebnis	**55.000**						**55.000**

So weit entspricht dies einer Absatzsegmentrechnung im Rahmen der kurzfristigen Erfolgsrechnung. Um die Ergebnisse zu verdichten (dieses Sechs-Produkte-Unternehmen ist noch übersichtlich, spätestens bei zwölf Produkten ist der Überblick verloren gegangen), werden nun die Renditen berechnet wie oben dargestellt.

Renditen						
Produkte	**A**	**B**	**C**	**D**	**E**	**F**
Produkt-Roh-DB-Rendite	54,29%	35,71%	43,48%	5,88%	38,71%	23,08%
Produkt-DB-Rendite	54,29%	35,71%	-1,67%	5,88%	27,96%	23,08%
Produktlinien-DB-Rendite	26,42%		-6,14%		15,26%	
Werks-DB-Rendite	12,96%		-1,70%			
Ergebnisrendite	1,28%					

Die Rendite des Unternehmens liegt bei 1,28 %. Angenommen, es wird aber eine Rendite von 5 % angestrebt. Dann lassen sich mit der folgenden Tabelle die Mindestrenditen berechnen, die auf den einzelnen Ebenen erzielt werden müssen. Dabei ist zu berücksichtigen, dass keine neuen Absatzmengen, Preise oder Umsätze berechnet werden, sondern nur Renditeanforderungen. Dabei wird von konstanten Fixkosten ausgegangen.

Mindestrenditen						
Produkte	**A**	**B**	**C**	**D**	**E**	**F**
Produkt-Roh-DB-Rendite	38,39%	38,39%	66,19%	21,04%	34,81%	24,06%
Produkt-DB-Rendite	38,39%	38,39%	21,04%	21,04%	24,06%	24,06%
Produktlinien-DB-Rendite	20,89%		14,35%		14,35%	
Werks-DB-Rendite	7,42%		7,42%			
Ergebnisrendite	5,00%					

Die Differenz aus geforderter und erbrachter Rendite ist die Performance. Sie lässt sich wieder für alle Ebenen errechnen. So ist genau zuzuordnen, wo Renditeprobleme bestehen.

Performance						
Produkte	**A**	**B**	**C**	**D**	**E**	**F**
Produkt-Roh-DB-Perform.	15,89%	-2,68%	-22,71%	-15,16%	3,90%	-0,98%
Produkt-DB-Performance	15,89%	-2,68%	-22,71%	-15,16%	3,90%	-0,98%
Produktlinien-DB-Perform.	5,54%		-20,49%		0,91%	
Werks-DB-Performance	5,54%		-9,12%			
Ergebnisperformance	-3,72%					

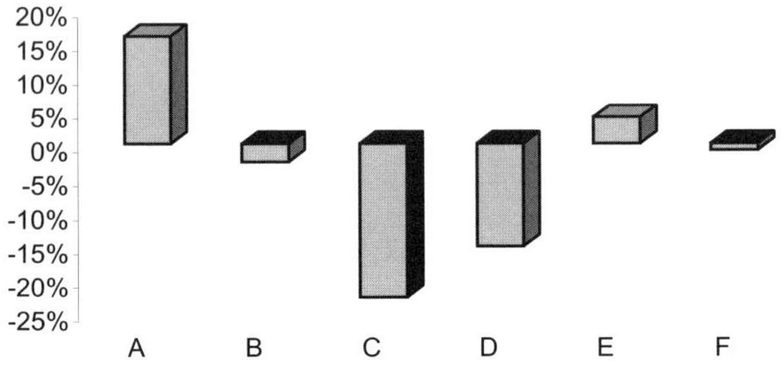

Abbildung 6.10: Performancediagramm

In MS Excel sind die folgenden Tabellenblätter einzurichten:

Erfolgsrechnung

	A	B	C	D	E	F	G	H
2	**Produkte**	**A**	**B**	**C**	**D**	**E**	**F**	**Summe**
3	Netto-Preis	35	42	23	17	31	26	
4	variable Kosten/Stück	16	27	13	16	19	20	
5	Menge	20000	21000	39000	22000	18000	34000	
6	Netto-Erlös	=B3*B5	=C3*C5	=D3*D5	=E3*E5	=F3*F5	=G3*G5	=SUMME(B6:G6)
7	variable Kosten	=B5*B4	=C5*C4	=D5*D4	=E5*E4	=F5*F4	=G5*G4	=SUMME(B7:G7)
8	Produkt-Roh-DB	=B6-B7	=C6-C7	=D6-D7	=E6-E7	=F6-F7	=G6-G7	=SUMME(B8:G8)
9	fixe Einzelkosten			405000		60000		=SUMME(B9:G9)
10	Produkt-DB	=B8-B9	=C8-C9	=D8-D9	=E8-E9	=F8-F9	=G8-G9	=SUMME(B10:G10)
11	Produktlinienfixkosten	277000		85000		140000		=SUMME(B11:G11)
12	Produktlinien-DB	=B10+C10-B11		=D10+E10-D11		=F10+G10-F11		=SUMME(B12:G12)
13	Werksfixkosten	213000		188000				=SUMME(B13:G13)
14	Werks-DB	=B12-B13		=D12+F12-D13				=SUMME(B14:G14)
15	Untern.fixkosten	104000						=SUMME(B15:G15)
16	Betriebsergebnis	=B14+D14-B15						=SUMME(B16:G16)

Renditen							
	A	*B*	*C*	*D*	*E*	*F*	*G*
	Produkte	**A**	**B**	**C**	**D**	**E**	**F**
20	Produkt-Roh-DB-Rendite	=B8/B6	=C8/C6	=D8/D6	=E8/E6	=F8/F6	=G8/G6
21	Produkt-DB-Rendite	=B10/B6	=C10/C6	=D10/D6	=E10/E6	=F10/F6	=G10/G6
22	Produktlinien-DB-Rendite	=(B10+C10-B11)/(B6+C6)		=(D10+E10-D11)/(D6+E6)		=(F10+G10-F11)/(F6+G6)	
23	Werks-DB-Rendite	=B14/(B6+C6)		=D14/(D6+E6+F6+G6)			
24	Ergebnis-rendite	=(B14+D14-B15)/SUMME(B6:G6)					

kursiv gedruckt sind jeweils die Zeilen-/Spaltenbezeichnungen im Tabellenblatt

Mindestrenditen							
	A	*B*	*C*	*D*	*E*	*F*	*G*
	Produkte	**A**	**B**	**C**	**D**	**E**	**F**
29	Produkt-Roh-DB-Rendite	=B30+B9/B6	=C30+C9/C6	=D30+D9/D6	=E30+E9/E6	=F30+F9/F6	=G30+G9/G6
30	Produkt-DB-Rendite	=B31+B11/(B6+C6)	=B31+B11/(B6+C6)	=D31+D11/(D6+E6)	=D31+D11/(D6+E6)	=F31+F11/(F6+G6)	=F31+F11/(F6+G6)
31	Produktlinien-DB-Rendite	=B32+B13/(B6+C6)		=D32+D13/ (D6+E6+F6+G6)		=D32+D13/ (D6+E6+F6+G6)	
32	Werks-DB-Rendite	=B33+B15/SUMME(B6:G6)		=B33+B15/SUMME(B6:G6)			
33	Ergebnis-rendite	=5%					

Performance							
	A	*B*	*C*	*D*	*E*	*F*	*G*
	Produkte	**A**	**B**	**C**	**D**	**E**	**F**
38	Produkt-Roh-DB-Perform.	=B20-B29	=C20-C29	=D20-D29	=E20-E29	=F20-F29	=G20-G29
39	Produkt-DB-Performance	=B21-B30	=C21-C30	=D21-D30	=E21-E30	=F21-F30	=G21-G30
40	Produktlinien-DB-Perform.	=B22-B31		=D22-D31		=F22-F31	
41	Werks-DB-Performance	=B23-B32		=D23-D32			
42	Ergebnis-performance	=B24-B33					

6.2 Das Kundenzufriedenheitskennzahlensystem zur marktorientierten Leistungssteuerung

6.2.1 Die Entwicklung des Kundenzufriedenheitskennzahlensystems

Eine, wenn nicht *die* zentrale Kennzahl im Marketing ist die Kundenzufriedenheit. Sie ist nicht nur von außerordentlicher Wichtigkeit, auch, was die Unternehmensrendite angeht, sondern auch überaus schwer zu ermitteln. Man benötigt nicht zuletzt in den meisten Fällen ein ganzes Kennzahlensystem, um der Kundenzufriedenheit gerecht zu werden.

Das Renditekennzahlensystem wurde im vorausgehenden Abschnitt als eine Art Subsystem dargestellt. Die zahlreichen Rechenschritte verfolgen dabei nur ein Ziel, nämlich die Rentabilität einzelner Produkte, Produktlinien usw. zu ermitteln. Zwischen den einzelnen Kennzahlen bestehen jeweils mathematische Beziehungen, so dass eine Änderung eines Wertes irgendwo im Kennzahlensystem automatisch Änderungen an vielen anderen Stellen nach sich zieht. Zudem ist es ein stabiles System, es muss einmalig aufgestellt und kann dann regelmäßig ohne Änderungen eingesetzt werden.

Das Kundenzufriedenheitskennzahlensystem hat einen ganz anderen Charakter. Bereits die Definition der Kennzahl zeigte, welche Probleme bei der Ermittlung auftreten können. Eine allgemeingültige Definition für alle Branchen und Situationen erscheint kaum möglich. Außerdem lassen sich nicht alle Einflussfaktoren operationalisieren. Während das Renditekennzahlensystem von der Grundstruktur her universell übertragbar ist, sind bei diesem Thema individuelle Gestaltungen erforderlich.

Daher soll an dieser Stelle auch nicht *das* Kundenzufriedenheitskennzahlensystem vorgestellt werden. Vielmehr geht es um die Methodik. Sie sollen eine Vorstellung davon bekommen, wie man dabei vorgehen *kann.* Auf dem Weg dahin können Sie einige Kennzahlen aus dem Bestand der bereits erläuterten Kennzahlen einsetzen. Je nach Branche und Unternehmenssituation benötigen Sie aber auch andere Kennzahlen, die hier nicht berücksichtigt worden sind. So benötigt verständlicherweise eine Versicherungsgesellschaft andere Kennzahlen als ein Fernsehgeräte-Produzent.

In dem hier entwickelten Beispiel gehen wir davon aus, dass es um ein produzierendes Unternehmen geht, das neben dem Produkt auch einige Serviceleistungen anbietet. Die Kunden sind wiederum produzierende Unternehmen, für die Faktoren wie Schnelligkeit und Zuverlässigkeit neben Preis und Qualität eine Rolle spielen.

1. Schritt

Die zentrale Kennzahl wird festgelegt, und zwar die Kundenzufriedenheit.

Das Ergebnis ist:

2. Schritt

Die wesentlichen Einflussfaktoren auf die Kundenzufriedenheit werden bestimmt.

Seien Sie jedoch dringend davor gewarnt, diese einfach so festzulegen.

> Fragen Sie nicht Ihre Marketing-Kollegen, Ihre Vertriebsleute oder sonst jemanden im Unternehmen. Falls diese sich irren, und das passiert wahrlich nicht selten, schreiben Sie diesen Irrtum auf Jahre in Ihrer Unternehmenspolitik fest. **Die einzigen, die Ihnen über die Kriterien der Kundenzufriedenheit Auskunft geben können, sind die Kunden.** Leider kann man nicht immer sagen, sie hätten große Lust, mit Ihnen darüber zu reden. Eher ist das Gegenteil der Fall. Sie müssen letztlich selbst geschickt fragen oder beobachten.

Für diesen Schritt sollte man sich einige Zeit lassen, eher Wochen als Tage. Vor allem sollten auch Nicht-Kunden gefragt werden, sei es, dass sie sich schon einmal gegen das Unternehmen entschieden haben, sei es, dass sie das Angebot überhaupt nicht kennen. Sie helfen dabei, auch diejenigen Gründe und Kriterien zu finden, die einer Kundenbeziehung bislang im Wege standen. Und sie gilt es ja schließlich abzustellen.

In unserem Beispiel haben sich als relevant ergeben:

Preiswürdigkeit	Kommunikation	Schnelligkeit (Abwicklung)
Service	Qualität	Zuverlässigkeit (Lieferung)

Außerdem kann festgehalten werden, worauf die Kundenzufriedenheit ihrerseits Einfluss nimmt. Dabei handelt es sich um die Weiterempfehlungs- und Wiederkaufabsicht. Diese Kriterien können nun grafisch mit Hilfe eines Pfeildiagramms dargestellt werden (Abbildung 6.11).

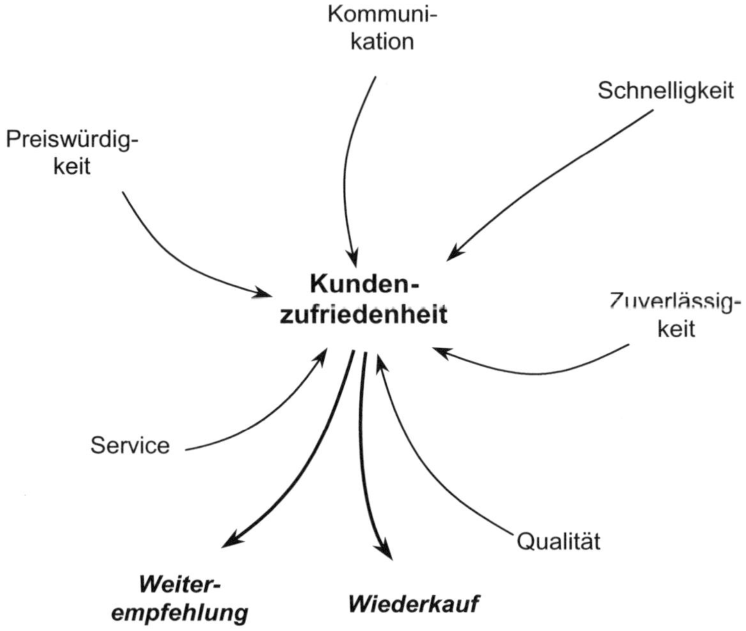

Abbildung 6.11: Kundenzufriedenheit und Einflussfaktoren

Nun stellt sich meist heraus, dass die einzelnen Einflussfaktoren nicht unabhängig voneinander sind. Diese Abhängigkeiten sind entsprechend zu ergänzen.

3. Schritt

Die Abhängigkeiten der Einflussfaktoren untereinander werden analysiert.

So ergibt sich das nächste Bild (Abbildung 6.12).

Abbildung 6.12: Kundenzufriedenheit mit Einflussfaktoren und Abhängigkeiten

4. Schritt

Die komplexen Einflussfaktoren werden operationalisiert.

Viele der Kriterien sind aber noch zu komplex, als dass sie ohne weiteres als Kennzahl definiert werden könnten. So hängt vor allem die Qualität von mehreren weiteren Faktoren ab: Lebensdauer, Sicherheit, Zuverlässigkeit und Leistungsvermögen.

Die Preiswürdigkeit ist abhängig vom Preisniveau allgemein, dem relativen Preis (im Vergleich zum Wettbewerb) und den mit der Nutzung verbundenen Nebenkosten. Schließlich wird der Service anhand der Kriterien Preis, Umfang und Qualität beurteilt. Diese Detailkriterien sind erforderlich, um die Einflussfaktoren näher zu operationalisieren. Es ergibt sich das in Abbildung 6.13 gezeigte Bild.

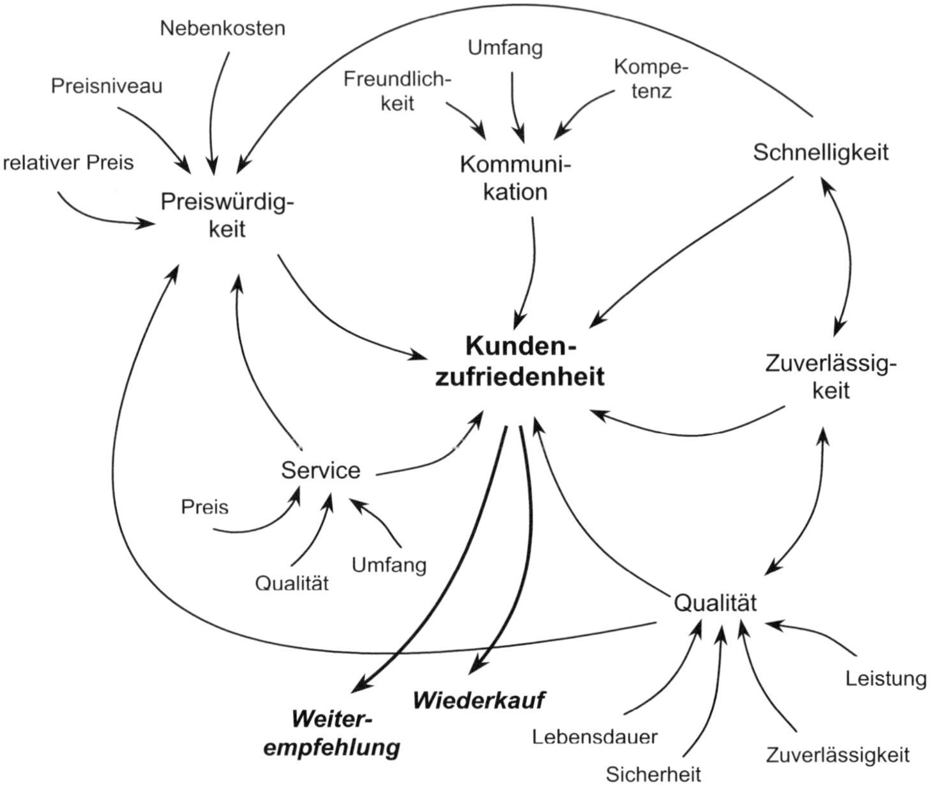

Abbildung 6.13: Kundenzufriedenheit mit Einflussfaktoren und operationalisierenden Kriterien

5. Schritt

Bewertung der Einflüsse auf die Kundenzufriedenheit.

Nachdem die einzelnen Einflussfaktoren und Kriterien gefunden sind, müssen sie bewertet werden. In der Regel lässt sich schon im Rahmen von Kundenbefragungen erkennen, dass nicht alle Faktoren gleich wichtig sind. Dies ist entsprechend bei der Ermittlung der Kundenzufriedenheit zu berücksichtigen. Weiterhin gibt es sowohl positive als auch negative Einflüsse, was unterschiedliche steuernde Eingriffe nach sich zieht.

Das Kennzahlenbild kann dementsprechend weiter vervollständigt werden (Abbildung 6.14).

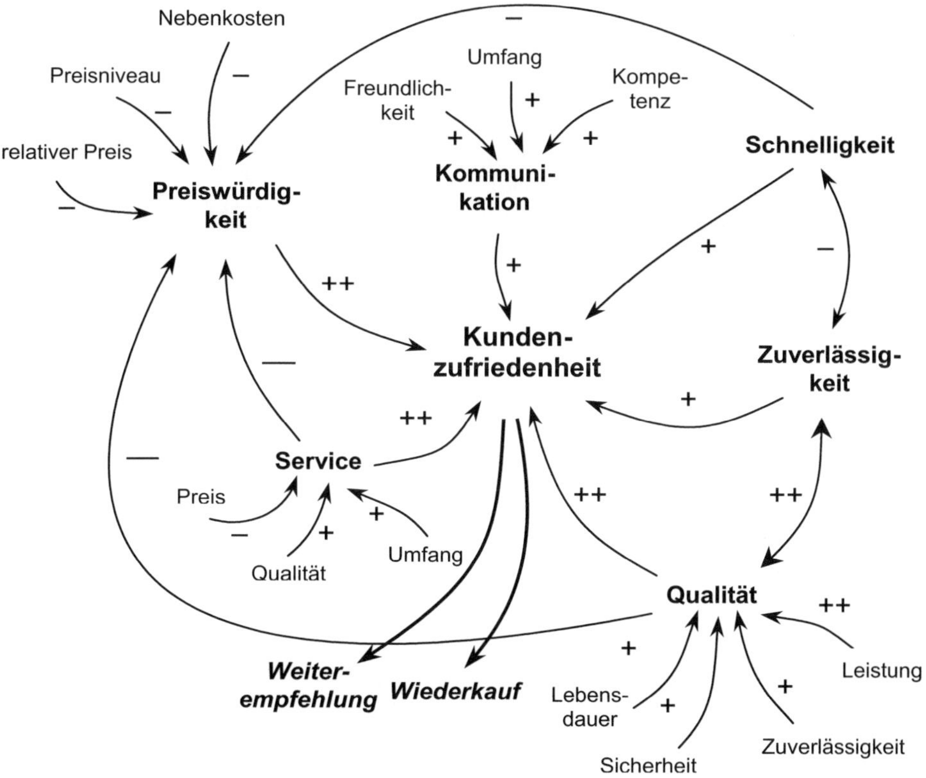

Abbildung 6.14: Kundenzufriedenheit mit operationalisierten Einflussfaktoren und Bewertung

6. Schritt

Umsetzung in ein operationales Kennzahlensystem.

Aus den einzelnen Kriterien müssen in diesem Schritt operationale Kennzahlen werden. Teilweise sind die Kennzahlen bereits im Standardsystem vorhanden. Einige müssen aber noch definiert werden, weil sie stark von der Branche des Unternehmens abhängen.

Hierzu ist es sinnvoll, wieder zur linearen Darstellung zurückzukehren. Aus dem Bild in Abbildung 6.14 wird dann das Kennzahlensystem in Abbildung 6.15.

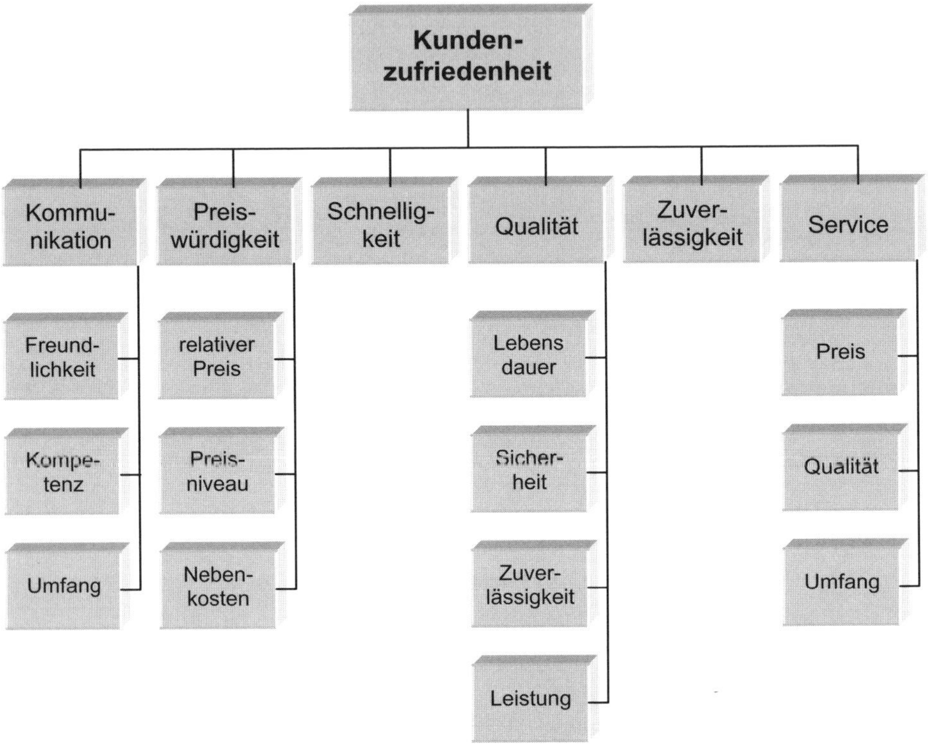

Abbildung 6.15: Struktur des Kundenzufriedenheitskennzahlensystems

Nacheinander muss nun versucht werden, aus den Kriterien, die zunächst nur Schlagworte darstellen, operationalisierte Kennzahlen zu machen. Dies ist schwerer, als hätte man sich die vorhandenen und bereits definierten Kennzahlen angesehen und dann überlegt, wie sie mit der Kundenzufriedenheit im Zusammenhang stehen. Im Vordergrund der Überlegungen sollte jedoch nicht eine einfache formale Abwicklung stehen, sondern die richtigen Inhalte.

6.2.2 Die Kennzahlen und Einflussfaktoren

Das Kennzahlensystem enthält einige Kennzahlen aus der Gruppe des bereits vorgestellten Standardkennzahlensystems und darüber hinaus Kennzahlen und Einflussfaktoren, die von der konkreten Situation abhängen, in der das System eingesetzt wird. Dabei ist oft nicht nur die Frage relevant, welche Faktoren berücksichtigt werden, sondern auch, welche Antwortmöglichkeiten vorgegeben werden. Die Ermittlung der Kundenzufriedenheit kann daher nicht über ein allgemeingültiges System von Kennzahlen abgedeckt werden.

Die Ermittlung der Kundenzufriedenheit kann, das zeigte sich schon bei der Kennzahlendefinition in Kapitel 4, über die Abfrage von **Globalzufriedenheiten** („Wie zufrieden sind Sie mit ...?") oder über die Beurteilung einzelner Leistungsmerkmale („Wie beurteilen Sie die Sicherheit von ...?") bzw. relative Messungen (z. B. Preis im Vergleich zum Wettbewerb) erfolgen.

Hier werden die beiden letzteren Möglichkeiten eingesetzt. Prinzipiell gilt jedoch: Je einfacher die angebotene Leistung ist und je stärker die Kaufentscheidung auf emotionaler Basis getroffen wird, desto eher kommt die Abfrage von Globalzufriedenheiten in Frage.

Relativer Preis

$$\frac{\textbf{Preis des eigenen Produkts}}{\textbf{Durchschnittspreis vergleichbarer Wettbewerbsprodukte}} = \textbf{relativer Preis}$$

Unter dem relativen Preis wird der Preis im Vergleich zu dem des Wettbewerbs verstanden. Er soll die Frage beantworten, ob das Produkt/die Dienstleistung vergleichsweise teuer oder billig ist. In Anbetracht schwer operationalisierbarer Leistungs- und Qualitätsunterschiede ist dies immer problematisch. Der Preis ist aber bewusst nicht das einzige Kriterium der Kundenzufriedenheit. Die anderen Faktoren, die den Preis als Zufriedenheitskriterium relativieren, sind insbesondere unter dem Einflussfaktor Qualität erfasst.

Um in die Bewertung der Kundenzufriedenheit einfließen zu können, muss der relative Preis in eine Punktbewertung umgesetzt werden. Beispiel:

relativer Preis	unter 0,70:	5 Punkte
	0,70 bis unter 0,85:	4 Punkte
	0,85 bis unter 1,00:	3 Punkte
	1,00 bis unter 1,15:	2 Punkte
	1,15 bis unter 1,30:	1 Punkt
	darüber:	0 Punkte

Wahrgenommenes Preisniveau

= subjektiv empfundene absolute Preishöhe

Hier geht es um den Preis, wie er von den Nachfragern gesehen wird, unabhängig vom Wettbewerbspreisniveau oder der gebotenen Qualität. Einflüsse auf die Preiswahrnehmung können von den erzielbaren Einsparungspotenzialen ausgehen, die die Produkte bei betrieblichem Einsatz erzielen können.

Ein hoher Preis kann durchaus als niedrig empfunden werden, wenn das Produkt zu anderweitigen Einsparungen führt.

Neben rationalen Faktoren muss auch die Preispsychologie berücksichtigt werden. Der Preis wird dabei in Relation zur Erwartung beurteilt, die von der Positionierung des Unternehmens abhängig ist.

Das Preisniveau kann nur im Rahmen einer Befragung von Kunden ermittelt werden. Es wird von der individuellen Sichtweise geprägt und kann durchaus unterschiedlich eingeschätzt werden. Die Befragten müssen aufgefordert werden, eine wertende Einschätzung zu geben. Die Antwortskala könnte beispielsweise lauten:

Wie beurteilen Sie das Preisniveau?	❍ recht günstig:	5 Punkte
	❍ ↑	4 Punkte
	❍	3 Punkte
	❍	2 Punkte
	❍ ↓	1 Punkt
	❍ unangemessen hoch:	0 Punkte

Gerade bei dieser Frage nach dem Preis stellt sich eine Verwortung der Skala als erhebliches Problem dar. Die Gefahr der Fehlinterpretation ist groß. Zudem ist die Bereitschaft gering, das Preisniveau als zu günstig zu bezeichnen. Selbst wenn es so empfunden wird, besteht sicher auch die nicht unbegründete Angst, damit zu einer Preiserhöhung beizutragen.

Relative Nebenkosten

= **Barwert der während der Produktlebensdauer anfallenden Zusatzkosten wie Verbrauchsmaterial, Wartung, Schulung, Entsorgung, Finanzierung, Versicherung usw. im Vergleich zum Wettbewerb**

In vielen Produktsegmenten werden inzwischen die Total Cost of Ownership betrachtet. Dabei geht es um die Gesamtkosten eines Produkts, von denen die Anschaffungskosten mitunter nur einen kleinen Anteil ausmachen. Der Preis verliert dann seine dominierende Rolle und es müssen Preis und Nebenkosten zusammen betrachtet werden. Auch hier ist wieder die Relation zum Wettbewerb entscheidend.

Die Bewertungsskala könnte sich an der des Preisniveaus orientieren:

Wie beurteilen Sie die Höhe der Nebenkosten?	❍ vergleichsweise günstig:	5 Punkte
	❍ ↑	4 Punkte
	❍	3 Punkte
	❍	2 Punkte
	❍ ↓	1 Punkt
	❍ zu hoch:	0 Punkte

Komplizierter, aber genauer, wäre die Berechnung der Nebenkosten:

$$K_0 = \sum_{t=0}^{n} NK_t \cdot (1+i)^{-t} \text{ mit:}$$

K_0 = Barwert (Wert der Nebenkosten zum Zeitpunkt 0)
NK_t = Nebenkosten am Ende des Jahres t
i = Kalkulationszinssatz (z. B.: 0,1 für 10 %)
t = Periodenindex
n = Lebensdauer des Produkts in Jahren

Für unterschiedliche Kostenklassen wären dann die Punkte zuzuordnen. Beispiel:

Barwert der Nebenkosten	unter 40.000 EUR:	5 Punkte
	40.000 bis unter 50.000 EUR:	4 Punkte
	50.000 bis unter 60.000 EUR:	3 Punkte
	60.000 bis unter 70.000 EUR:	2 Punkte
	70.000 bis unter 80.000 EUR:	1 Punkt
	darüber:	0 Punkte

Lebensdauer

= wirtschaftliche Nutzungsdauer bzw. -kapazität des Produkts

Die Nutzungsdauer wird heute als Bestandteil der Produktqualität angesehen. Zum einen ist sie ein wirtschaftlicher Faktor, zum anderen ist sie auch ein Symbol für die Güte der Konstruktion und die Materialqualität. Auch hier muss in Abhängigkeit der zu erwartenden Lebensdauer in der Produktkategorie eine Skala entwickelt werden. Problematisch ist allerdings, dass die tatsächliche Lebensdauer erst sehr spät ermittelt werden kann. Vielmehr spielen hier auch Spekulationen eine Rolle.

Skalenbeispiel:

Lebensdauer der Anlage	über 40.000 Betriebsstunden:	5 Punkte
	38.001 bis 40.000 Betriebsstunden:	4 Punkte
	36.001 bis 38.000 Betriebsstunden:	3 Punkte
	34.001 bis 36.000 Betriebsstunden:	2 Punkte
	32.001 bis 34.000 Betriebsstunden:	1 Punkt
	darunter:	0 Punkte

Sicherheit

= subjektiv empfundenes Maß der Anwendungssicherheit des Produkts

Die Sicherheit eines Produkts kann aus Kundensicht nur schwer objektiv operationalisiert werden. Auch ein seltener Gefahrenfall, der vielleicht für ein aus Herstellersicht hohes Sicherheitsniveau spricht, würde als Unsicherheitsindikator interpretiert. So ist die Kennzahl Sicherheit eine Mischung aus messbaren Kriterien und subjektivem Empfinden. Messbar sind beispielsweise Häufigkeiten von Fehlbedienungen oder Fehlfunktionen (zum Beispiel bei Maschinen, Werkzeugen). Nicht messbar ist das Gefühl des Anwenders, sicher beim Einsatz zu sein. Folgende Skalen könnten hier sinnvoll sein:

unter 1 % Ausfälle:	uneingeschränktes Sicherheitsgefühl:	5 Punkte
1 bis unter 2 % Ausfälle:	gutes Sicherheitsgefühl:	4 Punkte
2 bis unter 3 % Ausfälle:	durchschnittliches Sicherheitsgefühl:	3 Punkte
3 bis unter 4 % Ausfälle:	kleine Unsicherheiten vorhanden:	2 Punkte
4 bis unter 5 % Ausfälle:	gewisses Risikopotenzial vorhanden:	1 Punkt
darüber:	hohes Risikopotenzial vorhanden:	0 Punkte

Zuverlässigkeit

Je nach Produkt sind mehrere Kennzahlen denkbar:

$$\frac{\textbf{Häufigkeit von Funktionsausfällen}}{\textbf{Betriebszeit}}, \quad \frac{\textbf{Reparaturkosten}}{\textbf{Gesamtkosten}}, \quad \frac{\textbf{Stillstandszeiten}}{\textbf{Betriebszeit}}$$

Dieses Kriterium lässt sich meist gut quantitativ erfassen. Die Zuverlässigkeit wird allgemein als Eignung für eine dauerhafte und störungsfreie Anwendung verstanden. Eine zeitbezogene Erfassung ist meist ein korrekter Indikator. Auch hier sind wieder Klassen von Werten in eine Punktbewertung zu transformieren.

Beispiel für die Erhebung des Reparaturkostenanteils:

Reparaturkosten-anteil	unter 0,2 %:	5 Punkte
	0,2 bis unter 0,5 %:	4 Punkte
	0,5 bis unter 1,0 %:	3 Punkte
	1,0 bis unter 2,0 %:	2 Punkte
	2,0 bis unter 3,0 %:	1 Punkt
	darüber:	0 Punkte

Leistung

= **technisches Leistungsvermögen des Produkts, definierbar zum Beispiel über physikalische Variablen wie Kraft oder Geschwindigkeit**

In der Regel ist die Leistung eines Produkts nur mehrdimensional zu erfassen. Dann muss auf eine Punktbewertung der Leistungsdimensionen zurückgegriffen werden, die auch eine Gewichtung ermöglicht. Dies kann bei komplexen Produkten sehr aufwändig werden, ohne letztlich die Gewissheit über die Richtigkeit und Vollständigkeit der Bewertung zu vermitteln.

Eine einfachere Methode, die als Ersatz verwendet werden kann, insbesondere wenn die Leistungsmerkmale objektiv kaum zu erfassen sind, ist der Wettbewerbsvergleich. Die Kunden werden dazu aufgefordert, die Leistung in Relation zum Wettbewerb zu beurteilen. Die Vorgehensweise ist insofern nicht unrealistisch, als die Kaufentscheidung ohnehin meist auf der Basis eines Wettbewerbsvergleichs erfolgt.

Wie beurteilen Sie die Produktleistung im Vergleich zum Wettbewerb?	❍ überragende Leistung:	5 Punkte
	❍ deutlich bessere Leistung als Wettbewerber:	4 Punkte
	❍ erkennbar bessere Leistung als Wettbewerber:	3 Punkte
	❍ geringfügig bessere Leistung als Wettbewerber:	2 Punkte
	❍ etwa gleiche Leistung wie Wettbewerber:	1 Punkt
	❍ darunter:	0 Punkte

Servicepreis

= wahrgenommenes Preisniveau der angebotenen/in Anspruch genommenen Serviceleistungen

Wie beurteilen Sie den Preis der Serviceleistungen?	❍ kostenfreier Service:	5 Punkte
	❍ sehr günstiger Service:	4 Punkte
	❍ günstiger Service:	3 Punkte
	❍ noch günstiger Service:	2 Punkte
	❍ noch akzeptabler Servicepreis:	1 Punkt
	❍ darunter:	0 Punkte

Servicequalität

= wahrgenommenes Qualitätsniveau der angebotenen/in Anspruch genommenen Serviceleistungen

Wie beurteilen Sie die Servicequalität?	❍ erstklassige Servicequalität:	5 Punkte
	❍ sehr gute Servicequalität:	4 Punkte
	❍ gute Servicequalität:	3 Punkte
	❍ akzeptable Servicequalität:	2 Punkte
	❍ geringe Servicequalität:	1 Punkt
	❍ darunter:	0 Punkte

Serviceumfang

Diese Kennzahl entspricht dem Serviceleistungsindex:

$$\frac{\textbf{Umfang eigener Serviceleistungen}}{\textbf{Umfang der Serviceleistungen des stärksten Wettbewerbers/Marktdurchschnitts}} = \textbf{Serviceleistungsindex}$$

Freundlichkeit

= wahrgenommene Freundlichkeit der Kontaktpersonen im verkaufenden Unternehmen, hilfsweise Definition über die Zahl der als unangenehm empfundenen Kontakte in Relation zur Gesamtzahl der Kontakte

Wie beurteilen Sie die Freundlichkeit des Anbieters?	❍ stets freundliche Ansprechpartner:	5 Punkte
	❍ weit überwiegend freundliche Ansprechpartner:	4 Punkte
	❍ überwiegend freundliche Ansprechpartner:	3 Punkte
	❍ relativ freundliche Ansprechpartner:	2 Punkte
	❍ relativ neutraler Kontakt:	1 Punkt
	❍ darunter:	0 Punkte

Umfang der Kommunikation

= Maß der Abdeckung des Informationsbedarfs durch den Anbieter

Die Kommunikation des Anbieters bezieht sich sowohl auf werbliche Maßnahmen als auch auf die persönliche Kommunikation, insbesondere durch den Vertrieb. Wichtig ist die Frage, inwieweit der Informationsbedarf der Nachfrager gedeckt ist. Dies kann durch Prospekte, Handbücher, einen fachkundigen Außendienst, kompetente Ansprechpartner in einem Call Center o. Ä. geschehen.

Wie beurteilen Sie den Umfang der Kommunikation des Anbieters?	❍ liefert mehr als die nötige Information:	5 Punkte
	❍ alle Fragen werden vollständig beantwortet:	4 Punkte
	❍ fast alle Fragen werden beantwortet:	3 Punkte
	❍ die meisten Fragen werden beantwortet:	2 Punkte
	❍ die wichtigsten Informationen sind abrufbar:	1 Punkt
	❍ weniger:	0 Punkte

Kompetenz

= subjektiver Eindruck von Fachwissen und Fähigkeiten der Mitarbeiter des Anbieters

Wie beurteilen Sie die Kompetenz Ihrer Gesprächspartner?	❍ uneingeschränkt kompetent:	5 Punkte
	❍ meistens kompetent:	4 Punkte
	❍ überwiegend kompetente Ansprechpartner:	3 Punkte
	❍ zufriedenstellende Kompetenz:	2 Punkte
	❍ einfache Probleme können gelöst werden:	1 Punkt
	❍ darunter:	0 Punkte

Schnelligkeit

= durchschnittliche Reaktionszeit auf Anfragen bzw. Lieferschnelligkeit

Die Schnelligkeit bezieht sich sowohl auf die allgemeine Reaktionszeit des Unternehmens, zum Beispiel bei Anfragen, der Angebotserstellung oder bei Kundendienstproblemen, als auch auf die Schnelligkeit der Lieferung. Je nach Umfang der Kundenbeziehung bietet sich die Frage nach der Schnelligkeit allgemein an.

Wie schnell reagiert der Anbieter Ihrer Ansicht nach?	❍ Antworten kommen immer unverzüglich:	5 Punkte
	❍ nur kurze Wartezeiten auf Antworten:	4 Punkte
	❍ überwiegend schnelle Reaktion:	3 Punkte
	❍ zügige Reaktionen:	2 Punkte
	❍ normale Reaktionszeiten:	1 Punkt
	❍ darunter:	0 Punkte

Zuverlässigkeit

= subjektive Wahrnehmung der Verlässlichkeit des Unternehmens und seiner Mitarbeiter

Wie beurteilen Sie die Zuverlässigkeit des Anbieters?	❍ absolute Zuverlässigkeit:	5 Punkte
	❍ sehr hohe Zuverlässigkeit:	4 Punkte
	❍ hohe Zuverlässigkeit:	3 Punkte
	❍ überwiegend zuverlässig:	2 Punkte
	❍ normale Zuverlässigkeit:	1 Punkt
	❍ darunter:	0 Punkte

Bevor eine Gesamtaussage über die Kundenzufriedenheit gemacht werden kann, müssen die einzelnen Kriterien gewichtet werden. Im konkreten Fall kann eine andere Gewichtung als in diesem Beispiel sinnvoll sein. Beispielsweise sind bei Dienstleistungen die „menschlichen“ Faktoren wie Freundlichkeit und Schnelligkeit stärker zu gewichten als die technischen.

Kriterium	Gewicht	Punktbewertung neu	Punktzahl neu (Gewicht x Punkte)	Punktbewertung alt	Punktzahl alt (Gewicht x Punkte)	Sensitivität
Kommunikation	**10%**	**3,80**	**0,38**	**3,00**	**0,30**	**0,100**
Freundlichkeit	20%	3		3		0,020
Kompetenz	50%	4		3		0,050
Umfang	30%	4		3		0,030
Preiswürdigkeit	**24%**	**2,00**	**0,48**	**2,60**	**0,62**	**0,240**
relativer Preis	60%	2		3		0,144
Preisniveau	20%	3		3		0,048
Nebenkosten	20%	1		1		0,048
Schnelligkeit	**8%**	**5,00**	**0,40**	**5,00**	**0,40**	**0,080**
Qualität	**35%**	**3,35**	**1,18**	**2,55**	**0,89**	**0,350**
Lebensdauer	20%	4		4		0,070
Sicherheit	15%	3		3		0,053
Zuverlässigkeit	25%	2		2		0,088
Leistung	40%	4		2		0,140
Zuverlässigkeit	**6%**	**5,00**	**0,30**	**5,00**	**0,30**	**0,060**
Service	**17%**	**3,10**	**0,53**	**4,25**	**0,72**	**0,170**
Servicepreis	25%	4		5		0,043
Servicequalität	20%	5		4		0,034
Serviceumfang	55%	2		4		0,094
Gesamt	**100%**		**3,27**		**3,23**	**1,000**

Abbildung 6.16: Tabelle zur Ermittlung des Kundenzufriedenheitsindexes

In der Sensitivitätsspalte ist angegeben, um wie viel die Kundenzufriedenheit insgesamt beeinflusst wird, wenn sich die Bewertung bei dem jeweiligen Kriterium um einen Punkt ändert. In diesem Beispiel ist der relative Preis das wichtigste Kriterium, kurz vor der Produktleistung. Kommt es hier zu Änderungen, entsteht der höchste Einfluss auf die Kundenzufriedenheit.

Die Gesamtzufriedenheit wird hier mit 3,27 berechnet, nach 3,23 im Vorjahr. Die Zahl ist einzig als Indexwert zu verstehen, weil die Interpre-tation der einzelnen Skalen unterschiedlich ist.

6.2.3 Erhebung der Kundenzufriedenheit

Techniken der Kundenbefragung

Oben wurde bereits darauf hingewiesen, wie wichtig es ist, die Kunden nach den Kriterien der Zufriedenheit zu befragen. Dazu stehen eine Reihe von Techniken zur Verfügung, die sich mehr oder weniger gut für diese Problemstellung einsetzen lassen.

Die zur Verfügung stehenden Techniken systematisiert Abbildung 6.17.

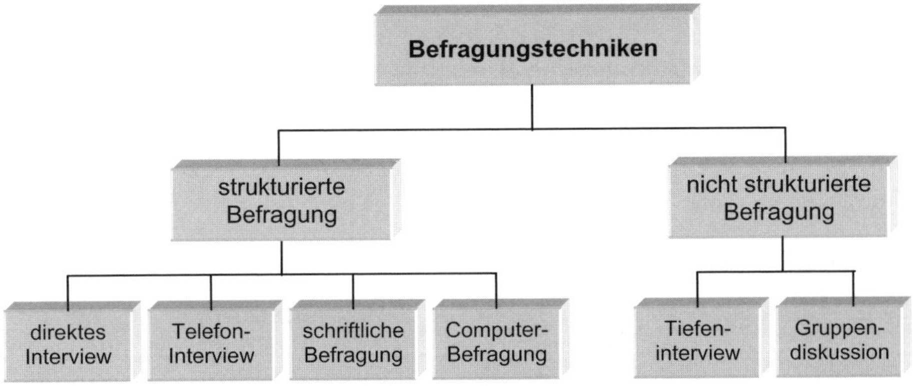

Abbildung 6.17: Befragungstechniken

a) Direktes Interview

Beim direkten Interview stehen sich Befragender und Auskunftsperson gegenüber. Dies ist auch bei einem direkten Verkaufsgespräch oder einem Besuch des Kunden der Fall.

Das direkte Interview wird stark vom Interviewereinfluss geprägt. Das Erscheinungsbild des Interviewers und sein Befragungsstil beeinflussen die Auskunftsbereitschaft und die Qualität der Antworten. Die Wahrscheinlichkeit, auf diesem Weg eine verlässliche Antwort über die Zufriedenheit gegenüber dem eigenen Unternehmen zu erhalten, ist gering. Entweder es kommt zu einer Gefälligkeitsanwort oder der Befragte liest dem Interviewer einmal „gehörig die Leviten". Das direkte Interview eignet sich nur, wenn es von einer neutralen Person (Interviewer eines Marktforschungsinstitutes) durchgeführt wird.

b) Telefonbefragung

Telefonbefragungen werden besonders gerne wegen der Kosten- und Zeitvorteile gegenüber dem direkten Interview eingesetzt. Problematisch ist jedoch die fehlende Möglichkeit der Kontrolle, wer wirklich anruft. Dies hält viele Befragte davon ab, über ihre Kundenbeziehung Auskunft zu geben. Hier könnte es helfen, als Auftraggeber die telefonische Befragung durch ein Institut anzukündigen. Damit muss allerdings auch wieder der Auftraggeber preisgegeben werden.

c) Schriftliche Befragung

Die schriftliche Befragung ist im Bereich der Business-to-Business-Kontakte allgemein weit verbreitet. Die Verluste durch geringe Rücklaufquoten sind aber meist höher als beim direkten Interview. Dafür kann mit durchdachten Antworten gerechnet werden. Außerdem kann die Anonymität der Befragung gewährleistet werden.

d) Computergestützte Befragung

Befragungen am Computer eignen sich in diesem thematischen Zusammenhang beim Einsatz des Internet. Sofern der Zugang zum Internet und einer entsprechenden Site des Lieferanten vorausgesetzt werden kann, ist die Online-Befragung möglich. Um Missbrauch bzw. Mehrfachteilnahme auszuschließen, ist allerdings die Eingabe eines Passwortes bzw. von Auftragsdaten erforderlich. Eine Herausforderung stellt jedoch noch die Motivation zur Teilnahme dar. Der Aufwand ist für den Befragten höher als bei anderen Erhebungsarten.

e) Tiefeninterview

Das Tiefeninterview ist eigentlich ein Verfahren der Konsumentenpsychologie, um an versteckte Motive heranzukommen, die für Kaufentscheidungen relevant sind. Der Interviewer setzt sich dabei mehrere Stunden mit einer Einzelperson auseinander und lässt sich von deren Antworten leiten. Dies eignet sich auch, um den Gründen für Zufriedenheit mit einem Unternehmen auf die Spur zu kommen.

f) Gruppendiskussion

Gruppendiskussionen (auch: Focus Groups) verfolgen keinen vorgegebenen Plan, sondern lassen sich von den Antworten der Teilnehmer leiten. Sie sind im Konsumgüterbereich inzwischen ein etabliertes Instrument der Befragung, werden aber auch im Investitionsgüterbereich stärker eingesetzt. Sie eignen sich vor allem dann, wenn die möglichen Kriterien der Kundenzufriedenheit noch nicht bekannt sind, sondern erst den Kunden entlockt werden müssen.

Im Rahmen einer Gruppendiskussion werden Personen aus der jeweiligen Zielgruppe befragt, beispielsweise Vertreter einer bestimmten Branche, Anwender bestimmter Maschinenarten usw. Dabei handelt es sich um Gruppen von meist sechs bis acht Personen, die sich bis zu mehreren Stunden mit dem Thema auseinander setzen.

Fragearten

Die Auswahl einer Befragungsart ist nur der erste Schritt der Kundenbefragung. Im Anschluss ist nun festzulegen, wie gefragt wird. Dabei sind, unabhängig von konkreten Frageinhalten, einige Grundtypen der Frage zu unterscheiden.

a) Offene und geschlossene Fragen

Während die offene Frage keine Antworten vorgibt, muss bei der geschlossenen Frage unter den vorgegebenen Antworten eine (oder mehrere) ausgewählt werden.

Beispiel:

offen:

Welche Leistungsmerkmale eines Lieferanten sind Ihnen wichtig?

____

geschlossen:

Welche Leistungsmerkmale eines Lieferanten sind Ihnen wichtig?
(Kreuzen Sie die drei wichtigsten an.)

schnelle Lieferung	❐	zuverlässige Lieferung	❐
fehlerfreie Produkte	❐	günstiger Preis	❐
freundliche Ansprechpartner	❐	Serviceleistungen	❐

Offene Fragen sind schwerer auszuwerten, weil die Antworten erst codiert, das heißt Kategorien zugeordnet werden müssen. Dafür gehen keine Informationen verloren, weil keine Antwort vergessen werden kann. Bei der geschlossenen Frage gilt dies genau umgekehrt. In der Regel wird daher eine geschlossene Frage mit einer offenen Antwortmöglichkeit versehen: „Sonstige: ____________“. Für den Fall, dass eine Möglichkeit ausgelassen wurde, kann diese hier ergänzt werden. Die Bereitschaft seitens der Befragten, dies auch zu tun, ist allerdings oft recht gering.

b) Direkte und indirekte Fragen

Bei dieser Unterscheidung geht es darum, ob der Zweck der Frage für die Befragten erkennbar ist. Nicht selten führt eine Frage nämlich nicht zu einer wahrheitsgemäßen Antwort, wenn es den Befragten unangenehm ist, zu antworten. Beispiele finden sich etwa bei Besitzfragen (Haben Sie ein Qualitätsmanagement-System?) oder umweltbezogenen (Bereiten Sie Ihre Abfälle auf?) usw. Die Frage muss in einem solchen Fall so umformuliert werden, dass der Zweck verschleiert wird.

Ebenso problematisch sind Wunschfragen wie: „Hätten Sie in Ihrem Unternehmen gerne ein ...?" Auch wenn dies die entscheidende Frage für den Anbieter ist, darf sie jedoch nicht so gestellt werden, weil sie ganz einfach nach Verkauf klingt. Der Befragte würde möglicherweise allein schon deswegen nein sagen, weil er nicht in der Folge in ein Verkaufsgespräch verwickelt werden will. Sinnvoller ist es, eine Reihe einzelner Kriterien in Bezug auf ihre Wichtigkeit anzufragen „Wie wichtig sind ...?"

c) Projektive Fragen

Projektive Fragen dienen dazu, die Auskunftsbereitschaft zu erhöhen, und zwar, indem die Antwort auf eine dritte Person projiziert wird. Die Befragten antworten damit nicht für sich, sondern für andere. Es wird aber davon ausgegangen, dass die eigenen Meinungen und Einstellungen auf diesen Dritten übertragen werden.

Eine einfache Form der Projektion ist die Frage danach, wie jemand Ähnliches denken oder sich verhalten würde. Es wird eine dritte Person gesucht, die etwa der befragten Person entspricht. Zu fragen ist also nicht: „Würden Sie ... kaufen?" sondern: „Was meinen Sie: Würde sich ein Einkäufer/Entwickler für ... entscheiden?" oder „Ist ein solches Produkt Ihrer Ansicht nach für mittelständische Unternehmen interessant?" Selbstverständlich darf diese Übertragung nicht allzu plump vonstatten gehen, sondern muss in den jeweiligen Fragezusammenhang passen.

Skalierung von Fragen

Die Qualität der Antworten hängt bei geschlossenen Fragen wesentlich von der Skalierung ab. Der Fragende gibt dabei Antwortmöglichkeiten mit Abstufungen vor, so dass der Befragte seine Antwort gewichten bzw. abwägen kann. Betrachten wir drei unterschiedliche Möglichkeiten:

a) 5er-Skala:

Bitte beurteilen Sie die Freundlichkeit Ihrer Gesprächspartner:

sehr unfreundlich		mittel		sehr freundlich
1	2	3	4	5
❍	❍	❍	❍	❍

b) Verwortete 5er-Skala:

Wie schätzen Sie die Freundlichkeit Ihrer Gesprächspartner ein?

❍ stets freundliche Ansprechpartner:	5 Punkte
❍ weit überwiegend freundliche Ansprechpartner:	4 Punkte
❍ überwiegend freundliche Ansprechpartner:	3 Punkte
❍ relativ freundliche Ansprechpartner:	2 Punkte
❍ relativ neutraler Kontakt:	1 Punkt
❍ darunter:	0 Punkte

c) Zustimmungsfragen:

Stimmen Sie den folgenden Aussagen zu?

	stimme zu	teils teils	stimme nicht zu
Wenn ich wegen eines Problems anrufe, habe ich immer einen kompetenten Gesprächspartner.	❍	❍	❍
Gelegentlich habe ich den Eindruck, zu stören.	❍	❍	❍
Wenn mein Ansprechpartner nicht da ist, wird mir immer ein Rückruf angeboten.	❍	❍	❍
Ich habe den Eindruck, man macht mehr, als ich eigentlich verlangen kann.	❍	❍	❍

Die erste Variante (5er-Skala) ist sicher am unproblematischsten zu erstellen und auch leicht zu beantworten. Problematisch ist nur, dass möglicherweise für jeden Befragten die Definition von 2 oder 3 oder 4 anders ist. Abstufungen lassen sich nicht so leicht vornehmen, weil Erläuterungen fehlen. In dieser Hinsicht ist die zweite Variante besser. Die Verwortung der Antwortmöglichkeiten hilft bei der Interpretation. Letztlich ist aber noch zu befürchten, dass „freundlich" unterschiedlich interpretiert wird. So ist die europäische Interpretation eine andere als die amerikanische. Was für den einen gerade noch so als alltäglich akzeptiert wird, ist für den anderen schon eine Frechheit. Die dritte Variante kommt diesen Bedenken entgegen, hat aber ihrerseits Nachteile. So ist die Erstellung des Fragebogens auf dieser Basis aufwändiger und kostspieliger und schließlich muss mit einer höheren Verweigerungsquote gerechnet werden, weil schon das Lesen der Fragen länger dauert.

Zusammenfassend ein kleiner Merkzettel zur Erhebung der Kundenzufriedenheit:

Sind die relevanten Faktoren überhaupt bekannt?

→ explorative Studie erforderlich (unstrukturiert, Gruppenbefragung)

Wie kann die Repräsentativität der Erhebung sichergestellt werden (nicht nur zufriedene Kunden befragen)?

→ Stichprobe unter allen Kunden, keine Selbstselektion

Wie kann die Objektivität der Antworten sichergestellt werden (keine Gefälligkeitsantworten, keine subjektiven Einflussmöglichkeiten)?

→ Durchführung durch unabhängiges Institut

Wie können Zufriedenheitsurteile artikuliert werden?

→ umgangssprachliche Verwortung, bekannte Skalen (Schulnoten)

Weitere Probleme:

→ K.O.-Kriterien, Gewichtung, Skalierung, Global- vs. Detailabfrage

6.3 Das Früherkennungs-kennzahlensystem

6.3.1 Früherkennung als Bestandteil des Strategischen Managements

Das Thema Früherkennung wird seit der Ausbreitung der strategischen Planung in Unternehmen als ein zentrales angesehen. Langfristiges Denken und Planen zieht das Erfordernis einer langfristig ausgerichteten Informationsbasis nach sich.

Anders ausgedrückt:

- Wer sich im **operativen Bereich** bewegt, also für kurze Zeiträume plant und sich für harte Fakten interessiert, benötigt konkrete Informationen über Marktentwicklungen. Er will wissen, welchen Einfluss ein Faktor innerhalb der nächsten Monate ausübt und welche Gegenmaßnahmen möglicherweise einzuleiten sind.
- Wer **strategisch denkt**, muss einen Überblick darüber gewinnen, was in den nächsten fünf bis zehn Jahren passiert. Ein sich abzeichnender Umsatzrückgang oder Anstieg in den letzten Monaten ist dafür wenig relevant. Im nächsten Jahr kann es genauso gut besser wie auch schlimmer kommen. Wichtiger sind die langfristigen Trends. Er will wissen, welche Entwicklungen von Dauer sein werden, für welche sich eine Strategieänderung des Unternehmens lohnen würde, die ja auch Geld kostet und deutliche Einschnitte mit sich bringt.

Strategieänderungen sind mit langen Zeithorizonten verbunden. Während operative Maßnahmen wie etwa die Planung und Gestaltung einer Werbekampagne oder der Ausbau des persönlichen Verkaufs innerhalb von Wochen bis Monaten umzusetzen sind, dauert die Umsetzung einer Strategie wie die Ansprache einer neuen Zielgruppe oder die Konzentration auf designorientierte Produkte Jahre bis Jahrzehnte. Drei Monate vorher von einer Nachfrageänderung zu erfahren, ist damit irrelevant.

Früherkennungssysteme sind heute ein integraler Bestandteil des **Strategischen Managements**. Darunter wird das Managementkonzept verstanden, das die Umsetzung des Strategiegedankens im Unternehmen sicherstellen soll. Strategie ist dabei mehr als ein Vorgang, der „erledigt“ wird, sie ist vielmehr ein Handlungsprinzip, das sich an den Merkmalen der

- *Langfristigkeit* (Strategien haben einen Zeithorizont von fünf bis zehn Jahren und sollen dem Handeln im Unternehmen gerade auch eine gewisse Stabilität und Konstanz verleihen, sie stellen sozusagen den Orientierungsrahmen dar.)
- *Ressourcenorientierung* (Strategien bauen auf den Stärken des Unternehmens bzw. den Quellen für diese Stärken auf.)
- *Synergieorientierung* (Strategien sollen die Effizienz steigern, indem Synergien zwischen Strategien, Maßnahmen, Unternehmensteilen genutzt werden. Das Ziel ist auf der einen Seite eine Kostensenkung, aber auch eine Leistungssteigerung.)
- *Positionierung gegenüber dem Wettbewerb* (Strategien grenzen das Unternehmen gegenüber dem Wettbewerb ab und schaffen eine einzigartige Positionierung.)
- *Potenzialorientierung* (Strategien sollen dazu führen, Ertragspotenziale für das Unternehmen zu finden und zu nutzen.)
- *Risikoorientierung* (Strategien verringern die Abhängigkeit von einzelnen Risikofaktoren und stellen das Unternehmen auf mehrere Standbeine.)
- *Kräftekonzentration* (Strategien verhindern das Verzetteln auf unterschiedlichsten Märkten, für die keine Kompetenz besteht.)

orientiert.

Man kann sich leicht vorstellen, dass keine Unternehmensstrategie in der Lage ist, alle Ziele gleichermaßen zu erfüllen. Die Anwendung dieser Kriterienliste führt aber dazu, ein Bewertungsschema für die Strategieentwicklung zu schaffen. Hier spielt sie eine Rolle für die Entwicklung des Kennzahlensystems.

Strategisches Management erfordert daher Früh*erkennungs*systeme (und nicht Früh*warn*systeme), die möglichst schon Jahre vorher auf Änderungen aufmerksam machen. Natürlich darf man nicht erwarten, dass es einen Indikator gibt, der fünf Jahre vorher signalisiert, die Autokäufer wollten alle viertürige Cabrios kaufen. Einmal ganz davon abgesehen: Würden Sie dies glauben?

Damit sind die wesentlichen **Probleme der Früherkennung** angedeutet:

- Die möglichen Früherkennungsindikatoren sprechen nicht die deutliche Sprache, die im Unternehmen gesprochen wird.
- Die Früherkennungsindikatoren müssen glaubwürdig sein. Es muss nachvollziehbar sein, warum sie als Indikatoren ausgewählt wurden und warum eine Kausalität vorliegt.

Langfristplanung

- Annahme: Entwicklungen der Vergangenheit lassen sich in die Zukunft fortschreiben
- extrapoliert das Wachstum der letzten Jahre

↓

Strategische Planung

- keine unendlichen Entwicklungen und unbegrenztes Wachstum
- unregelmäßige Störungen durch Ereignisse
- es existieren Chancen und Risiken

↓

Strategisches Management

- strategisches Denken muss durchgesetzt werden
- Managementprozesse müssen strategisch ausgerichtet werden
- Vision von der angestrebten Zukunft erforderlich
- Einsatz strategieorientierter Informationssysteme

Abbildung 6.18 : Entwicklung zum Strategischen Management

In inhaltlicher Hinsicht lässt sich in Anlehnung an die Kriterien der Strategieentwicklung die Existenz von Indikatoren bzw. Kennzahlen fordern, die

- Aufschluss über die Ressourcensituation des Unternehmens geben,
- die Position gegenüber dem Wettbewerb überwachen,
- die Potenzialausschöpfung überwachen,
- auf neue Ertragspotenziale und
- auf Risiken aufmerksam machen.

Einige strategische Kriterien lassen sich kaum in ein Früherkennungssystem integrieren, weil es bei ihnen um Fragen der internen Umsetzung geht und nur ganz spezielle Fakten überwacht werden können.

6.3.2 Früherkennung als operative Warnfunktion

Die Früherkennung hat jedoch nicht nur eine strategische Funktion. Sie unterstützt auch die operative Planung und Steuerung. Hier geht es weniger um das Erkennen sich abzeichnender Entwicklungen, sondern um die Warnung vor Ereignissen. Diese sollen eine möglichst kurzfristige Gegenreaktion auslösen.

Die Anforderungen an solche Informationen sind verständlicherweise andere. Es gibt nicht mehr die Frage danach, ob der Indikator glaubwürdig ist und was er uns eigentlich sagen will. Im operativen Bereich ist dies alles klar erkennbar. Stattdessen spielt der Faktor Zeit eine noch größere Rolle. Jeder Tag, den die Information vorher beschafft werden kann, zählt. Eine Verzögerung bei der Ermittlung führt immer zu einer Verzögerung bei der Reaktion und damit zu Umsatz- oder Gewinneinbußen.

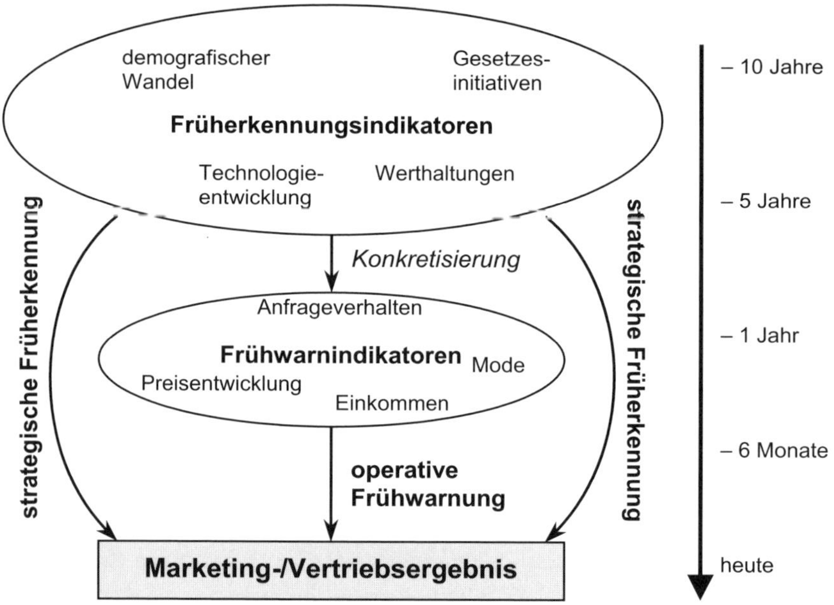

Abbildung 6.19: Operative und strategische Früherkennung

Neben dem Problem der Indikatorendefinition ist auch die Datengewinnung und -verarbeitung bedeutsam. Es reicht noch nicht aus, einen Indikator zu finden, die Information muss auch an die entscheidende Stelle weitergeleitet werden. Bestehen beispielsweise kommunikative Barrieren zwischen Vertrieb und Marketing, werden Frühwarninformationen zu spät oder gar nicht weitergeleitet.

Zu den bereits oben angeführten strategischen Früherkennungsindikatoren kommen also noch die operativen. Sie haben nichts mit Potenzialen usw. zu tun, sondern mit konkreten Einflüssen auf den Umsatz, den Gewinn oder andere Kriterien des Marketing- und Vertriebserfolgs. Aus den dargestellten Unterschieden ergibt sich, dass letztlich zwei Ebenen der Früherkennung getrennt betrachtet werden müssen.

6.3.3 Aufbau des Früherkennungskennzahlensystems

Bislang war immer von Indikatoren der Früherkennung die Rede, obwohl es um ein Kennzahlensystem geht. Dies hat einen Grund: Zum einen sind Kennzahlen letztlich auch Indikatoren, wenn auch die umgekehrte Beziehung nicht immer gilt. Das Gesagte gilt aber für alle Indikatoren. Wir interessieren uns hier für diejenigen Indikatoren, die als Kennzahl definiert werden können. Ein einmaliges politisches Ereignis beispielsweise mag als Indikator für einen Stimmungswandel gelten, ist aber nicht durch eine Kennzahl abzubilden. Vielmehr müsste man sich Gedanken machen, wie das Thema politische Stimmung durch eine Kennzahl beschrieben werden kann. Wähleranteile oder Befragungsergebnisse wären hier einsetzbar.

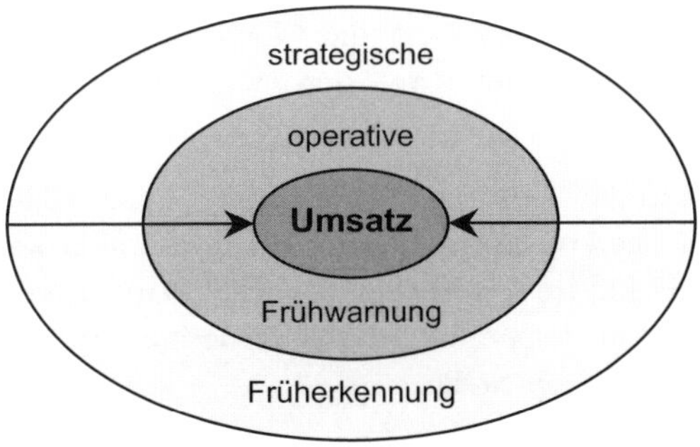

Abbildung 6.20: Grundgerüst des Früherkennungssystems

1. Schritt

Die Zielgröße des Früherkennungssystems wird bestimmt.

Im Mittelpunkt des Früherkennungssystems steht eine zentrale Größe, meist gleichzeitig eine Kennzahl, die das Hauptziel des Marketing verkörpert. Prinzipiell können auch mehrere Größen verwendet werden, doch ist es aus Gründen der entstehenden Komplexität einfacher, dann mehrere Früherkennungssysteme aufzubauen, selbst wenn sie mit ähnlichen Kennzahlen arbeiten.

In den Mittelpunkt werden meist Umsatz/Marktanteil bzw. Rendite oder Kundenzufriedenheit gestellt. Sinnvoll ist es etwa, parallel ein System für die finanzielle Seite und eines für die qualitative Seite aufzubauen. Da wir uns im letzten Abschnitt bereits intensiv mit der Kundenzufriedenheit auseinander gesetzt haben und die Übertragung des dort vorgestellten Kennzahlensystems auf die Zielsetzung Früherkennung kaum noch ein Problem darstellt, wenden wir uns hier dem Umsatz als zentraler Größe zu.

Gewinn oder Rendite als Mittelpunkt würden letztlich zu einem umfangreicheren Früherkennungssystem führen, weil die Kostenseite zusätzlich berücksichtigt werden müsste. Dies führt dann auch etwas aus dem Marketingbereich heraus.

2. Schritt

Die operativen Abhängigkeiten und Einflussfaktoren werden bestimmt.

Hier ist die Frage relevant, von welchen Faktoren der Umsatz direkt, das heißt mathematisch, abhängt. Zunächst gilt die Gleichung: Umsatz = Menge · Preis. Da der Preis eine vom Unternehmen zu bestimmende Größe ist, konzentriert sich das Interesse auf die Nachfragemenge. Problematisch ist jedoch die Tatsache, dass der Preis auch wieder ein Einflussfaktor auf die Menge ist.

In dieser Phase sind alle diejenigen Kennzahlen auszuwählen, die eine Frühwarnfunktion einnehmen, das heißt eine Einfluss-, aber keine Kontrollgröße darstellen. Der Marktanteil ist beispielsweise keine geeignete Frühwarninformation, weil er von der erzielten Absatzmenge abhängt. Er steht zeitlich gesehen praktisch an letzter Stelle.

Besser geeignet ist die Angebotserfolgsquote, weil von ihr die Absatzmenge abhängt. Die Angebotserstellung findet zeitlich vor dem Verkauf statt, so dass hier eine Frühwarnung vorliegt. Der zeitliche Vorlauf ist allerdings äußerst gering, so dass nur im Bereich größerer Projekte und Anlagen eine gewisse Zeit bleibt, steuernd einzugreifen. Während sich also ein Handwerksbetrieb keinesfalls auf die Frühwarnfunktion der Angebotserfolgsquote verlassen sollte, kann ein Anlagenbauer eher etwas damit anfangen.

Um das Früherkennungssystem nicht ausufern zu lassen, orientieren wir uns hier am Beispiel eines Industrieunternehmens, das ausschließlich direkt an andere Unternehmen absetzt. Bei einem Markenartikler beispielsweise, der ausschließlich zweistufig, das heißt über den Einzelhandel, absetzt, kämen andere und zusätzliche Indikatoren in Frage. So wäre etwa der Empfehlungskundenanteil kaum zu ermitteln, dafür spielte die Out-of-Stock-Quote eine Rolle.

Abbildung 6.21 zeigt die in unserem Beispiel relevanten operativen Frühwarnkennzahlen für die Zielgröße Umsatz. Dazu wurden im Rahmen einer Teamsitzung mit Vertretern aus Marketing und Vertrieb die Kennzahlen des

Standardkennzahlensystems auf ihre Frühwarneignung hin geprüft. Die folgenden wurden dabei als geeignet angesehen:

Angebotserfolgsquote – Zwischen Auftragserteilung und Umsatzrealisierung vergehen im Beispielunternehmen durchschnittlich rund sieben Monate. Sollte der Angebotserfolg sinken, besteht noch die Möglichkeit, stärker zu akquirieren bzw. die Konditionen zu überdenken, um Umsatzziele zu erreichen.

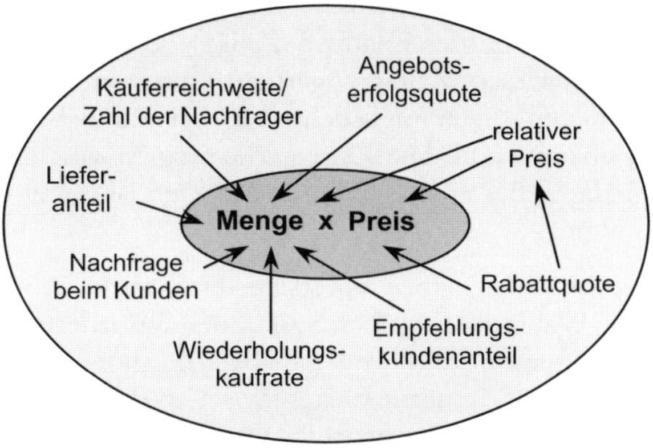

Abbildung 6.21: Operative Frühwarnkennzahlen

Zahl der Nachfrager – Eine steigende Nachfragerzahl lässt auf künftig steigenden Umsatz schließen, zumal die Kundenumsätze in der Regel kontinuierlich steigen. Dabei ist zu unterscheiden zwischen der Ausschöpfung einer bestimmten Zielgruppe (Käuferreichweite – Welcher Teil der Zielgruppe ist bei uns Kunde?) und der Ansprache unterschiedlicher Zielgruppen (Privat-/ Geschäftskunden, unterschiedliche Branchen).

Lieferanteil – Der Lieferanteil ist eine Kennzahl für die Potenzialausschöpfung bei den Kunden. Hohe bzw. degressiv steigende Lieferanteile lassen auf sinkende Möglichkeiten zur Umsatzsteigerung schließen.

Nachfrage beim Kunden – Die Absatzsituation der eigenen Kunden für deren Produkte ist von erheblicher Bedeutung. Während bei Gebrauchsprodukten mitunter nur ein schwacher Zusammenhang besteht (Abhängigkeit der Investitionen von den Kapazitätsgrenzen), ist er bei Verbrauchsprodukten fast linear. Hier können ohne weiteres Planungen auf der Basis des Bestelleingangs des Kunden durchgeführt werden.

Wiederholungskaufrate – Diese Kennzahl wirkt als Multiplikator für die akquirierte Nachfrage. Veränderungen der Wiederholungskaufrate beeinflussen den Gesamtumsatz, weil Neuakquisitionen zu insgesamt geringerem Umsatz im Zeitablauf führen.

Empfehlungskundenanteil – Ähnliche Wirkung wie bei der Wiederholungskaufrate.

Rabattquote – Die Höhe der eingeräumten Rabatte mindert sofort die erzielten Umsätze. Eine Frühwarnfunktion entsteht dadurch, dass sie gleichzeitig Indikator für eine nachlassende Marktposition ist (bei steigenden Rabatten).

Relativer Preis – Die Höhe des relativen Preises beeinflusst die Nachfragemenge mit einer gewissen Zeitverzögerung. Autonome Preissteigerungen führen zu einer neuen Lieferantensuche bei den Kunden, Preissenkungen helfen, Kunden abzuwerben. Die Zeitverzögerung ist von der Transparenz des Marktes abhängig. Bei intransparenten Märkten ist damit die Frühwarnfunktion ausgeprägter.

Die einzelnen Kennzahlen haben unterschiedlich starke Auswirkungen auf Menge und Preis. Während Empfehlungskunden-, Wiederholungskauf- und Lieferanteil weniger stark durchschlagen, haben die anderen Kennzahlen eine größere Bedeutung. Der Zusammenhang zwischen den Kennzahlen ist aber nicht mathematisch exakt bestimmbar, wenn sie als Frühwarnindikator funktionieren sollen. Wäre dies der Fall, fiele regelmäßig die Frühwarneignung weg, weil ein strenger mathematischer Zusammenhang Gleichzeitigkeit unterstellt.

3. Schritt

Die strategischen Einflussfaktoren werden ergänzt.

Der Bereich der operativen Frühwarnindikatoren ist vergleichsweise konkret, aber auch sehr kurzfristig ausgerichtet. Nun werden Einflussfaktoren gesucht, die die operativen Faktoren längerfristig beeinflussen, auch wenn die Zusammenhänge weniger konkret sind.

In unserem Beispiel werden die folgenden Faktoren ausgewählt (Abbildung 6.22):

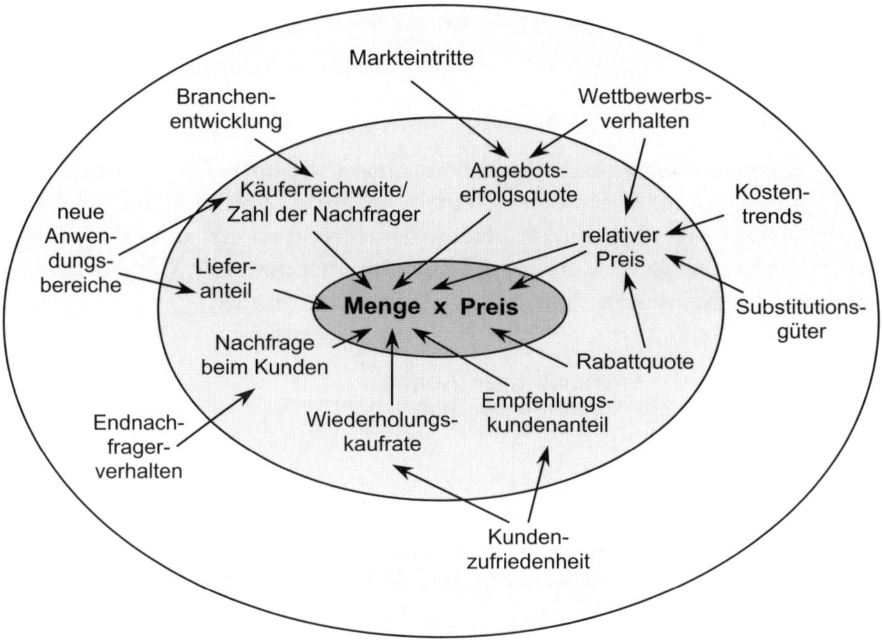

Abbildung 6.22: Operative Frühwarnung und strategische Früherkennung

Die *branchenspezifische Entwicklung*, was die Zahl und Größe der als Kunden in Frage kommenden Unternehmen angeht. Dazu zählt die Veränderung der Zahl der potenziellen Kunden durch Neugründungen, Betriebsaufgaben usw. Ebenso sind Veränderungen in den Produktionsprogrammen der Nachfrager relevant. Internationalisierungstendenzen spielen auch eine Rolle. Beispielsweise erhöhen Freihandelsabkommen die Chance, auf ausländischen Märkten Fuß zu fassen.

Das *Wettbewerbsverhalten* ist ein weiterer Faktor. Die strategische (Neu-)Ausrichtung der Wettbewerber zieht Konsequenzen nach sich, was das Interesse an einzelnen Aufträgen angeht. Verschlechtert sich beispielsweise die finanzielle Situation eines Wettbewerbers, wird er wahrscheinlich stärkere Zugeständnisse bei Verhandlungen machen, so dass die eigene Angebotserfolgsquote sinkt und gleichzeitig der relative Preis steigt. Diversifikationsstrategien führen dazu, dass möglicherweise ein neuer Mitbieter auf den Markt tritt. Auch hier besteht gerade bei Markteintritten die Gefahr, dass die Preise unterboten werden, um Aufträge zu akquirieren. Eine hohe Kapazitätsauslastung des Marktes erhöht wiederum die Auftragswahrscheinlichkeit, vorausgesetzt, es stehen eigene Kapazitäten zur Verfügung.

Durch neue *Anwendungsbereiche für die eigenen Produkte* lassen sich neue Kunden gewinnen und die Verkaufsmengen steigern. Umgekehrtes gilt für den Wegfall von Anwendungsbereichen, etwa durch gesetzliche Auflagen oder schrumpfende Märkte der Kunden.

Für die eigenen *Kunden* sind die *Einflussfaktoren auf deren Umsatz* operative Frühwarnindikatoren. Hier üben sie eine strategische Funktion aus, weil sie über die Zwischenstufe Kunde in diesem Unternehmen erst mit erheblicher Zeitverzögerung wirksam werden und nur mit einer gewissen Ungenauigkeit betrachtet werden können. Abbildung 6.23 verdeutlicht dies.

Abbildung 6.23: Mehrebenen-Frühwarnung

Inzwischen gibt es viele Beispiele dafür, dass Unternehmen ihre Wettbewerbsposition nachhaltig stärken, wenn sie sich intensiv mit der Marktsituation ihrer Kunden befassen und die Einflüsse zum Anlass nehmen, selbst darauf zu reagieren. Die Reaktion des Kunden, der vielleicht seine Spezifikationen ändert, mehr oder weniger Menge ordert usw. wird vorweggenommen. In einigen Fällen kann auch die Frühwarnforschung für den Kunden mit übernommen werden.

Der wesentliche Aspekt hierbei ist der Zeitvorsprung. Es wird die Zeit eingespart, die der Kunde für die Verarbeitung der Frühwarnindikatoren benötigen würde, sofern er sie überhaupt erkennt. Nicht zuletzt ist es auch eine strategische Maßnahme, Kunden auf bestehende Risiken in ihrem Geschäft hinzuweisen.

Der Empfehlungskundenanteil und die Wiederkaufrate sind klassische Indikatoren, die von der *Kundenzufriedenheit* abhängen. Hier ergibt sich eine

Schnittstelle zu dem Kennzahlensystem, das im vorangegangenen Kapitel dargestellt wurde. Die ermittelte Kundenzufriedenheit ist eine Frühinformation für den späteren Umsatz.

Leider kommt es hier nicht zu einer linearen Beziehung. In empirischen Untersuchungen wurde auch festgestellt, dass eine hohe Kundenzufriedenheit bei hohen Preisdifferenzen vom Preisvorteil übertroffen werden kann. Insofern muss die Zufriedenheit immer in Verbindung mit anderen Faktoren betrachtet werden.

Der relative Preis wird durch *Kostentrends* im eigenen und in den konkurrierenden Unternehmen beeinflusst. Die Entwicklung neuer Materialien, die als *Substitutionsgut* in Frage kommen, kann ebenso die Preissituation verändern wie neue oder verbesserte Fertigungstechnologien. So kann die Arbeit an neuen Prozessen bei einem Wettbewerber mittelfristig die Angebotspreise und damit die relativen Preise beeinflussen.

4. Schritt

Die Zusammenhänge werden operationalisiert.

An dieser Stelle ist zu berechnen bzw. abzuschätzen, wie stark der Einfluss der operativen und strategischen Faktoren auf die Zielgröße ist. Ideal ist eine Feststellung wie: Eine Steigerung der Angebotserfolgsquote um 10 % führt zu einer Absatzsteigerung um 10 %. Dazu sind meist längerfristig angelegte Erhebungen erforderlich. Zudem lassen sich solche Erkenntnisse kaum über Branchengrenzen hinweg übertragen.

Zunächst ist auf jeden Fall eine Einschätzung über die Stärke und natürlich die Richtung des Zusammenhangs erforderlich. Bei der Angebotserfolgsquote ist ein starker positiver Einfluss auf den Absatz festzustellen. Ihre Prognosewirkung ist damit als stark zu bezeichnen. Die Nachfragesituation beim Kunden führt zu einem weniger starken, aber auch positiven Einfluss. Hier sind aber auch andere Faktoren zu berücksichtigen. So kann der Kunde auch andere Lieferanten beauftragen oder stärker Eigenfertigung betreiben.

Wird mit einem festen Kennzahlensystem gearbeitet, lässt sich eine relativ zuverlässige Einflusstabelle erstellen, die für Prognosezwecke geeignet ist. Eine Trennung der Einflüsse ist jedoch kaum möglich. Einzelne Einflüsse können sich auch überkompensieren. So lässt sich zwar statistisch auf der Basis mehrerer Periodenergebnisse ermitteln, wie stark der Einfluss der einzelnen Größen ist (multiple Regression), doch ist die Übertragbarkeit in die Praxis zweifelhaft.

Es ist Aufgabe des Marketing-Controlling, die entsprechenden Informationen zu sammeln und auszuwerten. Dazu hilft eine einfache Tabelle wie in Abbildung 6.24 dargestellt.

Kennzahl Einflussfaktor (unabhängig)	Prognose-größe (abhängig)	Änderung Einflussfaktor	Änderung Resultat	Multiplikator
Angebotserfolgs-quote	Menge	+8%	+6%	+0,75
Wiederholungs-kaufrate	Menge	+4%	+6%	+1,50
relativer Preis	Menge	-2%	+6%	-3,00
relativer Preis	Preis	-2%	-3%	+1,50
...				

Abbildung 6.24: Einflusstabelle

5. Schritt

Die Verantwortlichkeiten werden festgelegt.

Im letzten Schritt ist zu bestimmen, wer für die Erhebung der einzelnen Daten verantwortlich ist. Umfangreiche Früherkennungssysteme integrieren Daten aus mehreren Fachgebieten, so dass Marketing und/oder Vertrieb alleine damit überfordert wären. So ist beispielsweise eine Überwachungsleistung der Rechtsabteilung erforderlich, was rechtliche Entwicklungen und Patentanmeldungen angeht, müssen Marktforschungsabteilung oder -institute das Nachfragerverhalten analysieren, muss die Forschungsabteilung über technische Trends informieren usw.

Für unser Beispiel sieht die Zuständigkeitsliste wie in Abbildung 6.25 gezeigt aus.

strategische Faktoren	operative Faktoren	Definition	Zuständigkeit
Markteintritte		Zahl neuer Anbieter	Vertrieb, Marketing
Branchen-entwicklung		Branchenumsatz, -gewinn	Vertrieb, Marketing
neue Anwen-dungsbereiche		Einzelinformation	Marketing, Marktforsch., Forschung & Entwicklung
Endnachfrager-verhalten		Einzelinformation, Umsatz	Marketing, Marktforschung
Kundenzufrieden-heit		Kennzahl 5.2	Marketing, Marktforschung
Substitutionsgüter		Einzelinformation	Marketing, Einkauf, Forschung & Entwicklung
Kostentrends		Kostenanteile, Einkaufspreise	Entwicklung, Einkauf, Marketing
Wettbewerbs-verhalten		Einzelinformation	Marketing, Geschäftsführung
	Käuferreichweite	Kennzahl 2.8	Marketing, Marktforschung
	Lieferanteil	Kennzahl 5.1	Marketing, Vertrieb
	Nachfrage beim Kunden	Kundenumsatz	Vertrieb
	Wiederholungs-kaufrate	Kennzahl 2.10	Vertrieb
	Empfehlungs-kundenanteil	Kennzahl 5.4	Vertrieb
	Rabattquote	Kennzahl 1.6	Vertrieb
	relativer Preis	Kennzahl 1.10	Marketing, Vertrieb
	Angebotserfolgs-quote	Kennzahl 3.2	Vertrieb

Abbildung 6.25: Zuständigkeiten im Rahmen der Früherkennung (Beispiel Industrieunternehmen)

6.4 Prozesssteuerung im Marketing mit Kennzahlen

6.4.1 Prozessbewusstsein durch die Prozesskostenrechnung

Das Aufkommen der Prozesskostenrechnung als „gerechteres“ Verfahren der Kostenrechnung im Vergleich zu Voll- und Teilkostenrechnung brachte auch ein gesteigertes Bewusstsein für Prozesse im Unternehmen mit sich. Ein Unternehmen besteht dabei nicht nur aus Kostenstellen, sondern eigentlich aus Prozessen, das heißt Tätigkeitsabfolgen, die Leistungen erstellen. Folglich ist nicht mehr relevant, wo Kosten entstehen, sondern für welche Tätigkeit.

Die Kostenstelle ist letztlich auch nur als eine Art Hilfsgröße zu betrachten. Schließlich zahlt kein Kunde für die Arbeit einer Kostenstelle, sondern für das Resultat eines Prozesses. Das betriebliche Rechnungswesen hat sich jedoch jahrzehntelang damit begnügt, Kostenstellen zu planen und zu kontrollieren, so dass die Steuerungsinstrumente auch darauf ausgerichtet sind. Das Umdenken in Richtung auf Prozesse erfordert nun auch modifizierte Steuerungstechniken, um deren Erfolg oder Fortschritt kontrollieren zu können.

Die Kostenabweichung einer Kostenstelle ist wenig hilfreich, weil sie nur noch einen kleinen Teil des Prozesses darstellt. Andererseits ist auch nicht die ganze Kostenstelle an der Leistungserstellung beteiligt. Prozessgrößen fehlen jedoch streckenweise. Schon die Kostenermittlung bereitet gewisse Probleme.

Während eine Teilkostenrechnung fixe und variable Kosten unterscheidet, sind es bei einer Prozesskostenrechnung **leistungsmengeninduzierte** und **leistungsmengenneutrale Kosten**. In der Teilkostenrechnung ist der Maßstab die Ausbringungsmenge des Unternehmens (variable Kosten sind davon abhängig, fixe sind unabhängig). Die Prozesskostenrechnung richtet sich nach der Zahl der Tätigkeiten in den Kostenstellen (leistungsmengeninduzierte Kosten sind von der Zahl der Tätigkeiten abhängig, leistungsmengenneutrale sind unabhängig). Abbildung 6.26 gibt einen Überblick über die unterschiedlichen Kostenbegriffe.

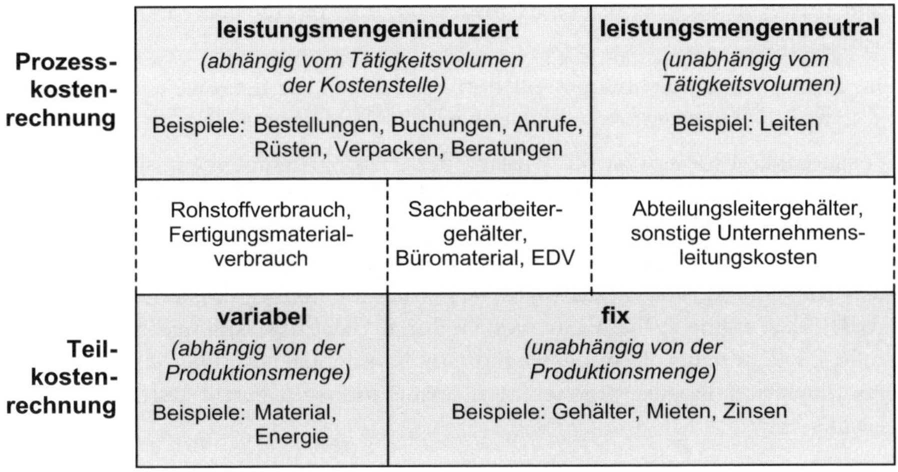

Abbildung 6.26: Gegenüberstellung der Kostenbegriffe
(Preißner 2001, S. 115)

Um die Vorgehensweise der Prozesskostenrechnung zu verdeutlichen, soll hier die Abrechnung einer Kostenstelle über Prozesse dargestellt werden (Preißner 2001, S. 116 f.). In einer Vertriebsabteilung soll herausgefunden werden, welche Art von Kunden welche konkreten Kosten verursacht. Man möchte vermeiden, dass „billige“ Kunden mit den gleichen Kosten in der Kundenerfolgsrechnung belastet werden wie „teure“ Kunden. Die Kosten der Vertriebsabteilung werden daher aufgesplittet nach den anfallenden Aktivitäten. Der Einfachheit halber wird davon ausgegangen, dass alle Kundenkontakte zu genau einem Geschäftsvorfall führen.

Folgende Aktivitäten wurden festgestellt:

- Leitung der Abteilung: Kosten pro Monat 15.000 EUR,
- Kundenbesuche durch drei Außendienstler mit je 100 Besuchen pro Monat: Kosten 45.000 EUR,
- Kundenbetreuung am Telefon durch drei Innendienstler mit je 350 Telefonaten pro Monat: Kosten 27.875 EUR,
- Verwaltung/Verarbeitung der Aufträge durch zwei Innendienstler mit je 675 Vorgängen pro Monat: Kosten 22.625 EUR.

Büro-, Raum- und Fahrtkosten usw. sind jeweils in den Kostenangaben enthalten. Aufgrund der Gesamtkosten von 110.500 EUR ergibt sich rechnerisch pro Auftrag (1.350 gibt es insgesamt) ein pauschaler Kostensatz von 81,85 EUR.

Die Prozesskostenrechnung stellt nun die Kosten für die jeweiligen Teilprozesse fest. Dabei ergibt sich die Übersicht in Abbildung 4.37.

Wesentliches Problem ist die Umlage der leistungsmengenneutralen Kosten. Je höher sie sind, desto ungenauer wird die Rechnung. Hier wurden sie nach der Höhe der Plankosten für die Teilprozesse verteilt. Beim Teilprozess Kundenbesuche fallen 47,12 % der Plankosten (ohne Leitungskosten) an. Also trägt dieser Teilprozess auch 47,12 % der Leitungskosten von 15.000 EUR. Dies ergibt 7.068 EUR, geteilt durch die Prozessmenge 300 bleiben 23,56 EUR anteilige Leitungskosten pro Kundenbesuch. Die leistungsmengeninduzierten Kosten ergeben sich aus Plankosten geteilt durch die Prozessmenge.

Prozesskostenabrechung					**Kostenstelle Vertrieb**		
Tätigkeit	**lmi/ lmn**	**Kosten-treiber**	**Pro-zess-menge**	**Plan-kosten**	**lmi-Kosten-satz**	**lmn-Kosten-satz**	**Prozess-kosten-satz**
Leitung	lmn			15.000			
Kunden-besuche	lmi	besuchte Kunden	300	45.000	150,00	23,56	173,56
Kunden-telefonate	lmi	angerufene Kunden	1.050	27.875	27,50	4,17	31,67
Verwaltung	lmi	Aufträge	1.350	22.625	16,76	2,63	19,39
Summe				**110.500**			

Abbildung 6.27: Beispiel einer Prozesskostenabrechnung für eine Kostenstelle

Für einen Auftrag eines gerade besuchten Kunden lassen sich nun auftragsbezogene Kosten von 173,56 + 19,39 = 192,95 EUR errechnen.

Für einen Auftrag eines zuvor angerufenen Kunden ergeben sich auftragsbezogene Kosten von 31,67 + 19,39 EUR = 51,06 EUR.

6.4.2 Ansätze zur Prozesssteuerung mit Kennzahlen

Die Orientierung an den Tätigkeitsmengen in den Kostenstellen, aber selbstverständlich auch kostenstellenübergreifend, eröffnet die Möglichkeit einer laufenden Aktivitätskontrolle. Durch die Aufgliederung in Teilprozesse entstehen einfach zu analysierende Aktivitäten, die einer Kennzahlenbildung zugänglich sind. Daraus lässt sich dann beispielsweise auch schnell erkennen, ob die Leistung der Kostenstelle sinkt oder steigt und welche Kostensteigerungen zu erwarten sind.

In dem oben gezeigten Beispiel sind Kennzahlen relevant, die die Kundenkontaktaktivitäten zur Zahl der erteilten Aufträge in Beziehung setzen. Eine steigende Zahl von Kundenbesuchen bei konstanter Auftragszahl macht auf eine nachlassende Effektivität des Außendienstes (oder andere Faktoren wie sinkende Wettbewerbsfähigkeit der Produkte) aufmerksam und führt zu einer steigenden Kostenbelastung des Akquisitionsprozesses. Um dessen Kosten zu steuern, sind die Kennzahlen der Teilprozesse ein geeignetes Instrument.

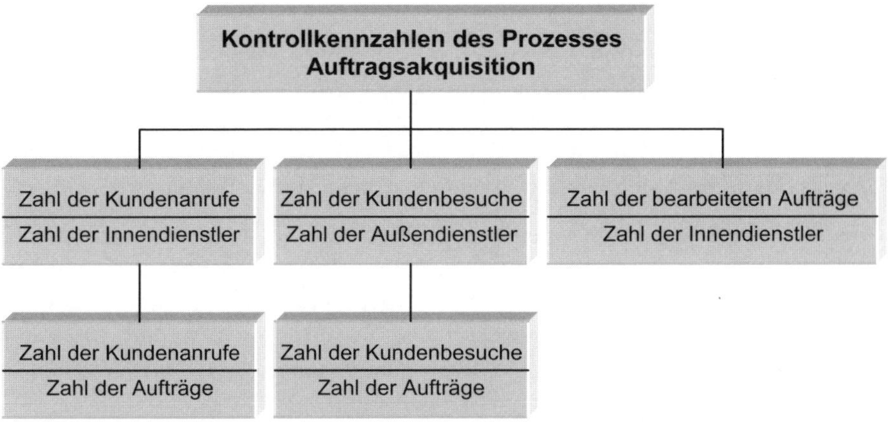

Abbildung 6.28: Kontrollkennzahlen des Prozesses Auftragsakquisition

Ein solches System von Kennzahlen zur Kontrolle lässt sich aber auch bei weit umfangreicheren Prozessen einsetzen, die sich aus einer Vielzahl von Einzelaktivitäten zusammensetzen. Vor allem die Kontrollstufen vor dem Prozessende ermöglichen im Abweichungsfall ein schnelles Eingreifen und Gegensteuern. Gerade bei Prozessen, die sich über Zeiträume von Wochen bis Monaten erstrecken, ist es aus Controllingsicht wichtig, frühzeitig eingreifen zu können. Der Einsatz geeigneter Kennzahlen ermöglicht dies.

Neben den Kosten lassen sich auch Leistungen kontrollieren, so dass die gefährliche Wechselwirkung von Quantität und Qualität überwacht wird. Unterschieden werden die Stufen Auftragsakquisition (Aktivität des Außendienstes), Auftragserteilung (Vertriebsinnendienst), Auslieferung (Ausgangslogistik), Rechnung/Zahlung (kaufmännische Abwicklung, Buchhaltung) und Kundendienst (Bearbeitung von Reklamationen, Nachbesserung) (Abbildung 6.29).

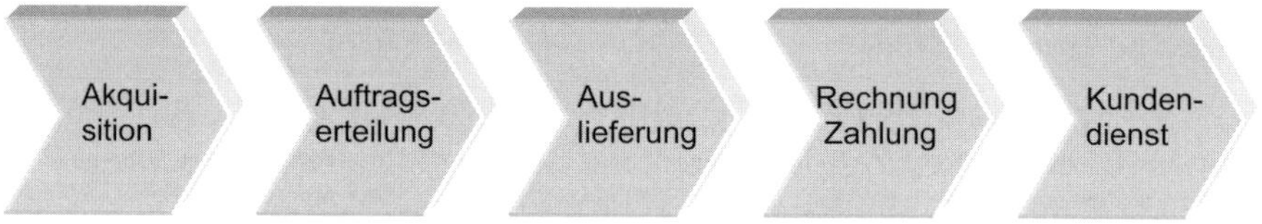

Abbildung 6.29: Elemente des Verkaufsprozesses

Je nach Branche ist eine andere Unterscheidung sinnvoll, etwa bei Verkauf an Privatpersonen, beim Vertrieb von Dienstleistungen usw. Abbildung 6.30 listet Kennzahlen auf, die die einzelnen Stufen eines Verkaufsprozesses steuern helfen.

Für die einzelnen Stufen lassen sich jeweils unterschiedliche Kriterien kontrollieren, und zwar die Kosten, Qualität, Zeit, Menge und die Profitabilität. In einigen Fällen sind Kombinationen nicht möglich oder zumindest nicht sinnvoll interpretierbar. Wenn der Kundendienst grundsätzlich entgeltfrei arbeitet, dann lässt sich verständlicherweise keine Profitabilität ermitteln.

Aus diesen und ggf. auch situationsspezifisch geeigneteren Kennzahlen sind nun diejenigen auszuwählen, die steuerungsrelevante Informationen liefern und zuverlässig zu erheben sind. Diese ergeben dann das situative Kontrollzentrum für den Prozessverantwortlichen. Beispiel: In einem Industrieunternehmen mit ausschließlichem Direktvertrieb wurden seitens der Vertriebsleitung die folgenden Kennzahlen als Steuerungsgrößen ausgewählt:

- Auftragssumme pro Kundenbesuch
- Aufträge pro Außendienstler und Monat
- erreichtes Auftragsvolumen zu Planvolumen
- Termintreue
- Reklamationsquote
- Beschwerdebearbeitungszeit

Kriterien	Verkaufsprozess				
	Akquisition	Auftragserteilung	Auslieferung	Rechnung/ Zahlung	Kundendienst
Kosten	Außendienstkosten pro Kunde	Vertriebskosten pro Auftrag, Einzelkosten pro Auftrag	Frachtkosten zu Auftragsvolumen, Lagerumschlagshäufigkeit	Abwicklungs-, Finanzierungs-, Mahnkosten zu Umsatzvolumen	Kundendienstkostenanteil, Kulanzkostenanteil
Qualität	Auftragssumme pro Besuch, Aufträge pro Besuch, Stornoquote	Auftragsvolumen, Rabattvolumen, Angebotserfolgsquote, Wiederholungskaufanteil	Lieferbereitschaftsgrad, Fehllieferungsquote		Reklamationsquote
Zeit	Besuche pro Tag, Verkaufszeit pro Besuch	Aufträge pro Tag, Woche usw.	Lieferschnelligkeit, Termintreue	Verzugsquote	Beschwerdebearbeitungszeit
Menge	Aufträge pro Tag, Aufträge pro ADM	erreichtes Auftragsvolumen zu Planvolumen		Anteil finanzierter Käufe	
Profitabilität	Kundendeckungsbeitrag	Auftragsdeckungsbeitrag			

Abbildung 6.30: Kennzahlen zur Steuerung des Verkaufsprozesses

Die Auswahl erfolgte nach der Einschätzung der Wichtigkeit der Kriterien einerseits für die Vertriebsabteilung, andererseits für die Kunden. Wegen der hohen Kosten für den Außendienst (qualifizierte und erfahrene Mitarbeiter) ist die *durchschnittliche Auftragssumme pro Kundenbesuch* wichtig. Der Deckungsbeitrag wird nicht herangezogen, weil für die Mitarbeiter zu wenig Möglichkeiten bestehen, auf die verkauften Produkttypen Einfluss zu nehmen. Eine quantitative Leistungskontrolle ermöglicht die *Auftragszahl pro Mitarbeiter und Monat.* Hierdurch soll die Kontaktzahl im Außendienst überwacht werden.

Die Einhaltung des Umsatzziels kontrolliert die *Auftragseingangskennzahl.* Aufgrund der Saisonalität der Auftragseingänge in Vorjahren können monatsweise Umsatzziele angegeben werden. Die Leistung der Logistik wird über die *Termintreue* kontrolliert, bei der kontinuierlich 100 % anzustreben sind.

Der Teilprozess Rechnungsstellung/Zahlungsabwicklung wird nicht berücksichtigt. Hier wurden die Einflussmöglichkeiten der Vertriebsleitung als zu gering angesehen.

Schließlich erfolgt die Kontrolle des Kundendienstbereichs über die Kennzahlen *Reklamationsquote* und *Beschwerdebearbeitungszeit*. Damit werden auch Produktionsfehler dem Kundendienst zugerechnet. In diesem Unternehmen hängt die Entscheidung mit der engen Zusammenarbeit von Produktion und Kundendienst zusammen. Abbildung 6.31 zeigt die grafische Aufbereitung dieses Kennzahlenberichts.

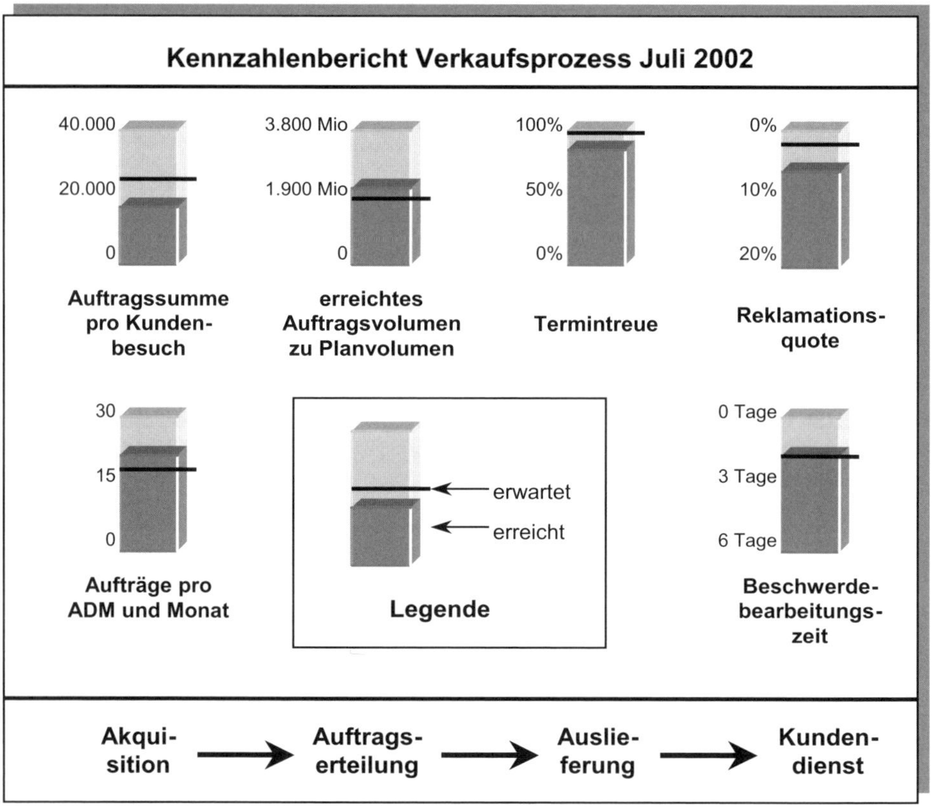

Abbildung 6.31: Aufbau eines Kennzahlenberichts für einen Prozess

In diesem Fall zeigt sich, dass die durchschnittlichen Umsätze aus einem Kundenbesuch unter dem Ziel liegen, aber durch eine höhere Auftragszahl kompensiert werden. Es gibt also kleinere Aufträge und höhere Aufwendungen pro Auftrag. Insgesamt liegt das Auftragsvolumen über den Planzahlen. Bei der Termintreue wurde das Maximalziel nicht erreicht. Zurzeit werden knapp 90 % der Aufträge termingetreu ausgeliefert. Ebenso gibt es noch Probleme mit der Reklamationsquote. Die zulässigen 3 % werden noch überschritten. Dafür wird das Ziel der Beschwerdebearbeitungszeit von durchschnittlich zwei Tagen eingehalten.

Das Prozesskonzept dient ebenfalls der Steuerung von Marketingkampagnen, wobei insbesondere (Direkt-)Werbemaßnahmen bevorzugte Anwendungsgebiete sind. Im Rahmen einer Werbekampagne besteht meist das Problem, dass das angestrebte Endergebnis erst Monate nach der ersten Aktion eintritt. Wird dann ein Planungsfehler festgestellt, ist es für eine Korrekturmaßnahme zu spät. Daher werden laufende Kontrollpunkte eingeführt, die Zwischenergebnisse überwachen. Anhand der Ergebnisse können dann Korrekturen für den weiteren Prozess entschieden werden.

Hierbei geht es allerdings nicht um eine reine Kontrollproblematik, sondern um eine gegenseitige Abstimmung von Planung und Kontrolle. Schon während der Maßnahmenplanung sind die Kontrollschritte zu berücksichtigen. Dabei wird für die ausgewählten Kennzahlen ein Zielkorridor festgelegt, bei dessen Über- oder Unterschreiten Gegensteuerungsmaßnahmen durchzuführen sind.

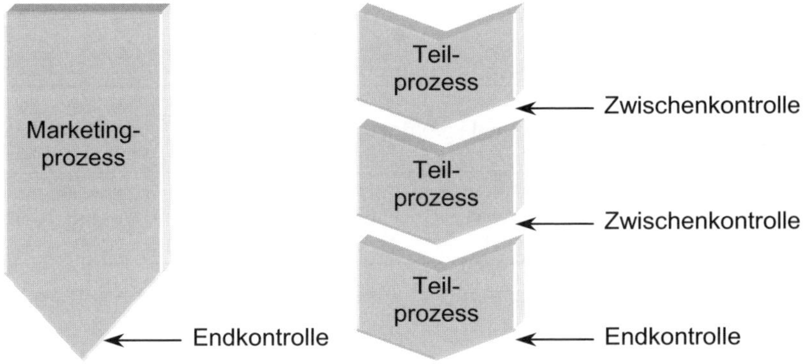

Abbildung 6.32: Zwischenkontrollen im Marketingprozess

Die Zwischenkontrollen sind so auszuführen, dass die ermittelte Abweichung auch für das Endergebnis aussagefähig ist. Am einfachsten ist dies bei Zeitabweichungen. Die Verzögerung beim ersten Teilprozess zieht eine gleich lange Verzögerung bei allen anderen Teilprozessen nach sich. Bei einer Werbekampagne ist dagegen der Ablauf der Kommunikationswirkung nachzuvollziehen. Betrachten wir hierzu das **Beispiel einer Direct-Response-Kampagne** einer Direktversicherungsgesellschaft.

Innerhalb eines Jahres sollen 20.000 neue Kraftfahrt-Versicherungsverträge abgeschlossen werden. Durch Werbespots, die in verschiedenen Fernsehkanälen laufen, sollen Zuschauer animiert werden, in einem Call Center anzurufen. Dort werden Name, Adresse und persönliche Daten aufgenommen. Falls konkretes Interesse besteht, erhalten die Anrufer dann die Versicherungsunterlagen zugeschickt und können schriftlich abschließen.

Durch die Kennzahlenkontrolle ist es möglich, den Einsatz des Werbeträgers zu steuern. Die Kosten pro erzieltem Abschluss sollen einen bestimmten Wert nicht übersteigen (hier: 250 EUR). Es sind somit zwei Ziele zu berücksichtigen:

1. die Auswahl des bestgeeigneten Werbeträgers und
2. die Kontrolle der Profitabilität der gesamten Kampagne.

Auf vier Stufen kann eine Kontrolle vorgenommen werden:

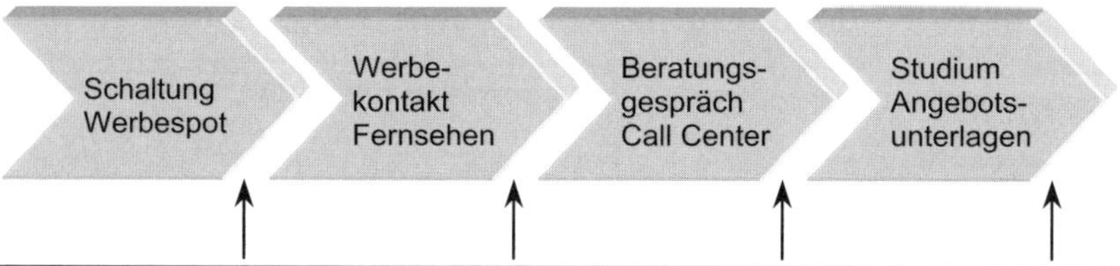

Kennzahl Menge	Zuschauer pro Spot	Anrufe pro Spot	Interessenten pro Spot	Verträge pro Spot, Verträge zu Interessenten
Kennzahl Wert	Schaltkosten pro Zuschauer (Cost per Contact)	Schaltkosten pro Anrufer (Cost per Call)	Schaltkosten pro Interessent (Cost per Interest)	Schaltkosten pro Vertrag (Cost per Order)

Abbildung 6.33: Kontrollkennzahlen einer Direct-Response-Kampagne

Mit Hilfe der Kennzahlen kann nun geplant werden, wie viele Schaltungen erforderlich sind, um die nötige Zahl an Verträgen zu generieren, und welcher TV-Sender das geeignete Medium ist. Aus vergangenen Kampagnen ist bekannt, dass rund 7 % der Interessenten tatsächlich einen Vertrag abschließen. Um 20.000 Verträge zu generieren, sind dann 285.714 Interessenten erforderlich. Stellen sich zwei Drittel der Anrufer als wirkliche Interessenten heraus, werden 432.900 Anrufe benötigt. Man weiß aus der Vergangenheit, dass durchschnittlich 1.443 pro Million Zuschauer eines Spots anrufen (= 0,1443 %). Damit sind 300 Mio. Kontakte erforderlich, um das Ziel zu erreichen. Wenn der Tausend-Kontakte-Preis der Fernsehspots bei durchschnittlich 16,66 EUR liegt, dann wird das Ziel von 20.000 Verträgen rechnerisch mit einem Werbebudget von 5 Mio. EUR erreicht.

Auf der Basis dieser Überlegungen lassen sich nun Zielwerte für die Kennzahlen ermitteln, die eine Zwischenkontrolle ermöglichen. Dabei ist vom Ziel der Akquisitionskosten in Höhe von 250 EUR auszugehen. Sie werden durch eine Schätzung des Kundenwerts sowie der verbleibenden Fixkosten der Akquisition ermittelt. In diesem Fall wird der Kundenwert über die erwarteten Deckungsbeiträge bei einer durchschnittlichen Vertragsdauer berechnet. Bei sieben Jahren Vertragsdauer und einem Deckungsbeitrag von 45 EUR ergeben sich 315 EUR. Für das Call Center, die Werbegestaltung sowie den Versand der Angebotsunterlagen werden 65 EUR pro Vertrag angesetzt (= 1,3 Mio. EUR insgesamt bei 20.000 Verträgen). Damit darf der Kunde noch maximal 315 – 65 = 250 EUR kosten.

Für die einzelnen Zwischengrößen ergeben sich die folgenden Werte:

Grundlage	Tausend-Kontakte-Preis: 16,66 EUR	Anrufquote pro Spot: 0,1443 %	Interessentenquote: 66 %	Abschlussquote: 7 %
Kennzahl Wert	Cost per Contact: 0,01666 EUR	Cost per Call: 11,55 EUR	Cost per Interest: 17,50 EUR	Cost per Order: 250 EUR
bei Abweichung	anderen Sender wählen	anderen Werbeblock/andere Tageszeit/anderen Sender wählen		Beratungstechnik/ Angebotsunterlagen verändern

Die Prozesskontrolle mit Kennzahlen kann auf zahlreiche weitere Prozesse in Marketing und Vertrieb übertragen werden. Abbildung 6.34 zeigt mögliche Kennzahlen für zwei weitere, häufig vorkommende Prozesse im Bereich Marketing. Diese können so oder analog auf individuelle praktische Fragestellungen übertragen werden.

Prozess-stufe	Durchführung einer mehrstufigen Direktwerbekampagne		Aufbau des Vertriebs für ein Produkt über den Handel	
	Leistungs-kennzahlen	**Kosten-kennzahlen**	**Leistungs-kennzahlen**	**Kosten-kennzahlen**
1		Stückkosten der ersten Werbesendung	Zahl der analysierten potenziellen Handelspartner	
2	Zielgruppenabdeckung der verwendeten Adressen		Zahl der besuchten Einzelhändler pro Tag, ADM usw.	
3	Rücklaufquote erste Werbesendung		Interessentenquote unter den besuchten Händlern	
4	Anteil tatsächlicher Interessenten (aus Rückläufern)		Zahl der abgeschlossenen Vertriebsverträge	
5		Kosten pro Interessent		Akquisitionskosten pro neuer Vertriebsstelle
6		Stückkosten der zweiten Werbesendung	numerischer Distributionsgrad	
7	Rücklaufquote der zweiten Werbesendung		gewichteter Distributionsgrad	
8	Umsatz/ Deckungsbeitrag pro Rücklauf			Gesamtkosten der Distribution/Distributionskostenanteil
9		Gesamtkosten pro Kunde/ Umsatz		

Abbildung 6.34: Kennziffern der Prozesskontrolle im Marketing

Literaturverzeichnis

Baldrige National Quality Program (Hg.): Criteria for Performance Excellence, Gaithersburg 2001 (www.quality.nist.gov)

Bernhard, M.G.; Hoffschröer, S.: Report Balanced Scorecard, Düsseldorf 2000

Bühner, R.; Akitürk, D.: Die Mitarbeiter mit einer Scorecard führen, S. 44-53, in: Harvard Business Manager 4/2000

Davids, M.: Balanced Scorecard – Übersetzung von Unternehmensstrategien in individuelle Aktionen bei Whirlpool, S. 107-117, in: Horváth, P. (Hg.): Strategische Steuerung, Stuttgart 2000

Deutsche Bank (Hg.): Geschäftsbericht 2000, http://group.deutsche-bank.de/ir/deu/ir_annual_reports/ir_reports/

DQS (Hg.): Beiträge zur ISO 9000:2000 ff., Frankfurt 2001 (www.dqs.de)

European Foundation for Quality Management (Hg.): Die European Foundation for Quality Management, Brüssel 1999 (www.efqm.org)

Guldin, A.: Kundenorientierte Unternehmenssteuerung durch die Balanced Scorecard, S. 289-303, in: Horváth, P. (Hg.): Das neue Steuerungssystem des Controllers, Stuttgart 1997

Hopfenbeck, W.: Allgemeine Betriebswirtschafts- und Managementlehre, 12. Aufl., Landsberg 1998

Horváth, P.: Controlling, 7. Aufl., München 1999

Kaplan, R. S.; Norton, D. P.: The Balanced Scorecard – Measures that Drive Performance, S. 71-79, in: Harvard Business Review, 1/1992

Kaplan, R. S.; Norton, D. P.: Balanced Scorecard, Stuttgart 1997

Kaplan, R. S.; Norton, D. P.: The Strategy-Focused Organization, Boston 2001

Mooraj, St.; Oyon, D.; Hostettler, D.: The Balanced Scorecard: a Necessary Good or an Unnecessary Evil?, S. 481-491, in: European Management Journal 5/1999

Olve, N.-G.; Roy, J.; Wetter, M.: Performance Drivers, Chichester u. a. 2000

Peelen, E.; Waalewijn, Ph.; Wijnia, S.: Marketing Balanced Scorecard, Amsterdam 2000

Preißner, A.: Marketing-Controlling, 2. Aufl., München 1999

Preißner, A.: Praxiswissen Controlling, 2. Aufl., München 2001

Rappaport, A.: Shareholder Value, 2. Aufl., Stuttgart 1999

Reichmann, Th.: Controlling mit Kennzahlen und Managementberichten, 6. A., München 2001

Servicebarometer AG: Kundenmonitor 2001, www.kundenmonitor.de

Underwriters Laboratories: ISO 9000 Registration Program – ISO 9001:2000 Quality System Checklist, 2001

University of Michigan: American Customer Satisfaction Index – Manufacturing Durables, August 20, 2001, www.bus.umich.edu/research/nqrc/Q2-01.html

VDI 2001: Bewerbungskriterien des Ludwig-Erhard-Preises, sun.vdi-online.de/lep/mw-krit.html

Weber, J.: Einführung in das Controlling, 8. Aufl., Stuttgart 1999

Weber, J.; Schäffer, U.: Einführung der Balanced Scorecard, S. 3-7, in: Controller Magazin 1/2000

Weber, J.; Schäffer, U.: Balanced Scorecard & Controlling, 3. Aufl., Wiesbaden 2000

ZVEI (Hg.): ZVEI-Kennzahlensystem, 4. Aufl., Frankfurt 1989

Nützliche Internetadressen:

www.fpm.com (The Foundation For Performance Measurement)

www.bscol.com (Balanced Scorecard Collaborative)

www.icsb.nl (Adviesbureau voor Marketing en Strategie)

www.balancedscorecard.org (The Balanced Scorecard Institute; Schwerpunkt: Einsatz in öffentlicher Verwaltung und Non-Profit-Organisationen)

www.balanced-scorecard.de (Informationsportal)

Register